KB241645

한국저작권법개설
韓國著作權法槪說

국립중앙도서관 출판시도서목록(CIP)

한국저작권법개설 / 김기태 지음. -- 서울 : 이채, 2005

p. ; cm

참고문헌과 색인수록
ISBN 89-88621-47-6 03010 : ₩17000

011.211-KDC4
346.0482095195-DDC21   CIP2005000461

한국저작권법개설
韓國著作權法概說

김기태 지음

이채

저작권도 하나의 문화입니다

1994년에 졸저 『출판저작권 현장연구』를 세상에 내놓은 이래 1996년에는 『저작권법의 해석과 적용』초판을, 2000년에는 개정판을 펴내면서 저작권에 관한 총체적 연구에 몰두해 보려고 애썼던 기억이 새롭습니다. 학문분야는 물론 실무분야에서조차 '저작권'이라는 용어 자체가 낯설기 그지없었던 그때 그 시절을 거치는 동안 우리나라 저작권 환경은 괄목할 만한 발전을 보여 이제 모든 분야에서 '저작권'이라는 말이 전혀 낯설지 않게 되었습니다. 이는 아무도 알아주지 않았던 그 시절을 감내하면서 연구하고 홍보하며 저작권 문화 정착에 앞장섰던 선학들이 계셨기에 가능한 일이었습니다. 그분들이 어렵게 뿌려놓은 씨앗들이 하나둘 건장한 나무로 자라 가지를 뻗으면서 저작권 보호라는 그늘막도 넓어지기 시작했던 것이지요.

개인적으로는 그동안 여러 대학의 학부와 대학원, 그리고 다양한 문화산업 분야에서 저작권에 관한 강의와 연구·상담을 계속해 오면서 어려움도 많았지만 덕분에 거두어들인 보람이 훨씬 컸습니다. 수시로 변화하는 국내외 저작권 환경에 적극 대응하기 어려운 사람들, 특히 문화산업 종사자들에게 저작권의 개념과 내용을 전파하는 일은 그만큼 다양한 정보와 시의성을 요구했기에 지속적인 순발력을 잃지 않기 위해 노력했습니다. 아울러 마치 신생 종교를 전파하듯이 저작권 보호에 대한 확고한 신념을 갖고 최선을 다했으며, 가는 곳 어디서나 "저작권은 문화다!"라는 선언적인 표어로써 말문을 열곤 했지요.

하지만 『저작권법의 해석과 적용』초판과 개정판 발행 이후 꾸준히 관심과 성원을 보내준 독자들이 있었음에도 내용에 있어 법이 바뀌는 속도를 따라가지 못하는 게으름을 피할 수 없었습니다. 종이책의 특성상 수시로 개정판을 낼 수 없었다는 변명에 앞서 온라인 기술을 활용할 엄두조차 내지 못했던 점은 순전히 본인의 불찰이었음을 고백합니다. 물론 도서출판 삼진기획 재직 시절 홈페이지를 통해 수년 간 '김기태 박사의 저작권 클리닉'을 운영했던 일, 그리고 출판편집자들과 함께 사이버 공간 '북에디터'에서 '저작권 연구모임'을 운영했던 일은 결코 잊을 수 없는 추억으로 남을 것입니다. 앞으로 이를 어떻게 보다 효율적이면서도 발전적인 온라인 모델로 지속시켜 나갈 것인지 고심하고 있는 중입니다.

『한국저작권법개설』이라는 거창한 제목을 떠올린 배경에는 바로 이러한 환경변화에도 불구하고 변치 않는 저작권 본연의 그 무엇이 있지 않을까 하는 기대감이 자리잡고 있었습니다. 특히, 인터넷의 활용에 길들여지다 보니 원본의식이 날로 희박해져 가는 청소년들에게 저작권 보호의 중요성과 함께 창작의 참뜻을 가르치려면 뭔가 색다른 노력이 필요하다는 생각을 떨쳐버릴 수 없었지요. 그리하여 우선 대학강단을 중심으로 저작권의 기본적인 개념을 차분하게 전파해 보겠다는 욕심에서 이 책을 기획하게 되었습니다. 현행 저작권법을 중심으로 하되 매체의 기술적 진보나 시대적 변화에 그다지 영향을 받지 않을 개념들을 주로 다루고자 했습니다.

누구든지 쉽게 이해하면서도 그 의미에 저절로 고개가 끄덕여지는 글을 쓰고 싶었으나 과욕은 결국 구석구석마다 수많은 흠을 남겼을 테지요. 그 동안 가르쳐 주신 수많은 선생님들께 이 책을 바쳐 감사하는 것으로 모든 잘못에 대한 용서를 빌고자 합니다. 봄·여름·가을·겨울, 그 모든 빛깔이 언제나 찬란한 세명대학교 캠퍼스에서 좋은 사람들과 더불어 공부할 수 있는 시간을 더욱 사랑하겠습니다. 고맙습니다.

2005년 2월, 김기태

차례

제1장 _ 기본원칙

1. 저작권법 제정의 목적

현행 저작권법 제1조에서는 "이 법은 저작자의 권리와 이에 인접하는 권리를 보호하고 저작물의 공정한 이용을 도모함으로써 문화의 향상 발전에 이바지함을 목적으로 한다"고 규정하고 있다.

권리란 일반적으로 '법에서 인정하는 힘'이라고 정의할 수 있는데, 이러한 권리는 크게 보아 공권(公權)과 사권(私權)으로 나뉜다. 저작권 역시 법적으로 보장되는 하나의 권리이며 저작자 개개인의 권리를 보호하기 위해 부여된 것이므로 사권에 해당된다. 그리고 사권은 재산권과 인격권으로 나눌 수 있는데, 개인의 재산적·경제적 이익을 보호하기 위한 재산권에는 민법상의 물권(物權)과 채권(債權)이 대표적이며 양도나 상속이 가능한 반면, 인격권은 개인의 인격적 이익을 보호하기 위한 것이므로 개인의 일신에 전속하고 양도나 상속을 할 수 없다.

한편, 저작권법에서는 직접적인 저작권뿐만 아니라 이에 인접하는 권리, 즉 저작인접권도 보호하는데, 이는 실연자(實演者)·음반제작자·방송사업자 등과 같이 저작물의 창작에는 직접적으로 참여하지 않았으나 그 이용과 홍보에는 크게 공헌한 사람들에게 주어지는 권리이다. 아울러 저작권법이 단순히 저작권자의 이익을 보호하기 위해서만 존재하는 것이 아니며, 오히려 저작권자와 이용자 사이의 관계를 합리적으로 규율해 주는 측면이 더 강하다는 점을 간과해서는 안 된다. 곧 저작권법이 출판 등의 방법으로 저작물을 이용함에 있어서 규제의 수단이라는 단순한 인식은 저작권의 개념 자체를 제대로 이해하지 못하는 것이나 다름없다.

이처럼 인간의 지적 창조물이라고 할 수 있는 저작물은 다음과 같이 여러 가지 측면에서 특성을 갖고 있다.[1] 먼저 창조과정과 이용과정에 있어서 세 가지 두드러진 특성을 찾아볼 수 있다.

첫째, 누군가가 지적 창작을 함에 있어서는 대개의 경우 많은 시간과 노력, 그리고
　　비용이 든다는 점이다.
둘째, 창작자가 아닌 사람은 창작자보다 훨씬 적은 시간과 노력, 그리고 비용으로
　　그 창작물을 모방할 수 있다는 점이다.
셋째, 다른 사람의 그 창작물에 대한 이용이 적어도 물리적으로는 창작자의 이용과
　　부딪치지 않는다는 점이다.

이 같은 특성 때문에 저작권 정책의 수립에 있어서 다음과 같은 두 가지 대
립되는 입장을 상호 조율하지 않으면 안 된다.

첫째, 창작을 장려할 것인가 아니면 경쟁을 장려할 것인가 하는 점이다.
둘째, 저작권을 포함한 지적소유권을 소유권으로 규정할 것인가 아니면 독점권으
　　로 규정할 것인가 하는 점이다.

이에 대하여 창작을 장려해야 한다는 입장에서 보면 만일 창작자 이외의 사
람이 창작자로부터 동의를 받거나 창작자에게 보상을 해주지 않은 상태에서 마
음대로 창작물을 모방하여도 좋다면 그 누구에게서도 창작 의욕이 생겨날 수
없으며, 비록 창작이 되었다 하더라도 그것을 최초로 생산하거나 배포할 이유
가 없어진다고 할 수 있다. 이러한 점을 가리켜 이른바 '무임승차'(free ride)
효과라고 한다. 반대로 경쟁을 장려해야 한다고 보는 입장은 생산자들 사이의

---

1) 오승종·이해완, 『저작권법』(서울: 박영사, 1999), p. 9 참조.

자유 경쟁을 통하여 소비자가 이익을 얻을 수 있다는 다분히 소비자적인 관점에서의 주장이다. 즉, 경쟁을 통해서만 자원의 효율적인 배분과 가격 체감을 유도할 수 있으며, 저작권을 정당한 권리로서 보호하면 할수록 도서의 가격이 상승하는 것처럼 소비자 및 일반공중의 이용권은 제한될 수밖에 없다는 것이다.

또 지적 창작물에 관한 권리를 소유권으로 보아야 한다는 입장은 주로 대륙법계의 사고방식으로 지적 창작물은 창작자의 완전한 소유물이지 독점권이 아니라는 것이다. 따라서 창작자에게 배타적인 권리를 부여하는 것은 동산이나 부동산의 소유자에게 완전한 독점적 배타권을 부여하는 것과 마찬가지로 아무런 문제가 될 것이 없으며, 그것이 반경쟁적(anti-competitive)이라고 볼 근거가 없다는 것이다. 반대로 지적 창작물에 대한 권리를 독점권으로 보아야 한다는 입장은 주로 영미법계의 사고방식으로, 지적 창작물에 대하여 창조자가 갖는 권리는 완전한 소유권과는 다른 독점권의 한 형태로서 독점금지법(Antitrust Law) 또는 시장 경제의 원리에 입각하여 적절하게 통제되어야 한다는 것이다. 따라서 영미법계에서는 이 같은 독점금지법의 정신 및 전통적인 계약법의 정신을 바탕으로 지적 창작물이 공개됨으로써 사회 일반에 대하여 일정한 정도의 기여를 하였을 때에만 그에 대한 대가(quid pro quo)로서 보호를 인정하는 경향이 강하다.

결국 저작권 제도는 최초로 만들어 낸 것에 대한 보호를 목적으로 하는 것이 아니라 창의적 표현활동을 장려함으로써 문학·예술·과학·문화 등의 발전을 도모하고자 하는 데 근본목적이 있다. 즉, 저작권이란 "창의성을 나타내기 위한 노력에 대하여 주어지는 법적 대가"라고 정의할 수 있다.

이렇듯 창작물을 저작한 사람에게 저작권이라는 권리를 부여하여 보호하는 이유는 "저작물은 곧 문화발전의 원동력이 되므로 좋은 저작물이 많이 나와야 그 사회가 문화적으로 풍요로워질 수 있기 때문"이라고 할 수 있다. 그런데 만일 저작자에게 아무런 권리를 부여하지 않는다면 이는 곧 저작자가 장기간 노력하여 창작한 저작물을 다른 사람이 아무런 대가를 치르지 않고도 저작물을 이용하게 될 것이므로 저작자로서는 창작행위를 계속하지 않을 것이 분명하여 사회의 발전을 기약하기 어려워진다. 따라서 저작자에게 굳이 저작권을 부여해서 보호하는 이유는 그 권리의 행사를 통해 창작을 위한 노력에 대한 적절한 보상을 보장함으로써 창작행위를 계속할 수 있는 동기를 제공하기 위함이라고도 할 수 있다.

〈Tip〉 카피레프트(copyleft)의 개념과 의미[2]

원래 컴퓨터 소프트웨어는 단순하고 경제적 가치가 적었기 때문에 일괄판매(bundling) 정책에 따라 하드웨어에 수반되어 제공되는 서비스 정도로만 여겨지는 것이었다. 그러나 소프트웨어에 관한 기술이 발전하고 그 재산적 가치가 부각되자 소프트웨어는 비로소 독립상품으로 인식되었다. 또한 IBM이 1969년 6월 하드웨어인 컴퓨터와 소프트웨어를 분리 판매하는 이른바 가격분리(unbundling) 정책을 채택한 이래 소프트웨어의 법적 보호는 당연한 것으로 생각되기 시작하였다.

한편, 소프트웨어에 대한 공유의식의 형성에 앞장선 주역은 바로 해커(hacker)[3]들이었다. 특히 1960년대부터 1970년대에 걸쳐 미국 대학에서는 분방한 발상을 하는 많은 해커들이 배출되었다. MIT대학 인공지능연구소는 해커의 본산지로서 '정보의 안전한 개방과 공유'라는 불문율이 문화를 만들어 냈다. 그들의 윤리강령은 "컴퓨터에 대한 접근은 누구에 의해서도 방해받아서는 안 되며 완전한 자유를 보장받아야 한다"는 것이었다. 이 시기의 대표적인 해커 중 한 사람이 바로 리처드 스톨만(Richard M. Stallman)이다. 1984년 1월, 고용저작물(works made for hire) 규정에 따라 소프트웨어에 대한 저작권이 대학에 귀속되므로 자유 소프트웨어를 만들 수 없음을 고민한 끝에 MIT대학의 연구원직을 사임한 스톨만은 소프트웨어 본래의 생산과 유통 방식인 공유정신으로 되돌아가고자 '자유 소프트웨어'(free software) 운동을 제창했다. 그는 기존의 운영체제인 유닉스와 호환되는 GNU 소프트웨어를 만들기 시작했는데, GNU라는 이름은 MIT의 해커들이 프로그램 이름을 지을 때 사용하던 재귀적 약어(recursive acronym)의 습관을 반영한 것으로 "GNU is Not Unix" 즉 "GNU는 유닉스가 아니다"는 의미가 되도록 처음부터 의도적으로 조합해서 만든 것이다. 이어 스톨만은 1985년 유명한 'GNU 선언문'을 발표했고, 자유 소프트웨어의 개발을 위해 면세 혜택이 주어지는 '자유소프트웨어재단'(Free Software Foundation; FSF)을 설립했다. 이 재단은 사용자의 기금을 받아 자유 소프트웨어의 개발을 지원하고 그 성과물인 프로그램을 배포할 목적으로 만들어진 조직이었다.

이러한 GNU 프로젝트는 운영체제의 개발에만 국한되는 것이 아니라 모든 부문의 소프트웨어에 자유 소프트웨어를 제공하는 것을 목표로 한다. 자유 소프트웨어란 누구에게나 이용과 복제, 배포가 자유롭고 특히 소스 코드에 대한 접근을 통해 수정과 재배포가 자유로운 소프트웨어를 말한다. 여기서 자유(free)라는 말은 금전적인 측면에서 '무료'라는 의미가 아니라 '구속되지 않는다'는 관점에서의 자유이다. 이런 관점에서 자유 소프트웨어인 GNU 소프트웨어의 법적 성격이 자유로운 수정과 배포과정을 거치면서 '사적 재산으로 보호되는 소프트웨어'(proprietary software)로 변질되는 것을 막을 수 있는 법적 기준이 요구된다. 그래서 자유소프트웨어재단은 1989년 'GNU 일반공개 라이선스'(GNU General Public License; GPL)를 발표해 모든 사용자들에게 이러한 자유를 실질적으로 보장할 수 있는 법적 기준으로 삼았다.

결국 GPL은 저작권을 전제로 하고 있지만 저작권의 본래 취지를 반대로 이용해서 소프트웨어를 사적인 재산권의 대상으로 삼는 대신에 자유롭게 이용·복제·배포·수정될 수 있는 수단으로 삼은 것이다. 즉, 일반적으로 프로그램 개발자들이 저작권을 이용해서 재산적 권리를 취득하는 것과 마찬가지로 자유 소프트웨어의 개발자들은 저작권을 이용해서 프로그램의 공유화를 가능하게 한 것이다. 그래서 '저작권'(copyright)을 기반으로 하면서도 이를 역이용해서 프로그램의 공유를 보장하려는 움직임을 가리켜 '카피레프트'(copyleft)라고 부르게 된 것이다. 따라서 카피레프트의 조건에 따라 배포된 프로그램에 어떠한 수정이 이루어지거나 다른 프로그램이 결합되더라도 그 결과물로서의 소프트웨어에는 카피레프트가 적용된다. 그럼에도 많은 사람들이 저작권을 기반으로 한 '저작권 공유'(copyleft) 운동을 단순한 '저작권 반대'(copy-luddite) 운동 차원으로 이해함으로써 그 본래의 의미를 왜곡하고 있는 것이다.

---

2) 박성호, "카피레프트(Copyleft) 개념의 생성과 그 전개", 〈계간 저작권〉 2000년 여름호(제50호), pp. 33~35.

3) MIT대학에서 처음 등장한 해커집단이 바로 'Tech Model Railroad Club'인데, 이들은 작업과정 그 자체에서 느껴지는 순수한 즐거움 이외에 어떠한 건설적인 목표도 갖지 않는 프로젝트나 그에 따른 결과물을 '해크(hack)'라는 은어로 불렀고 가장 뛰어난 구성원들을 '해커'라고 불렀다. 그 칭호는 오늘날과 달리 자부심과 부러움에 찬 것이었다. 따라서 사적인 목적으로 안전장치를 부수고 남의 컴퓨터에 침입해 정보를 훔치는 파괴자는 해커와 구별해서 '크래커(cracker)'라고 부른다.

2. 용어의 정의

(1) 저작물

저작권법에서 정의하고 있는 저작물(著作物 ; works)이란 "문학·학술 또는 예술의 범위에 속하는 창작물"을 말한다. 여기서 논란의 핵심은 과연 저작물의 요건은 무엇이며, 요건 중의 하나로 명시되어 있는 창작성 여부를 어떻게 판단하느냐 하는 것에 있다. 이를 문맥 그대로 해석한다면 창작성이 없는 저작물은 저작권법의 보호를 받을 수 없다는 것으로 해석할 수 있기 때문이다. 결국 저작물의 요건은 크게 세 가지로 나눌 수 있는데, 먼저 문학이나 학술 또는 예술의 범위에 속할 것, 창작성 내지 독창성이 있을 것, 대외적인 표현물일 것 등이다. 이에 대한 여러 전문가들의 견해를 살펴보면 다음과 같다.

한승헌(韓勝憲)[4]은 "문학·학술 또는 예술의 범위에 너무 엄격하게 구애될 필요는 없고 특허법의 보호를 받는 발명이나 실용신안법의 보호대상인 고안 등 기술의 범위에 속하는 것[5]을 제외한다는 정도로 해석함이 옳을 것"이라고 한다. 따라서 작품의 수준이나 윤리성 따위는 문제삼지 않는다고 본다. 강학상으로는 "사람의 사상이나 감정을 창작적으로 표현한 것"이라는 요건을 함께 요구하고 있으므로 단순한 사실의 나열에 불과한 열차시각표나 음식점 메뉴는 저작물이 아니라고 본다. 그리고 창작성에 있어서도 표현의 독창성, 즉 저작자의 개성이 어떤 형태로든지 저작물에 표현되어 있으면 족하고 저작물 전체가 완전한

---

4) 한승헌, 『저작권의 법제와 실무』(서울: 삼민사, 1988), pp. 47~48 참조.

5) "발명"이라 함은 자연 법칙을 이용한 기술적 사상의 창작으로서 고도한 것을 말한다(특허법 제2조 제1호). "고안"이라 함은 자연 법칙을 이용한 기술적 사상의 창작을 말한다(실용신안법 제2조 제1호). 한편, 실용신안법에 있어서의 '고안'이란 자연 법칙을 이용한 기술적 창작이라는 점에서는 특허법에 있어서의 '발명'과 비슷하지만, '발명'에서처럼 창작의 고도성을 요하지 않으며 물품의 형상, 구조 또는 조합에 의하여 사용 가치를 높이는 기술적 진보가 있으면 '고안'의 신규성이 있다고 할 수 있다.

독창성을 갖추기를 기대하는 것은 아니라고 본다.

장인숙(張仁淑)[6]은 창작물로서의 독창성에 대하여 "그것이 작자 개인의 독자적인 사상 또는 감정의 표현으로서, 남의 것을 단순히 모방한 정도의 작품이 아니며, 또한 누가 하더라도 같거나 비슷할 수밖에 없는 내용의 것이 아니어야 한다는 의미"라고 해석하고 있다. 그런데 인간의 사상이나 감정의 표현은 선인의 문화적 유산 위에 성립하는 것으로, 절대적이며 완전하게 무엇을 창조한다는 것은 불가능하기 때문에 여기서의 독창성이란 정도상의 문제로서, 다른 것을 직접적으로 모방한 일이 없이 독립적으로 무엇을 만들었을 때는 독자적인 창작이 이루어졌다고 보는 것이 일반적인 통념이며, 이것이 바로 독창성이라 이해해도 무방하다고 한다. 아울러 저작물이 대외적으로 표현되지 않는다면 타인이 이용한다거나 권리를 침해한다는 것도 불가능한 일이므로 저작물성에 대한 논의 자체가 무의미한 것이 되며, 표현의 방법은 타인이 감지할 수 있는 정도면 되는 것이지 반드시 유형적으로 고정되어야 한다는 것은 아니라고 한다. 또한 대외적 표현의 뜻을 저작물의 '공표(公表)'와 혼동해서도 안 되며, 표현의 정도 역시 창작임을 인식할 수 있고 이용할 수 있으면 되는 것이지 완성물이어야 할 필요는 없다고 한다.

허희성(許熺成)[7]은 "세계적인 추세로 보아 새로운 과학기술에 해당하는 컴퓨터 소프트웨어와 반도체 칩까지도 저작권법 내지 저작물에 포함시키고 있으므로, 저작물의 범위를 한정적으로 해석할 것이 아니라 광범위하게 인정해야 한다"고 본다. 그리고 저작물에 있어서의 창작성(originality)은 특허법에서 말하는 신규성(novelty)과는 구별되어야 하며, 창작물이라고 하여 유형물 그 자체를 말하는 것이 아니므로 소설이 쓰여 있는 원고지나 그림을 넣은 액자 자체

---

6) 장인숙, 『저작권법원론』(서울: 보진재출판사, 1989), pp. 31~33 참조.
7) 허희성, 『신저작권법축조개설』(서울: 범우사, 1988), pp. 17~20 참조.

를 매수하는 것은 물질 자체인 유형물의 소유권 취득은 될 수 있어도 그 유형물에 표현된 저작권을 취득한 것은 아니라고 한다. 또한 대외적인 표현에 있어서는 다른 이들과 마찬가지로 표현방법이나 형태에 대해서 아무런 제한이 없다고 본다. 다만, 미국을 비롯한 영미법계의 저작권법에서는 저작물의 성립요소로서 유형물에의 고정(fixation)을 요건으로 하며, 독일·프랑스 중심의 대륙법계에서는 유형물에의 고정을 필요로 하지 않는바, 우리나라와 일본의 저작권법은 대륙법계의 체제를 따르고 있음에 유의할 것을 강조하고 있다.

한편, 미국 저작권법(제102조)에서는 "어떠한 경우에 있어서도 창작성 있는 저작물에 대한 저작권 보호는 그 형태 여하를 불문하고 당해 저작물에 기술, 설명, 예시, 또는 그것에 포함되는 아이디어, 절차, 공정, 체제, 조작방법, 개념, 원칙 또는 발견에 대하여는 적용하지 아니한다"고 규정하고 있으며, 이를 적용해서 작성된 미국 저작권청 규칙(§202.1)에 따르면 다음과 같은 경우에는 저작권 보호대상이 아니라고 한다.

(a) 단어, 성명·제목·표어와 같은 간결한 문구; 널리 알려진 상징물이나 도안; 인쇄체적 장식, 글자 도안(lettering), 채색(coloring)의 약간의 변형; 구성물이나 내용의 단순한 나열.

(b) 작품 속에 표현되고 묘사된 특별한 방식과는 구별되는 생각(idea), 계획, 방법, 체계 또는 방책.

(c) 정보를 기록하도록 고안된, 그러나 그 자체가 정보를 전달하는 것은 아닌 시간표, 그래프 종이, 회계 장부, 일기장, 수표, 기록표, 주소록, 보고서 양식, 주문서 등.

(d) 독자적 창작성을 갖고 있지 않은, 공유재산인 정보만으로 구성된 작품: 예컨대 표준달력, 신장 및 체중표, 줄자나 자, 운동경기 일정표, 그리고 공문서나 공공

자료로부터 취득한 명세서나 표.

(e) 활자체로서의 타이프페이스.

또, 1994년에 성립된 WTO/TRIPs 제9조 제2항은 "저작권의 보호는 표현에는 미치지만 아이디어, 절차, 운용방법, 수학적 개념 그 자체에는 미치지 아니한다"고 규정하고 있으며, WIPO 저작권협약 제2조 역시 마찬가지이다.

결국 저작물이란, 특별한 요건을 갖춘 것이라기보다는 문학적이든 학술적이든 혹은 예술적이든, 개인의 독창성이 엿보이는 것으로서 이용 가능한 상태에 놓여 있는 것이라고 할 수 있겠다.[8] 따라서 그것의 수준에 관계없이 저작권은 내포되어 있으며, 어떤 절차나 방식이 필요 없이 창작과 동시에 저작권이 생긴다는 점에 주의해야 한다.

또, 저작물은 다른 사람이 그것을 원저작물로 하여 2차적 저작, 즉 번역·편곡·변형·각색·영상제작 등의 방법으로 재창작할 수 있으며, 여러 저작물을 선택하여 창작적으로 배열함으로써 편집저작물을 만들 수도 있다. 이러한 2차적 저작물이나 편집저작물도 엄연한 저작물이므로 그것을 작성한 사람 역시 저작자가 될 수 있다. 다만, 원저작자의 권리에는 영향을 미치지 않으므로 미리 이용에 따른 허락을 받아야 하는 것은 별개의 문제이다.

---

8) 외국의 경우를 살펴보면, 영국이나 미국의 판례에 의하면 저작물의 표현이 타인의 저작물의 표현으로부터 복제한 것이 아니라 독자적인 노력, 기능 및 자본이 투입된 결과이면 된다고 해석되고 있으며, 독일이나 일본의 경우에는 보다 더 높은 수준, 즉 비교적 창작성이 낮은 평범한 수준의 저작물에 대해서는 저작권의 성립을 부인하는 등 보호받을 만한 상당한 창작성이 요구되는 것으로 보인다.
정상조, "저작물의 창작성과 저작권법의 역할", 『한국저작권논문선집 I』(서울: 저작권심의조정위원회, 1992), pp. 229~241 참조.

> ### 〈Tip〉 아이디어와 표현의 이분법[9]
>
> 아이디어와 표현의 이분법은 사실과 표현의 이분법과 쌍둥이라고 할 수 있는 것으로서 저작권법에서 고전적인 법리다. 이것은 저작권법이 권한 없는 복제로부터 독창적인 창작을 보호함으로써 저작자로 하여금 새로운 저작물을 창작하는 데 인센티브를 부여한 것과 만인의 공유(public domain) 영역에서 새로운 저작물에 대한 기본적 요소를 보존한 것 사이의 균형을 유지하려는 의도를 반영하고 있다. 따라서 법원은 저작권으로 보호할 수 있는 저작물의 범위를 아이디어까지 확장해서는 안 된다는 의미로 해석하고 있다. 이것은 새로운 저작물을 창작하기 위해 아이디어를 타인이 이용하는 것을 허용하고 따라서 문화의 발전을 촉진함으로써 공공의 복지에 이익이 되기 때문이다. 이러한 해석은 아이디어 보호와 아이디어의 표현이라는 두 갈래의 전개로 귀결되었다. "거인의 어깨 위의 난쟁이는 거인보다 멀리 볼 수 있다"라고 자주 인용되는 속담은 이러한 창작의 도구(building-block) 이론을 잘 설명하고 있다. 그러나 드러나지 않은 문제는 난쟁이가 거인의 어깨 위에 올라서는 특권을 누리기 위해서는 거인의 허락을 받아야 하거나 거인에게 대가를 지불해야 한다는 것이다.

(2) 저작자

저작자(著作者; author)란 "저작물을 창작한 자"를 말한다. 곧 사실상의 저작행위를 함으로써 "저작물을 창작해 낸 사람(creator of a work)"이 저작자가 되는 것은 당연하다. 그러므로 숨겨져 있던 다른 사람의 저작물을 발견했거나 발굴해 낸 사람, 저작물의 작성을 의뢰한 사람, 저작에 관한 아이디어나 조언을 한 사람, 저작을 하는 동안 옆에서 도와주었거나 자료를 제공한 사람 등은 저작

---

9) 박영길, "저작권에 있어서의 아이디어 보호", 〈계간 저작권〉 2003년 봄호(제61호), p. 8.

자가 될 수 없다. 그리고 저작물의 내용이나 수준은 문제가 되지 않으므로 직업적인 문인이나 학자, 또는 예술가가 아니라도 저작행위만 있으면 누구든지 저작자가 될 수 있다. 따라서 법률상 무능력자로 취급되는 미성년자나 정신이상자라 할지라도 저작행위를 하였으면 저작자가 되는 것은 물론이다.

또한 저작자에는 자연인인 개인뿐만 아니라 단체 또는 법인이 있을 수도 있다.[10] 그리고 저작물에는 1차적 저작물뿐만 아니라 2차적 저작물과 편집저작물도 포함되어 있으므로 2차적 저작물 또는 편집저작물의 작성자 또한 저작자가 된다는 점에 주의해야 한다. 아울러 저작자와 저작권자는 다를 수 있다는 점에도 주의해야 한다. 즉, 제14조의 규정에 따라 저작인격권은 저작자 일신에 전속되므로 별 문제가 없지만 저작재산권은 전체 또는 부분적인 권리를 제3자에게 양도할 수도 있으므로 그럴 경우에는 일정 권리를 양도받은 사람이 저작재산권자가 될 수 있다. 또, 저작물의 저작자는 1인에 한정되지 않으며 2인 이상의 사상이나 감정이 하나가 되어 구체화된 공동저작물의 경우에는 공동으로 창작한 사람 모두가 저작자가 된다. 한편, 저작권법에서는 저작자와 관련하여 '저작자 등의 추정'(제8조)과 '단체명의저작물의 저작자'(제9조)에 관한 규정을 별도로 두고 있다.

그리고 저작자의 요건으로서는 저작행위가 요구되기 때문에 다음과 같은 사람은 저작자가 될 수 없다.[11]

① 다른 사람에게 저작행위를 위촉하는 자; 위촉자가 수탁자에게 아이디어나 자료를 제공한 경우라 할지라도 위촉에 의한 저작물의 저작자는 수탁자가 된다. 다

---

10) 독일 저작권법에서는 저작자로 자연인만을 인정하고 있으나 우리나라는 미국, 일본, 영국 등의 입법례에 따라 법인 저작자를 인정하고 있다.

11) 저작권심의조정위원회, 『저작권용어해설』(서울: 저작권심의조정위원회, 1988), pp. 240~241 참조.

만, 대작(代作)의 경우에 대작자는 위촉자의 수족으로서 창작을 한 것으로 해석
하는 것이 가능한 경우도 있어 위촉자가 저작자로서 통용되는 예가 많이 있다.

② 다른 사람의 지시에 따라서 그 저작행위를 보조하는 자. 예컨대, 타인의 구술,
즉 말하는 것을 그대로 받아 적는 자.

③ 감수자나 교열자에 대해서는 창작에의 기여 정도에 따라 저작자가 되는 경우도
있고, 저작 명의를 갖는 자와 공동저작자의 지위에 서는 것도 생각할 수 있다.

④ 민요 등의 채보자(採譜者) ; 채보란 아직 고정되지 않은 민요 등을 악보로 수록하
는 행위를 말하며, 이 경우 채보자는 기존의 선율을 악보로 작성하는 사람에 불
과하므로 저작자가 될 수 없다.

(3) 공연

공연(公演 ; public performance)이란, "저작물을 상연·연주·가창·연술·
상영 그 밖의 방법으로 일반공중에게 공개하는 것과 이의 복제물을 재생하여
일반공중에게 공개하는 것을 말하며, 동일인의 점유에 속하는 연결된 장소 안
에서 이루어지는 송신을 포함한다." 곧 저작물을 공중에게 무형적으로 전파하
는 이용방법의 한 가지라고 할 수 있다.

먼저 상연(上演)이란, 각본이나 무보(舞譜) 또는 기타의 연극적 저작물을 무
대 위에서 실현하는 것을 말한다. 그리고 연주(演奏)란 음악적 저작물을 악기로
써 표현하는 것을, 가창(歌唱)이란 음악적 저작물을 사람의 입을 통하여 표현하
는 것을 말한다. 또한 연술(演術)이란, 음악적 저작물 이외의 것, 즉 시·소설·
논문 등 글로 쓰여 있는 것을 사람의 입을 통해 표현하는 것으로 만담(漫談)은
물론 일반적인 강연이나 연설 따위를 포함하며, 상영(上映)은 영화처럼 영상화
한 저작물을 막(幕, screen)이나 기타의 물체에 영사(映寫)하는 것을 말한다. 그
런데 국제적인 개념에 있어서 공연에 문예저작물의 상연과 녹음저작물의 연주

는 포함되지만 영상저작물의 상영은 포함되지 않으므로 저작권 관계의 국제적인 계약에 있어서 'right of public performance'라고 하더라도 우리 저작권법상 공연권이 아니라는 사실에 주의해야 한다. 끝으로 기타의 방법이란, 이상의 방법과 유사한 방법으로 장래에 개발되는 저작물의 표현형태를 포함하는 말로 해석할 수 있다.

아울러 이와 같은 공연은 물론 방송 또는 실연을 녹음 또는 녹화물로 만드는 것은 복제에 해당하지만, 이것을 재생하여 일반공중에게 공개하는 것은 공연에 포함된다는 점에 주의해야 하며, 공연 여부를 판단하는 데 있어서 가장 중요한 요건은 공개성이라고 할 수 있다.

(4) 실연

실연(實演; performance)이란, "저작물을 연기·무용·연주·가창·연술 그 밖의 예능적 방법으로 표현하는 것을 말하며, 저작물이 아닌 것을 이와 유사한 방법으로 표현하는 것을 포함한다." 이러한 실연은 청중 또는 관중 앞에서 행해지기도 하고, 마이크, 방송 또는 유선 텔레비전 등과 같은 기술적인 장치나 과정을 통한 행위의 표현을 송신함으로써 행해지기도 한다. 즉, 공개 여부와는 관계없이 개인적인 장소나 비밀 장소에서 행해지는 것뿐만 아니라 저작물을 표현한 것이 아닌 곡예나 마술 같은 것도 보호받는 대상으로서의 실연에 해당한다고 볼 수 있다.

이처럼 실연은 많은 부분에서 공연과 비슷한데, 그 차이점을 정리해 보면 다음과 같다.

첫째, 공연은 저작물을 동작적인 표현으로 일반공중에게 공개하는 것을 요건으로 하지만, 실연은 공개 여부를 요건으로 하지 않는다. 따라서 저작물의 동작적인 행위라 하더라도 공개하지 않았다면 그것은 실연은 될 수 있어도 공연은 될 수 없다.

둘째, 공연에는 직접적인 동작에 의한 표현행위뿐만 아니라 간접적인 녹음 또는 녹화물의 공개 재생도 포함되지만, 실연에 있어서는 직접적인 동작행위만을 대상으로 한다. 따라서 실연의 녹음 또는 녹화물을 공개 재생하는 것은 실연이 아닌 공연이 된다.

셋째, 공연은 반드시 저작물을 동작에 의하여 표현할 것을 전제로 하지만, 실연은 저작물이 아닌 것을 예능적으로 표현하는 것, 즉 곡예나 마술 등도 포함된다.[12] 따라서 공연권은 저작재산권의 일종이지만 실연은 저작인접권의 대상이 될 뿐이다.

결국 공연과 실연을 구별함에 있어 공연은 저작물의 표현 수단으로 공중에게 공개되어야 하지만 실연은 이와 같은 제한 없이 동작행위 자체에 예능적인 가치만 있으면 된다. 다만, 외국 저작권법이나 국제협약상 'performance'라고 했을 경우 이를 우리 저작권법에 비추어 공연으로 볼 것인지 아니면 실연으로 봐야 하는지 애매한 경우가 있으므로 상황에 따라 전체적인 문맥에 따라 구별해서 해석하거나 이해해야 할 것이다.

(5) 실연자

실연자(實演者 ; performer)는 실연에 대한 권리의 주체이며, 실연을 행한

---

12) 하지만 예능적으로 표현하였다고 해서 모두 실연이 되는 것은 아니라는 견해도 있다. 즉, 표현하는 사람 또는 표현하는 목적에 따라 실연이 되기도 하고 그렇지 않을 수도 있다는 것이다. 예를 들면, 같은 행위라도 곡예단이 관중 앞에서 펼치는 쇼의 일종은 실연이지만 그것이 체조 경기 중의 행위라면 실연이 아니다. 그러므로 피겨스케이팅은 그것이 경기로서 펼쳐지는 한 실연이 아니지만 관중 앞에서 아이스 쇼의 일환으로 펼쳐지면 실연이 된다. 허희성, 앞의 책, p. 23. 참조.

배우·무용가·연주가·가수·성악가 등이 대표적이다. 하지만 그들이 반드시 전문가일 필요는 없으며, 비전문가라 할지라도 실연을 펼쳤다면 모두 실연자가 될 수 있다. 아울러 악단의 지휘자, 무대의 연출가, 영화의 감독 또는 각종 스태프 등과 같이 실연자를 지도하거나 조력함으로써 실연자가 실연을 행하게 하거나 실연을 행하고 있는 것과 같은 상태에 있는 사람도 실연자가 될 수 있다. 대개의 경우 하나의 저작물이 공연된다면 이처럼 여러 명의 실연자가 있을 수 있으므로 지휘자나 연출가, 또는 감독자를 그 실연의 대표자로 보는 수가 많다. 또한, 실연자는 저작권자가 아닌 저작인접권자이므로 인격적 권리를 주장할 수 없다.

(6) 음반

음반(音盤; phonogram)이란, "음이 유형물에 고정된 것(음이 영상과 함께 고정된 것을 제외한다)"을 말한다. 실연과 마찬가지로 저작인접권의 대상이며, 실연상의 소리나 기타의 소리를 오로지 청각적으로 고정시킨 것을 뜻한다. 따라서 디스크나 테이프에 소리가 녹음되어 있다면 그것은 바로 음반이 된다. 여기서 주의할 점은, 소리와 함께 영상이 수록되어 있다면 이는 음반이 아니라 영상저작물이 된다는 사실이다. 곧, 비디오 레코더에 의해 재생될 수 있는 것은 음반이 아니다.

(7) 음반제작자

음반제작자(音盤製作者; producer of phonograms)란 단순히 음반을 제작한 사람을 뜻하는 것이 아니라 그 소리를 맨 처음으로 유형물, 즉 디스크나 테이프에 고정한 사람을 말한다. 따라서 녹음물을 재생하여 나온 소리를 다시 테이프나 디스크에 수록하는 것은 최초의 고정이 아니므로 그 행위자는 음반제작자가 될 수 없다. 아울러 그 주체는 법률적으로 보아 자연인뿐만 아니라 법인을 포함한 단체, 즉 음반회사가 될 수도 있다. 또한 음반은 저작인접권의 대상이 되므로 음반제작자 역시 저작인접권자로 보호받을 수 있다.

(8) 방송

방송(放送 ; broadcasting)이란, "일반공중으로 하여금 동시에 수신하게 할 목적으로 무선 또는 유선통신의 방법에 의하여 음성·음향 또는 영상 등을 송신하는 것"을 말한다. 여기서 방송의 개념은 앞서 살펴본 공연의 개념과 혼동될 우려가 있다는 점에 주의해야 한다. 아울러 무선통신에 의한 방송뿐만 아니라 유선통신에 의한 것까지도 모두 포함하는 개념이라는 점 또한 유념해야 한다. 무선에 의한 방송이란 라디오처럼 소리만을 방송하는 것뿐만 아니라 텔레비전처럼 영상까지도 방송하는 것이 대표적이며, 유선에 의한 방송이란 케이블 텔레비전(CA TV)이나 유선에 의한 음악방송, 또는 폐쇄회로에 의한 텔레비전(CC TV) 등을 말한다.

따라서 유선이든 무선이든 확성기, 즉 마이크 장치를 이용하는 경우 일단은 방송의 범주에 드는 것으로 해석할 수도 있는데, 이 경우에 "동시에 수신하게 할 목적으로" 송신되는 것만 방송에 해당되며, 이시적(異時的) 혹은 쌍방향적인 것은 새로 생긴 '전송'의 개념에 포함된다는 사실에 주의해야 한다. 예컨대, 요사이 우후죽순처럼 늘어나고 있는 인터넷방송의 경우 이것이 공중파방송과 마찬가지로 동시 송신되는 경우에는 '방송'으로 볼 수 있지만, 이시적 혹은 쌍방향적인 송신의 경우 '전송'으로 분류된다.

(9) 방송사업자

저작권법에서 말하는 방송사업자(放送事業者 ; broadcasting organization)

는 저작인접권으로서의 방송에 대한 권리의 주체를 말하는 것으로, 음반제작자와 마찬가지로 법인이나 단체도 포함된다. 따라서 우리나라의 경우 이에 해당하는 곳은 무선방송의 경우 KBS, MBC, SBS, CBS, 극동방송, 아세아방송, 교통방송, 불교방송, 평화방송 등과 함께 미 8군이 운영하는 AFN 등이 있으며, 유선방송으로는 과거의 유선방송관리법에 의하여 허가를 받은 각종 케이블 텔레비전이 해당된다고 하겠다. 이러한 방송사업자 역시 실연자, 음반제작자와 함께 저작인접권자가 된다.

(10) 전송

전송(傳送)이란, 2000년도 개정 저작권법에서 처음 등장한 개념으로 "일반 공중이 개별적으로 선택한 시간과 장소에서 수신하거나 이용할 수 있도록 저작물을 무선 또는 유선통신의 방법에 의하여 송신하거나 이용에 제공하는 것"을 말한다. 곧 국경에 관계없이 광범위하게 사용되고 있는 인터넷 등 온라인상의 저작물 송신을 고려한 새로운 개념이라고 할 수 있다.

(11) 영상저작물

영상저작물(映像著作物; cinematographic work)이란, "연속적인 영상(음의 수반 여부는 가리지 아니한다)이 수록된 창작물로서 그 영상을 기계 또는 전자 장치에 의하여 재생하여 볼 수 있거나 보고들을 수 있는 것"을 말한다. 곧 저당한 감광성 물질에 연속적으로 담아 '움직이는 영상(motion pictures)'으로 보여줄 수 있는, 대체로 소리를 수반한 일련의 영상을 가리키는 개념이다. 이것의 가장 고전적인 형태는 바로 영화이지만, 저작권법에서는 다른 종류의 시청각저작물, 즉 비디오테이프나 텔레비전용 필름 따위도 영화와 같은 것으로 보고 있다.

따라서 하나의 영상이 정지되어 독립적으로 표현된 것은 '사진'에 해당하며, 둘 이상의 영상이 연속해서 하나의 내용을 이룰 때에야 비로소 '영상저작물'이 된다고 하겠다. 그러므로 슬라이드 필름의 경우 한 장만 있다면 사진이지만, 두 장 이상이 연속적으로 이어져 하나의 내용을 이룬다면 영상저작물이 되는 것이다.

(12) 영상제작자

영상제작자(映像製作者; maker of cinematographic works)란, "영상저작물의 제작에 있어 그 전체를 기획하고 책임을 가진 자"를 말한다. 영상저작물, 특히 영화는 단일한 것이 아니라 종합적인 저작물이다. 기획에서부터 제작이 완료되기까지 여러 단계를 거침으로써 수많은 실연자와 저작자가 참여하게 되는데, 여기서 말하는 영상제작자란 그러한 전체를 처음에 발의하고 이에 대해 재정적 책임을 지는 사람을 말한다. 물론 개인뿐만 아니라 법인이나 단체도 영상제작자가 될 수 있다. 그런데 영화 같은 영상저작물이 종합적인 저작물이다 보니 저작권의 주체가 모호해질 수가 있다. 즉, 한 편의 영화가 완성되기 위해서는 원작이나 시나리오를 쓴 작가, 영화음악의 작곡가, 영화제작자, 감독 등의 역할이 분명히 있어야 하는데, 그 중에 누가 영화의 저작권을 갖는 것인지 분명치가 않다. 이렇게 저작권자가 분명치 않으면 그 영화를 이용하고자 하는 사람들에게는 이용허락 관계에 있어서 많은 불편이 따르게 마련이다.

이에 저작권법에서는 '영상저작물에 관한 특례' 조항(제5장 제74조 내지 제77조)을 두어 합리적인 해석이 가능하도록 하고 있다. 이를 요약하면, 영화의 감독, 연출, 촬영, 미술, 음악 등을 담당한 사람들이 영상제작자의 요청에 응하여 영화제작에 참가하기로 약정한 이상, 그들이 갖는 저작권은 영화의 완성과 동시에 법률상 자동적으로 영상제작자에게 귀속된다는 것으로, 영화의 저작재산권자는 사실상 영상제작자라고 볼 수 있다는 것이다. 아울러 배우 등 실연자의 녹음 및 녹화, 또는 실연 방송과 관련한 일체의 권리 역시 영상제작자에게 양도되는 것으로 해석할 수 있다. 그러나 영상저작물의 제작에 사용된 소설이나 시나리오, 또는 미술이나 음악저작물 등의 독립적인 저작재산권까지 영상제작자에게 양도되는 것은 아니다.

(13) 응용미술저작물

응용미술저작물(應用美術著作物)이란, "물품에 동일한 형상으로 복제될 수 있는 미술저작물로서 그 이용된 물품과 구분되어 독자성을 인정할 수 있는 것"을 말하며, 디자인 등을 포함하는 개념이다. 과거의 저작권법에서는 응용미술작품을 별도의 보호되는 저작물로 예시하고 있어서, 직물디자인 등 산업디자인은 저작권법과 의장법 등으로 모두 보호받을 수 있도록 되어 있었으나 실질적인 보호에는 미흡한 것이 현실이었다. 특히 의장법은 보호에 필요한 등록을 하는 경우에 상당한 시간과 비용이 소요되고 있어 이 법에 의해 보호받는 산업디자인은 제한될 수밖에 없었다. 반면에 저작권법은 무방식주의를 택하고 있어 응용미술작품의 저작권 등록 여부와 관계없이 보호하고 있었으나, 대법원 판례에 따르면 "직물디자인 등 산업디자인을 저작권법으로 보호하게 되면 산업계에 혼란이 우려된다"는 등의 이유로 저작권법상의 보호에 소극적인 입장이었다.[13]

그리하여 최근 의장법은 등록을 위한 일부 심사절차를 거쳐 무심사 방식을 도입했지만, 여전히 등록을 하기 위해서는 시간과 비용이 많이 소요되고 있어 그 생명주기가 짧은 디자인 등 응용미술저작물의 적시성 있는 보호에는 미흡한

---

13) 대법원 판결 1996. 2. 23. 선고 94도3266 사건 참조.

수준이라는 것이 누누이 지적되어 왔다. 아울러 저작권법의 기본원리에 따라 해당 응용미술작품이 창작성 등 요건을 갖추고 있다면 저작물로 보호되어야 하며, 순수디자인과 산업디자인의 한계가 불분명함에도 산업상 이용 가능성 또는 대량생산 등을 이유로 직물디자인 등의 저작물성을 배척할 수 있는 이론적 근거 또한 미약하다는 지적도 제기되어 왔다. 이에 따라 2000년도 개정 저작권법에서는 응용미술저작물의 정의규정을 신설함으로써 대량생산되는 실용품에 복제되어 이용되는 디자인의 경우에도 저작물성을 갖춘 경우 보호받을 수 있도록 그 보호범위를 확장하게 된 것이다. 다만, 선박이나 자동차 디자인 등 "물품의 실용적인 면과 분리될 수 없는" 디자인은 정의규정에 따라 보호대상에서 제외된다는 점에 주의해야 한다.

(14) 컴퓨터프로그램

저작권법에서 말하는 컴퓨터프로그램(computer program)이란, "특정한 결과를 얻기 위하여 컴퓨터 등 정보처리능력을 가진 장치 내에서 직접 또는 간접으로 사용되는 일련의 지시·명령으로 표현된 것"을 말한다. 컴퓨터프로그램 역시 엄연한 저작물로서 보호된다는 취지를 담고 있는데, 그것의 보호와 관련된 자세한 내용은 또 다른 법률인 '컴퓨터프로그램보호법'으로 규정하고 있다. 이처럼 국내법에서는 별도의 법률로 보호내용을 규정하고 있지만, 베른협약에서는 컴퓨터프로그램을 어문저작물의 하나로 보고 있다.[14]

---

14) 베른협약 제10조 : 컴퓨터프로그램과 자료편집물
   1. 컴퓨터프로그램은 그것이 원시코드(source code) 목적코드(object code)의 형태로서 존재하건 간에,
      베른협약(1971) 하에서 어문저작물로서 보호된다.
   2. 생략.

(15) 편집물, 편집저작물

편집물(編輯物 ; compilation)이 "저작물이나 부호·문자·음성·음향·영상 그 밖의 형태의 자료의 집합물을 말하되, 데이터베이스를 포함"하는 개념이라면, 편집저작물(編輯著作物 ; edited work 혹은 compiled work)이란 "편집물로서 그 소재의 선택·배열 또는 구성에 창작성이 있는 것"을 말하며 독자적인 저작물로 보호된다. 여러 개의 저작물 또는 여러 가지의 자료를 특정한 의도에 따라 정리하고 배열하여 만들어 낸 저작물로 영화나 방송 프로그램의 편성도 이에 해당하며, 출판물에서는 신문·잡지 등의 정기간행물을 비롯해 학술·문예의 작품집이나 사전·연감·시가집·법령집 등이 이에 해당한다.

한편, 편집저작물은 소재의 집합물이라는 특수성 때문에 일반적인 저작물과는 다른 성질을 띠고 있다. 즉, 여러 소설가의 단편소설을 모아 한 권의 단편집으로 묶었다면 그것은 편집저작물인 동시에 어문저작물이 되며, 요사이 유행하는 가요들을 묶어 최신가요집을 펴냈다면 그것은 편집저작물인 동시에 음악저작물이 되는 것이다. 또한 편집저작물은 구체적인 저작물의 편집물일 수도 있지만, 저작물이 아닌 단순한 사실이나 자료만을 모은 것일 수도 있다. 예를 들어 문학 전집 또는 선집·백과사전·신문·잡지 등은 저작물의 편집물이며, 국어사전 또는 영어사전이나 전화번호부 등은 단순한 사실이나 자료의 편집물이다.

그런데 편집저작물의 보호는 그 편집방법에 있어서 아이디어를 보호하는 것이 아니라 편집물에 구현된 편집방법을 보호하는 것이다. 따라서 누군가가 서울 지역의 직업별 전화번호부의 편집방법을 모방하여 부산 지역의 직업별 전화번호부를 작성하였더라도 그것은 내용 자체가 전혀 다른 것이므로 편집저작권의 침해가 되지 않는다. 아울러 편집저작물의 구성부분이 되는 원저작물 저작자의 허락을 얻지 않은 무단의 것이라도 그 편집저작물 자체는 보호를 받으며, 제3자의 침해에 대하여 권리의 주장을 할 수 있다. 그러나 2차적 저작물과 마찬가지로 편집저작물의 저작자가 원저작자의 권리를 침해했다면 그에 따른 책임은 별도로 발생한다. 따라서 편집저작물을 작성하고자 한다면 그것의 구성부분이 되는 저작물의 저작자로부터 일일이 허락을 얻어야만 정당한 권리가 생긴다. 결국, 편집저작물의 저작자가 권리를 주장할 수 있는 것은 제3자가 그것과 유사한 편집저작물을 무단으로 작성해서 이용했을 경우에 한정되며, 편집저작물 중의 일부 저작물만을 누군가가 무단으로 이용했을 경우에는 그 저작물의 원저작자의 권리만이 작용할 수 있다는 점에 주의해야 한다.

(16) 데이터베이스, 데이터베이스제작자

데이터베이스란, "소재를 체계적으로 배열 또는 구성한 편집물로서 그 소재를 개별적으로 접근 또는 검색할 수 있도록 한 것"을 말한다. 곧, 다수의 정보를 체계적으로 정리·통합하고 컴퓨터에 의해 검색할 수 있도록 기계가 읽을 수 있는 형태로 만든 정보의 집합체를 가리킨다. 아울러 데이터베이스제작자란, "데이터베이스의 제작 또는 그 소재의 갱신·검증 또는 보충에 인적 또는 물적으로 상당한 투자를 한 자"를 말한다.

(17) 공동저작물

공동저작물(共同著作物; joint work 또는 work of joint authorship)이란, "2인 이상이 공동으로 창작한 저작물로서 각자의 이바지한 부분을 분리하여 이용할 수 없는 것"을 말한다. 하나의 저작물에는 그것을 작성한 사람이 하나인 경우, 즉 단독저작의 형태가 대부분이지만 경우에 따라서는 저작자가 여러 사람인 경우도 있다. 이럴 때 공저(共著)라는 표현을 쓰는데, 여기서 말하는 공동저작물이란, 단순히 저작자가 여러 명이라는 의미로 쓰인 것이 아니라는 점에 주의해야 한다.

하나의 저작물을 작성한 저작자의 유형에 따라 흔히 '저(著)' 또는 '지음', '역(譯)' 또는 '옮김', '편저(編著)' 또는 '엮음' 등의 단어가 따라붙는다. 여기서는 순수한 창작인가, 아니면 다른 언어로 옮긴 것인가, 또는 다른 사람이 작성한 여러 편의 저작물 중에서 가려 뽑아 그것을 엮어 새로운 저작물을 작성하였는가 하는 점을 기준으로 한 것이지만, 그렇게 해서 만들어진 저작물이라고 하더라도 만약에 저작자가 한 명이 아닌 두 명 이상이라면 저작자의 표시가 달라질 수밖에 없다. 즉, '공저(共著)' 또는 '공역(共譯)', '공편(公編)' 등이 그것인데, 이런 경우의 저작물을 일단 공동저작물이라고 할 수 있다. 그런데 저작자가 두 사람 이상인 저작물이라고 하더라도 그 성질을 살펴보면 사뭇 다른 점을 발견할 수 있다. 어떤 경우에는 여러 사람이 같이 작성하였지만 각각의 저작자가 각자 작성한 부분을 분명하게 알 수 있는가 하면, 어떤 경우에는 하나의 저작물 속에서 누가 어디까지 작성하고 어디까지 손대지 않은 것인지 알 수가 없을 수도 있다.

따라서 저작권을 행사함에 있어서 앞의 경우인가 뒤의 경우인가에 따라 그 권리의 주체를 파악하기 어려운 경우가 생기는데, 그러한 점을 합리적으로 해결하기 위하여 이러한 규정이 있는 것으로 보인다. 즉, 저작권법에서 말하는 '공동저작물'이란, 바로 뒷부분에서처럼 두 사람 이상이 작성한 저작물이면서 각자가 이바지한 부분을 밝혀 내기 어려운 저작물을 말하며, 앞의 경우처럼 각자의 이바지한 부분이 명확한 것은 결합저작물(結合著作物)의 형태로 보아 가자가 이바지한 부분에 대한 단독저작물로 파악해도 권리를 행사함에 있어서는 별 문제가 없다는 것이다.

결국, 여러 사람이 작성한 저작물이라 할지라도 각자가 이바지한 부분을 분리할 수 있을 때에는 공동저작물이라고 할 수 없다. 예를 들어 글과 그림이 어울려 하나의 책으로 만들어졌을 경우, 글과 그림을 따로 분리해서 사용해도 무방하다면 글의 저작자와 그림을 그린 사람을 단독저작자와 마찬가지로 취급해도 무방한 것이다.[15] 아울러 노래의 경우에도 작곡자와 작사자가 다르다면 작곡부분과 작사부분은 같이 실연될 수도 있지만 경음악, 또는 가사집으로 별도 이용이 가능하다면 공동저작물이라고 할 수 없다. 그런 경우에는 각자의 이바지한 부분에 대한 저작권이 별도로 주어지는 것이다. 그러므로 공동저작물이란, 저작자가 두 사람 이상이면서 그들의 저작부분을 분리할 수 없는 저작물을 뜻하는 것이다. 물론 둘 이상의 법인이나 단체가 공동으로 저작에 참여하는 형태도 있을 수가 있다.

(18) 복제

복제(複製 ; reproduction)란, "인쇄·사진·복사·녹음·녹화 그 밖의 방법에 의하여 유형물에 고정하거나 유형물로 다시 제작하는 것을 말하며, 건축물의 경우에는 그 건축을 위한 모형 또는 설계도서에 따라 이를 시공하는 것을, 각본·악보 그 밖의 이와 유사한 저작물의 경우에는 그 저작물의 공연·실연 또는 방송을 녹음하거나 녹화하는 것을 포함"하는 개념이다. 따라서 복제는 저작재산권 중에서 가장 기본적인 권리이며, 저작물 이용에 있어서도 가장 기본적인 형태라고 할 수 있다. 여기서 예시하고 있는 인쇄·사진·복사·녹음·녹화 등은 우리가 일상적으로 저작물을 이용하는 방법들이기 때문이다. 여기에다 디지털 기술의 발달양상을 반영하여 2000년도 개정법에서는 "유형물로 다시 제작하는 것" 이외에 "유형물에 고정하는 것"을 복제의 개념에 포함시켜 디지털 복제까지 확장시키고 있다.

---

15) 구 저작권법에서는 '합저작(合著作)'이라는 개념을 내세워 저작자가 여러 명이면서 하나의 저작물로 볼 수 있는 것이면 그것이 분리하여 이용할 수 있는 것이라도 합저작에 포함시켰지만, 신 저작권법에서는 그런 경우에 공동저작물이 아닌 개개의 저작물이 우연하게 집합된 집합저작물로 본다.

한편, 인쇄 및 출판에 의한 것과는 거리가 멀지만 저작권 보호의 취지를 감안, 건축을 위한 설계도에 따라 건축물을 시공하는 것도 복제에 해당한다는 점에 주의해야 한다. 이렇듯 저작권법에서 말하는 복제란, 유형물 즉 구체적으로 존재하는 물건 속에 저작물 등을 수록하는 행위를 말한다.[16] 그러므로 상연이나 연주 또는 방송 등의 무형적인 것은 복제의 대상이 아니며, 각본이나 악보 따위를 공연·방송 또는 실연한 것을 녹음하거나 녹화하는 것은 복제에 해당한다. 이러한 복제의 개념은 또 인쇄나 사진 또는 복사처럼 가시적인 복제와 녹음 또는 녹화 같은 재생 가능한 복제로 나누어 볼 수 있다.[17]

(19) 배포

배포(配布 ; distribution)는 "저작물의 원작품 또는 그 복제물을 일반공중에게 대가를 받거나 받지 아니하고 양도 또는 대여하는 것"을 가리키는 개념으로, 저작물을 이용하는 방법이자 저작물을 시장에 유통시키는 방법이기도 하다. 여기서 말하는 '원작품(原作品)'이란 주로 미술저작물을 말하고, '그 복제물'이란 주로 책과 같은 형태를 말한다. 그런데 저작재산권의 일종으로서 배포권을 규정함에 있어서 대여에 따른 문제가 생기게 되었다. 즉, 별도의 대여권과의 관계가 애매해진 것이다. 외국의 경우에는 대부분 배포권과 대여권을 별도로 인정하고 있어서 배포의 개념에는 대여가 포함되지만 배포권의 내용에는 대여권이 포함되지 않도록 하고 있다. 국내 저작권법에서 규정하고 있는 배포의 개념도 마찬가지인 것으로 보인다.

---

16) 구 저작권법에서는 각본의 상연, 음악의 연주, 영화의 상영 등 무형적인 것도 복제에 포함시켰으나 신 저작권법에서는 유형적인 복제에만 한정하고 있다.

17) 복제의 개념에 대한 국제협약의 규정을 살펴보면, 베른협약에서는 가시적인 복제는 물론 재생 가능한 복제까지 포함하고 있지만(제9조 제3항), UCC에서는 녹음이나 녹화처럼 재생 가능한 것은 복제로 인정하지 않는다(제6조).

(20) 발행

발행(發行 ; publication)이란, "저작물을 일반공중의 수요를 위하여 복제·배포하는 것"을 말하므로 결국 복제와 배포를 포함하는 개념이다. '일반공중의 수요를 위하여' 이루어지는 복제 및 배포는 모두 발행에 포함되며, 아울러 발행은 공표의 개념에 포함되기 때문에 저작권 보호기간의 산정, 저작권의 제한, 법정허락 등의 기준이 될 수 있으므로 매우 중요하다고 할 수 있다. 그런데 이러한 발행이 정당한 권리를 얻은 사람 또는 단체나 법인에 의해서 이루어졌을 때에만 성립하는 것이 아니라, 정당한 권리를 얻지 않은 경우에도 성립한다는 점에 문제가 있다. 즉, 누군가가 남의 저작물을 불법적으로 이용해서 발행했을 경우에 보호기간의 기산, 저작권의 제한, 법정허락 등에 있어서 정당한 권리자인 저작자나 저작권자의 이익이 현저하게 침해될 우려가 있는 것이다.[18]

(21) 공표

공표(公表 ; disclosure)란, "저작물을 공연·방송 또는 전시 그 밖의 방법으로 일반공중에게 공개하는 경우와 저작물을 발행하는 경우"를 말하므로, 수단을 불문하고 공중이 저작물을 접할 수 있도록 하는 것을 뜻한다. 따라서 앞에서 살펴본 방법으로 저작물을 발행하는 것뿐만 아니라 공연·방송 또는 전시 그 밖의 방법으로 일반공중에게 저작물을 공개하는 행위가 모두 포함되는 개념이

---

18) 이를 구체적으로 살펴보면 다음과 같다.

  첫째, 보호기간에 있어서 제37조에 의한 무명 또는 이명 저작물, 제38조에 의한 단체명의저작물, 제77조에 의한 영상저작물의 저작재산권 등은 공표한 때로부터 50년간 존속한다.

  둘째, 저작권의 제한에 있어서 제6절에 규정되어 있는 모든 제한사항은 공표된 저작물을 대상으로 하고 있다.

  셋째, 법정허락에 있어서도 제9절의 규정에 의해 공표된 저작물의 경우에는 저작권자의 허락이 없어도 이용할 수 있다.

다. 그러므로 공표는 발행을 포함하는 개념이지 발행과 동일한 개념이 아니라는 점에 주의할 필요가 있다.

(22) 저작권신탁관리업

저작권신탁관리업(著作權信託管理業)이란, "저작재산권자·출판권자 또는 저작인접권자를 위하여 저작재산권·출판권·저작인접권 또는 그 이용권을 신탁받아 이를 지속적으로 관리하는 업"을 말한다. 과거의 저작권법에 저작권의 대리중개업무와 신탁관리업무에 대한 정의규정이 없었던 탓에 업무구분이 쉽게 되지 않는다는 비판이 있었고, 또한 대리중개업은 신고제로, 신탁관리업은 허가제로 운영되었으나 일부 대리중개업자의 경우 신고를 마친 뒤 권리자와 포괄적 권리위임계약을 맺음으로써 사실상 신탁업무를 수행하는 일이 있어 혼란이 있었다. 이에 따라 2000년 개정법에서는 저작권대리중개업과 신탁관리업에 대한 정의규정을 신설함으로써 명확한 업무구분과 책임한계를 설정하고, 그 결과로써 업무영역의 합리적 조정과 저작권위탁관리업의 활성화를 도모하고자 하였다. 결국 저작권신탁관리업이란 권리자 즉, 저작권자·출판권자·저작인접권자들로부터 그들이 갖고 있는 권리 즉, 저작재산권·출판권·저작인접권 또는 이용권을 이전받아 이를 관리해 줌으로써 권리자의 이익을 증대시키고 그에 따르는 수수료 등을 수입으로 삼는 업종을 가리킨다.

(23) 저작권대리중개업

저작권대리중개업(著作權代理仲介業)이란, "저작재산권자·출판권자 또는 저작인접권자를 위하여 저작물 또는 저작인접권의 대상인 실연·음반·방송의 이용에 관한 대리(그 이용에 관한 포괄적 대리를 제외한다) 또는 중개행위를 하는 업"을 말한다. 저작권대리중개업 역시 저작권신탁관리업과 함께 2000년에

신설된 정의규정으로서, 권리자 즉, 저작권자·출판권자·저작인접권자들의 이
익을 위해 그들의 저작물·실연·음반·방송의 이용에 관한 대리 또는 중개 행
위를 해줌으로써 그에 따르는 수수료 등을 수입으로 삼는 업종을 가리킨다. 여
기서 분명히 하고 있듯이 대리중개업의 경우 "그 이용에 관한 포괄적 대리를
제외"한다는 점에 유의해야 한다.

(24) 기술적 보호조치

기술적 보호조치란, "저작권 그 밖에 이 법에 의하여 보호되는 권리에 대한
침해행위를 효과적으로 방지하기 위하여 그 권리자나 권리자의 동의를 얻은 자
가 적용하는 기술적 조치"를 말한다. 2002년에 개정된 컴퓨터프로그램보호법
에서는 이를 "프로그램에 관한 식별번호·고유번호 입력, 암호화 기타 이 법에
의한 권리를 보호하는 핵심기술 또는 장치 등을 통하여 프로그램저작권을 효과
적으로 보호하는 조치"라고 정의하고 있다. 주지하는 바와 같이 디지털 기술의
발달은 저작권 침해의 가능성을 그만큼 높이고 있다. 질적으로 별 차이가 없거
나 오히려 원본보다 더 뛰어난 복제물이 순식간에 대량으로 생산되고 유통되는
기술적 토대가 구축되었기 때문이다. 이런 상황에서 저작권자의 입장이라면
보다 뛰어난 기술적 수단을 동원해서 저작물에 대한 접근을 통제하거나 무단복
제 또는 무단이용을 통제하려는 욕구가 생기게 마련인데, 이러한 취지에서 등
장한 것이 바로 '기술적 보호조치'인 셈이다. 이를 좀더 구체적으로 살펴보면
다음과 같다.[19]

먼저, 현재 적용되고 있는 기술로는 연속복제관리시스템(Serial Copy
Management System ; SCMS)[20], 콘텐트스크램블시스템(Content Scramble

---

19) 최경수, "저작권의 새로운 지평: 2003개정저작권법(상)", 〈계간 저작권〉 2003년 가을호(제63호), pp. 52
~53 참조.

System; CSS)[21], 매크로비전(Macrovision)[22] 등이 있다. 암호화 기술은 아이디와 비밀번호를 입력하도록 한다거나 식별번호나 일련번호를 입력하도록 하는 방법으로 적용되기도 한다. 식별번호나 일련번호 형식으로 통제하는 경우도 생각할 수 있다. 하지만 모든 기술적 보호조치가 보호대상이 되는 것은 아니다. 곧 "저작권 그 밖의 이 법에 의해 보호되는 권리에 대한 침해행위"를 방지하기 위한 기술조치, 즉 저작권이나 저작인접권, 데이터베이스제작자의 권리 등의 침해를 방지하기 위한 기술조치만이 보호된다는 뜻이다. 그러므로 저작권법상 보호대상이 아닌 것, 저작인격권이나 저작재산권의 제한을 통해서 합법적인 이용이 가능한 저작물, 보호기간이 지난 저작물에 대한 접근통제는 저작권법상 보호되지 않는 것이다. 어떠한 기술조치 무력화 행위가 발생한 경우 그 무력화 대상 저작물이 자유이용 상태에 놓여 있다면 기술조치규정에 의한 보호는 하지 않겠다는 의미를 담고 있다.

또, 그것은 "침해행위를 효과적으로 방지"하기 위한 것이어야 한다. 단순한 경고표시나 누구든지 쉽게 해제 내지 무력화할 수 있는 기술은 보호대상이 아니다. 아울러 기술조치는 저작권자가 직접 강구할 수도 있고, 이용허락을 받은 사람이 장착할 수도 있다. 이용허락을 받은 사람이 직접 기술조치를 강구하더라도 권리자의 동의를 수반해야 하는 것은 물론이다.

---

20) 원본에서 무제한으로 복제할 수 있으나 복제물을 다시 복제하는 것(second generation copying)은 금지하고 있다. 이 시스템은 저작물에 복제 통제 정보를 삽입하여 복제 허용 여부를 판별하는 데 유용하다.

21) DVD의 접근이나 복제를 금지하기 위해 암호화 기술을 응용한 것이다. 최근 이 시스템을 해체하는 기술이 등장해서 화제가 되기도 했는데, 원래 DVD 기술은 도시바와 워너가 1993년 공동 개발한 것으로 1995년에 업계 표준이 되었다. CSS는 도시바와 마쓰시타가 업계의 이해에 부응해서 창안한 것이다.

22) 주요 영화사가 채택한 기술로서 비디오 카세트나 페이퍼뷰 프로그램, DVD 등에 응용되고 있다. 아날로그 비디오 신호에 복제 방지 신호를 삽입하는 기술이다. 아날로그 방식의 보호기술에 더해서 워터마킹 기술을 장착하기도 한다.

(25) 권리관리정보

저작권법에 의하면 권리관리정보란, 다음에 해당하는 정보나 그 정보를 나타내는 숫자 또는 부호로서 각 정보가 저작물이나 실연·음반·방송 또는 저작권법에 의해 보호되는 데이터베이스의 원작품이나 그 복제물에 부착되거나 그 공연·방송 또는 전송에 수반되는 것을 말한다.

첫째, 저작물이나 실연·음반·방송 또는 데이터베이스를 식별하기 위한 정보
둘째, 저작자·저작재산권자·출판권자·저작인접권자 또는 데이터베이스제작자를 식별하기 위한 정보
셋째, 저작물이나 실연·음반·방송 또는 데이터베이스의 이용방법 및 조건에 관한 정보

인터넷 사용이 보편화된 상황에서 저작물 이용 또한 온라인상에서 이루어지는 시대가 되었다. 이렇듯 전자상거래 형태로 저작물이 유통되기 위해서는 제작업자나 유통업자가 애초에 해당 저작물에 식별번호를 부여하고, 저작권 관련 정보들(저작자나 저작물·권리자·이용조건에 관한 정보 등)을 수록하는 것은 물론, 전자결제를 위해 해당 저작물의 이용요금과 이용방법 등을 알 수 있도록 조치해야 할 것이다. 그런데 이런 정보가 만일 누군가에 의해 권리자의 동의 없이 제거되거나 변경된다면 유통질서가 훼손될 뿐만 아니라 권리자에게 심각한 타격을 줄 수도 있다.

이러한 정보들은 그러나 기존의 아날로그 환경에서는 그다지 중요하지 않을 수도 있다. 비록 제3자가 무단으로 해당 정보를 훼손하더라도 그로 인해 유통 자체가 어렵지도 않을뿐더러 제3자가 정보를 훼손해서 얻을 이익도 그다지 없다. 제조업자나 유통업자의 편의에 따라 부착하는 정도에 불과하기 때문이

다.[23] 하지만 디지털 환경에서는 해당 정보를 부착하지 않고서는 유통 자체가 불가능하고 해당 정보의 재산적 가치도 매우 높다.

권리관리정보의 개념을 다시 정리하면 다음과 같다.

첫째, 저작물 등을 식별하기 위한 정보로는 기본적으로 저작물의 제호나 최초 공표(발행) 연도, 최초 공표(발행) 국가, 이러한 정보를 숫자나 부호로 표시한 경우 그 숫자나 부호 등을 들 수 있다. 저작자 등을 식별하기 위한 정보에는 저작자의 성명(실명과 이명 포함)이 대표적이며, 저작재산권자나 출판권자는 저작재산권 양도나 출판권 설정과 같은 권리변동 사실을 적기 위해 필요하다. 따라서 최종 권리자에 관한 정보가 저작권법상 가치 있는 정보이며, 저작재산권자의 정보에는 상속 등 일반 승계에 의한 권리 이전에 관한 정보도 포함되어야 할 것이다. 저작인접권자나 데이터베이스제작자의 정보에는 최초 권리자에 관한 것과 권리 변동이 발생한 경우 추후(최종) 권리자에 관한 것도 생각해 볼수 있다. 그리고 권리자에 관한 정보에는 이메일이나 홈페이지, 물리적 주소, 기타 연락처도 담길 수 있다.[24]

둘째, 저작물 등의 이용방법과 조건에 관한 정보가 있다. 이는 온라인 유통을 위해 필수적인 것으로 각각의 이용방법과 그에 따른 개별조건에 관한 정보들이다. 이러한 정보 속에는 이용방법이나 복제 등에 의한 이용횟수를 제한하는 내용, 이용에 따른 금전적 대가(저작권사용료 등)의 구체적 내용과 함께 결제

---

23) 예를 들어, ISBN은 종이책의 분류나 유통의 목적으로, 바코드는 위치 정보나 POS 시스템에 이용되는 것으로 자체의 필요에 의해서 등장한 것이다. 최경수, "저작권의 새로운 지평: 2003개정저작권법(상)", 〈계간 저작권〉 2003년 가을호(제63호), p. 56.

24) 이러한 정보는 숫자나 문자, 부호로 나타나기도 한다. 국제작사작곡자연맹(CISAC)이 개발한 CAE(compositeur, auteur et editeur) 번호나 최근 부각되고 있는 디지털 식별정보로서 DOI(Digital Object Identifier)가 대표적인 예이다. 최경수, "저작권의 새로운 지평: 2003개정저작권법(상)", 〈계간 저작권〉 2003년 가을호(제63호), p. 57 참조.

방법 등이 포함될 수 있다.

결국 기술적 보호조치가 저작물의 무단이용을 방지하거나 억제하기 위한 기술적 대응수단이라면 권리관리정보는 저작물이 온라인으로 유통될 경우 해당 저작물의 이용을 원활하게 도와주는 정보라고 할 수 있다.

(26) 온라인서비스제공자

온라인서비스제공자란, "다른 사람들이 저작물이나 실연·음반·방송 또는 데이터베이스를 정보통신망을 통하여 복제 또는 전송할 수 있도록 하는 서비스를 제공하는 자"를 말한다. 온라인서비스제공자는 직접적인 저작권 침해의 주체는 아니지만 이를 유발하거나 가능하게 한다는 점에서 그 침해에 대해 민·형사상 책임을 지게 되는 경우가 발생한다. 하지만 온라인상에서의 저작권 침해를 가장 효과적으로 방지하거나 중단시킬 수 있는 사람 또한 온라인서비스제공자이다. 따라서 침해에 따른 책임만을 엄격하게 묻기보다는 그로 하여금 저작권 침해를 방지하거나 중단시키는 역할을 담당하게 하고 그에 상응하게 저작권 침해에 대한 책임을 제한함으로써 온라인서비스제공자가 예상하지 못한 책임까지 지게 되는 불확실성을 줄이고 예측 가능한 사업 환경을 조성하여 인터넷 등을 통한 저작물의 원활한 유통을 촉진시킬 수 있다. 저작권자로서도 저작권 침해의 방지 또는 중단을 위해 온라인서비스제공자의 적극적인 도움을 받을 수 있을 것이다.

3. 외국인의 저작물

외국인의 저작물은 "대한민국이 가입 또는 체결한 조약에 따라 보호된다" 는 기본원칙을 바탕으로 국제적인 관례에 따른 예외사항으로 내국민대우(內國民待遇)의 원칙, 국가간의 상호주의 원칙 등에 따라 보호된다.

먼저, 우리나라가 가입 또는 체결한 조약에 따라 외국인의 저작물을 보호하는데, 여기서 '가입'이란 저작권 보호와 관련하여 여러 나라가 참여한 국제적인 협약에 우리나라가 회원국으로 참여하는 것을 말하며, '체결'이란 주로 우리나라와 다른 어느 나라, 즉 두 나라 사이에서 맺어지는 조약이 성립된 것을 말한다. 현재 우리나라가 가입한 국제협약으로는 1987년 10월 1일부터 국내에서 효력이 발생한 유네스코 주관 세계저작권협약(UCC; Universal Copyright Convention)과 1996년 1월 1일부터 효력이 발생한 세계무역기구(WTO) 협정, 그리고 1996년 8월 21일에 가입한 베른협약(Berne Convention) 등이 있다. 그리고 1996년 6월 30일까지는 그렇게 성립된 조약의 발효일 이전에 발행된 외국인의 저작물은 보호하지 않는다는 단서에 따라 우리나라가 UCC에 가입하여 국내에서 그 효력이 발생하기 시작한 1987년 10월 1일 이전에 발행된 외국인의 저작물은 사실상 보호받을 수 없었다. 이 조항은 UCC 제7조에서 규정하고 있는 불소급효(不遡及效)에 의한 것으로 보이는데, WTO 체제의 출범에 따라 국제적인 상황은 이를 부정하는 쪽으로 가닥이 잡히게 되었다. 즉, 베른협약에서는 UCC와는 달리 회원국의 외국인 저작물에 대한 소급효(遡及效)를 강조하고 있는데, 새로이 출범한 WTO의 지적재산권협정(TRIPs)에서 회원국들은 모든 지적재산권에 대해 베른협약의 수준으로 보호할 것을 명시하고 있으며, 우리나라도 이미 회원국이 되었기 때문이다. 실제로 1995년 11월에 통과된 개정 저작권법에서는 제1항의 단서를 삭제함으로써 소급보호가 가능하도록 정비되었다.

따라서 이 법이 적용되는 1996년 7월 1일부터는 그동안 보호하지 않았던 1987년 10월 1일 이전에 공표된 외국인의 저작물에 대하여 1957년 1월 1일을 기점으로 소급보호가 이루어지게 되었다. 이렇게 해서 새로이 보호의 대상이 된 저작물을 개정법 부칙 제3조에서는 '회복저작물'이라 부르고 있다.[25]

　다음으로, 외국인의 저작물이라 하더라도 국내법에 따라 내국인과 동등하게 보호받을 수 있다. 이는 베른협약과 UCC의 규정에 영향을 받아 많은 국가에서 국내법으로 이와 유사한 조항을 두고 있어서 국제적인 관례로 정립된 것이다.[26] 따라서 일시적인 거주가 아니고 상시 거주하는 외국인 또는 본사를 우리나라에 두고 있는 외국 법인의 저작물, 그리고 최초로 우리나라에서 공표된 외국인의 저작물 또는 외국에서 공표된 날로부터 30일이 지나지 않았는데 우리나라에서 또다시 발행된 외국인의 저작물은 제1항의 규정에도 불구하고 국내법에 따라 내국인과 동등하게 보호된다. 일반적인 국제관례에 따르면, 저작권 보호에 있어서 미발행 저작물의 경우에는 저작자의 국적을 기준으로 하고, 발행된 저작물의 경우에는 발행지를 기준으로 한다. 따라서 외국에서 발행된 저작물이라고 할지라도 30일 이내에 다시 국내에서 발행되었다면 내국인의 저작물과 동등하게 보호한다고 한 것은[27] 그 저작물의 직접적인 수혜자가 우리 국민이며, 또한 발행자인 출판자 역시 우리 국민이기 때문에 국내에서의 무단복

---

25) 소급보호에 대하여 구체적으로 살펴보면 다음과 같다. 우선 국내법에 따라 1957년 이후에 사망한 외국인 저작자의 저작물은 일단 보호의 대상이 된다. 예를 들어 1957년 1월 1일에 80세로 사망한 외국인이 20세에 출판한 책이 있었다면 이 책은 1897년에 나온 것이지만 우리 저작권법에 의한 보호의 대상이 된다. 다만, 공표되지 않은 저작물이나 음반은 보호하지 않는다. 물론 그 저작물의 본국에서 더 이상 보호하고 있지 않다면 우리나라에서도 보호할 필요는 없다.

26) 베른협약 제3조, UCC 제2조 및 제4조 참조.

27) 30일 이내 동시발행 간주 규정은 베른협약에서 최초로 인정한 이래로 대부분의 국가에서 인정하고 있는 국제적인 관례라고 할 수 있다. 다만, 개정 법률에서 예전의 '발행'이란 개념을 '공표'로 수정한 것은 공표가 발행의 의미를 포함한다는 점에서 좀더 포괄적인 의미로 확대해서 해석한 것으로 보인다.

제의 폐해로부터 이들을 보호하기 위해서도 필요한 조항이라고 할 수 있다.

또한, 국제적인 상호주의 원칙에 따라 그 외국인의 나라에서 우리 국민의 저작물을 우리나라와 같은 수준으로 보호하지 않을 경우에는 우리나라에서도 그 외국인의 저작물에 대해 그에 상응하는 제한을 가할 수 있다. 예를 들어, 인도네시아에서는 저작자 사후 30년까지만 저작권을 보호한다면 우리나라의 저작물 역시 인도네시아에서 보호대상이라 해도 사후 30년밖에는 보호받지 못할 것인바, 우리나라에서 보호되는 인도네시아 저작물에 한해서는 우리 국내법이 사후 50년을 보호기간으로 규정하고 있음에도 불구하고 사후 30년까지만 보호한다는 뜻이다.

〈Tip〉 저작권에 관한 국제협약의 역사와 특성[28]

15세기에 이르러 독일의 구텐베르크에 의한 활판인쇄술의 발명으로 문서의 대량복제가 가능해짐에 따라 저작물에 대한 권리의식도 태동하기 시작했는데, 세속적인 통치자들과 성직자들이 저작물의 복제물이 광범위하게 유통되어 이용되자 그들의 권위에 반대하는 내용의 저작물에 관심을 갖게 되었고, 그 내용을 검열하기 위한 방편으로 특정의 출판업자에게만 저작물을 출판하게 하는 '출판특허제도(the system of printing privileges)'를 두게 되었다. 이로써 저작자들은 간접적인 보호를 받게 되었으나 출판특허제도는 기본적으로 출판자의 특권(特權)을 위한 제도적 장치였으므로 저작자들에게는 의무적인 저작물사용료의 지급이 이루어지지 않아 저작권의 권리개념은 미약한 수준이었다.

이후 자연주의적 계몽사상과 개인주의 사상의 보급으로 인해 출판물에 대한 규제가 완화되었고, 전제군주로서의 국왕의 권위가 쇠퇴함에 따라 국왕의 특허가 유명무실해졌으며, 그로 인해 저작물의 복제가 성행하게 되자 기존의 출판특허권자들은 자기들이 투자해서 출판한 서적들에 대한 무단복제의 규제를 요구하기에 이르렀다. 이에 따라 제정된 최초의 저작권법이 바로 영국에서 1709년에 공포된 '앤여왕법(The Statute of Anne)'이었다.[29) 그리하여 비로소 저작자에게 '복제권(Copyright)'이라는 권리가 주어지고, 이 권리를 양도받아 출판한 출판자에게는 그 출판물에 대해 14년간 독점권이 주어졌다.

그런데 이 법은 문서저작물에 국한된 것이어서 1735년에는 화가들의 요청에 따라 '조각가법(Engraver Act)'이 영국에서 제정되었고, 프랑스에서는 1791년에 공연권을 부여하는 '저작권령(Copyright Decree)'이, 1793년에는 저작자에게 배타적 복제권을 부여하는 저작권령이 제정되었다. 그 후 미국에서는 1790년에 연방저작권법이 제정되었으며, 독일에서는 1794년에 프러시아 민법전에 저작권에 관한 규정을 포함시켰고, 러시아에서는 1830년의 민법전에 저작권에 관한 규정을 포함시켰다. 동양에서는 일본이 1869년에 출판조례를 공포한 것이 첫 번째 입법조치인 것으로 추정되며, 그 후 출판법과 판권법이 시행되다가 1899년에 처음으로 근대적인 저작권법을 제정하기에 이르렀다.

이와 같이 초기단계의 각국 저작권법은 국가의 사정에 따라 법률이나 대통령령으로, 또는 저작물의 분야별로 개별법령을 제정하여 시행하다가 대체로 20세기 초반에 와서 저작권법이라는 통합적인 법률을 제정하게 되었고, 이와 같은 각국의 저작권법은 과학기술의 발전에 따라 저작물의 이용방법이 다양해졌으므로 이를 포함하기 위해 1950년대부터 전면적인 개정을 단행하였다.

한편, 영국의 '앤여왕법' 이후 유럽의 선진 여러 나라에서 제정된 저작권법은 어디까지나 국내법이었으므로 그 나라 국민에게만 효력이 미쳤다. 그러나 18세기에 이르자 나라 사이에 교류가 활발해져서 문화면에서도 상당한 교호작용이 일어났으며, 그 과정에서 국가들 사이에 저작물을 둘러싼 무단복제 시비가 자주 발생하기 시작했다. 이러한 사태를 막으려고 두 나라가 협약을 맺고 서로 상대국 국민의 저작권을 보호해 주는 방안이 생겨나기도 했지만, 그것은 체약

당사국이 아닌 다른 나라와의 사이에 생기는 문제는 해결할 수 없었고, 나라마다 국내법이 서로 다른 요건을 규정하고 있어서 실제로 문제가 생겼을 때에는 그 구실을 제대로 할 수 없었다. 따라서 저작권의 보호를 위한 다국간 협약의 필요성이 제기되었는데, 저작권의 국제적 보호를 목적으로 한 세계적 규모의 최초협약은 1886년 스위스의 베른에서 성립된 "문학적 및 미술적 저작물의 보호에 관한 베른협약(Berne Convention for the Protection of Literary and Artistic Works ; 이하 '베른협약'으로 약칭함)"이었다. 그 후 1952년에는 UNESCO의 주도로 "세계저작권협약(Universal Copyright Convention ; 이하 'UCC'로 약칭함)"이 성립되어 이 두 협약은 저작권의 국제적 보호를 위한 양대산맥과 같은 기능을 하고 있다.[30]

이처럼 저작권의 국제적 보호를 위한 기구로는 "WIPO"와 "UNESCO"가 있다.

WIPO(World Intellectual Property Organization ; 세계지적소유권기구)는 세계지적소유권설립조약에 따라 1967년에 탄생되었는데, 지적소유권, 즉 저작권과 산업재산권 등의 국제적 보호에 중추적인 역할을 담당하는 정부간 기구이자 국제연합(UN)의 전문기구이다. WIPO에서는 지적소유권에 관한 국제 협약들인 산업재산권 관련 파리협약, 저작권 관련 베른협약, 저작인접권 관련 로마협약, 음반제작자의 보호를 위한 제네바협약 등을 관장하고 있다.

UNESCO(United Nations Educational, Scientific and Cultural Organization ; 국제연합 교육과학문화기구)는 국가간의 교육과 학문 협력을 바탕으로 정의의 존중, 인간의 기본권 신장 등의 목적 달성을 위해 1945년에 창설되었다. 이 기구는 2년마다 한 번씩 총회를 개최하며 지적 창작물에 관한 결의를 주로 하고 있는데, 1947년 제2차 총회에서 채택한 저작권보호촉진 관련 결의에 의해 1952년에 제네바에서 UCC가 성립되었다.

한편, 베른협약과 UCC는 저작권의 국제적 보호에 있어서 양대산맥과 같은 역할을 하고 있는데, 그 보호내용과 현황을 살펴보면 다음과 같다.

베른협약은 1886년에 스위스 베른에서 성립된 이래, 1908년 베를린, 1928년 로마, 1948년 브

뤼셀, 1967년 스톡홀름, 1971년 파리 등에서 개정을 거쳐 현재에 이르고 있으며, 우리나라에서는 1996년 8월 21일자로 효력이 발생한 바 있다. 이는 우리나라가 세계무역기구의 일원이 된 이상 베른협약에 가입하지 않을 명분이 없어졌기 때문이다. 이러한 베른협약은 국제적인 저작권 보호에 있어서 몇 가지 기본적인 특징을 보이고 있다.

첫째, 저작권은 저작물의 완성으로 자동적인 보호를 받으며 등록이나 납본 등의 아무런 절차를 필요로 하지 않는다는 무방식주의 원칙(principle of automatic protection, 또는 non-formality)을 취하고 있다.

둘째, 어느 체약국 국민의 저작물 또는 어느 체약국에서 최초로 발행된 저작물은 모든 체약국에서 그 국가의 국민과 같은 보호를 받는다는 내국민대우의 원칙(principle of the national treatment)을 취하고 있다.

셋째, 체약국 저작물에 대한 저작권을 소급하여 인정해 주는 소급주의 원칙, 그리고 외국 저작물의 번역과 복제에 대한 개발도상국의 특혜를 인정하는 조항을 두고 있다.

넷째, 저작권의 보호기간은 최소한 저작자의 사후 50년 이상으로 해야 한다는 등 최소한의 보호기준을 규정하고 있다.

따라서 베른협약은 오늘날 국제적인 저작권의 보호에 있어서 표준으로 여겨지는 협약이다.

---

28) 김기태, 『저작권법의 해석과 적용』(서울: 삼진기획, 2000), pp. 24~35 참조.

29) 이 법은 영국도서출판업조합(Stationers' Company)의 요구로 제정되었으며, 발효년도는 1710년이다. 정식 명칭은 다음과 같다. An act for encouragement of learning, by vesting the copies of printed books in the authors or purchasers of such copies, during the times therein mentioned.-The Statute of Anne.

30) 영문 'Convention'에 대한 국문 표기로는 '조약(條約)', '협정(協定)', '협약(協約)' 등 여러 가지가 있으나 여기서는 저작권심의조정위원회의 공식 표기에 따라 '협약'으로 통일하였다. 아울러 저작권 관련 국제협약으로는 이 외에도 저작인접권 보호를 위한 '로마협약'과 음반에 관한 '제네바음반협약' 및 방송에 관한 '브뤼셀위성협약' 등이 있다.

제2장 _ 저작자의 권리

1. 저작물의 예시

저작권법에서 규정하고 있는 저작물을 예시하면 어문저작물, 음악저작물, 연극저작물, 미술저작물, 건축저작물, 사진저작물, 영상저작물, 도형저작물, 컴퓨터프로그램저작물 등 모두 아홉 가지로 나눌 수 있으며, 컴퓨터프로그램에 관해서는 다른 법률로써 규정하고 있음을 밝히고 있다.

(1) 어문저작물

어문저작물(語文著作物 ; literary work)은 독창적으로 '쓰여진 저작물(written work)' 전체를 뜻한다. 따라서 말과 글로 이루어진 저작물로서 시·소설·수필은 물론 평론·희곡·시나리오 등 이른바 문학의 범주에 드는 모든 장르를 포함하며, 강연이나 연설처럼 말로써 이루어지는 것도 포함한다. 또한 글로 이루어진 것이라고 하여 문학 또는 예술적인 것만을 의미하는 것이 아니라 학술적인 연구물까지도 해당되며, 암호(暗號) 문서라고 하더라도 그것이 말이나 글로써 풀어질 수 있는 것과 실제의 음성적 표현이 아닌 수화(手話) 따위도 어문저작물이 된다는 점에 주의해야 한다. 그러므로 어문저작물이라 함은 유형적인 문서형태의 것뿐만 아니라 구술(口述)에 의한 것처럼 무형적인 형태까지도 포함하는 개념이며, 그 저작물이 순수문학적, 학술적, 기술적 또는 단순히 실용적인 성격을 가지는지의 여부는 물론 그 가치나 목적도 묻지 않는다. 한편, 어문저작물의 개념을 국제적으로 살펴보면, 기술의 발전으로 말미암아 사람이 읽을 수 있는 형태에 국한하지 않고 컴퓨터프로그램과 같이 기계가 읽을 수 있는 형태까지 포괄하는 개념으로 확장되고 있다.[31]

---

31) 저작권심의조정위원회, 『저작권표준용어집』(서울:저작권심의조정위원회, 1993), p. 43.

(2) 음악저작물

음악저작물(音樂著作物 ; musical work)은 일반적으로, 가사의 수반 여부를 불문하고 악기나 육성에 의해 실연될 수 있도록 작곡의 방법으로 모든 소리를 조합한 것을 말한다. 따라서 음정이나 박자를 통해 사람의 감정이 음으로 표현되는 예술양식을 말하는 것으로, 주로 악보의 형태를 취한다. 하지만 유형적인 악보 또는 녹음물로써 고정되지 않은 즉흥적인 연주나 가창도 음악저작물이 될 수 있다는 점에 주의해야 한다.[32] 아울러 어문저작물인 시 또는 시조가 악보와 어울려 가사로 불린다면 음악저작물이 되기도 하므로 하나의 작품이 양면성을 띠는 경우도 있다.

(3) 연극저작물

연극저작물(演劇著作物 ; dramatic work)은 한 명 또는 두 명 이상의 사람이 말과 관련된 동작으로써 무대에서 실연하거나 연기를 통해 현실을 반영하는 것을 말한다.[33] 따라서 일반적으로는 무대 위에서 관중들에게 보여줄 목적으로 상연되는 연극이나 무용 또는 무언극(無言劇) 따위가 이에 해당한다. 이것이 희곡이나 무보를 토대로 이루어진다면 그 희곡이나 무보의 저작자가 그 연극저작물의 저작자가 되며, 연출자나 안무가를 포함한 스태프 및 배우 또는 무용수들은 실연자가 된다. 하지만 즉흥적으로 이루어진 무용이나 판토마임 같은 무언극의 경우에는 그것을 직접 상연한 무용수 또는 배우가 연극저작물의 저작자가 된다. 따라서 상연을 목적으로 쓰여진 각본, 즉 희곡은 곧 연극저작물이며, 그것이 실연과는 별도로 일반 단행본으로 출판되었다면 하나의 어문저작물이 될

---

32) 음악저작물의 경우에 있어서 일반적으로 영미법계에서는 그것이 악보 또는 녹음물로 고정되어 있을 것을 요건으로 하지만, 대륙법계와 우리나라의 저작권법에서는 유형물에의 고정을 요건으로 하지 않는다.
33) 저작권심의조정위원회, 앞의 자료, p. 44.

수도 있다.

(4) 미술저작물

미술저작물(美術著作物; artistic work 또는 work of art)은 일정한 평면적 또는 입체적 공간에 형태나 색채로써 표현되어 그것을 지각하는 사람의 미적 감각을 자극하기 위한 창작물이라고 할 수 있다. 그러므로 일반적으로는 회화, 서예, 도안, 조각 등과 함께 실용성을 띠는 공예나 응용미술 등을 포함하는 개념이다.[34] 여기서 응용미술저작물이란 "물품에 동일한 형상으로 복제될 수 있는 미술저작물로서 그 이용된 물품과 구분되어 독자성을 인정할 수 있는 것을 말하며 디자인 등을 포함"하는 개념으로, 대량생산되는 실용품에 복제되어 이용되는 디자인의 경우에도 저작물성을 갖춘 경우 저작권법으로 보호받을 수 있다. 한편, '도안'이라는 용어는 '디자인'이라는 개념을 도입할 당시 일본 용어를 그대로 사용한 것으로서, 오늘날 디자인의 개념은 '도안'이라는 용어로는 수용할 수 없을 정도로 그 의미가 확대되어 있는 까닭에 미술저작물의 예시규정에 포함시킨 것으로 보인다.

(5) 건축저작물

건축저작물(建築著作物; work of architecture)은 실제의 건축물은 물론 건축을 위한 모형 또는 설계도서를 모두 포함하는 개념이다. 건축물이라고 하면 일반적으로 가옥·빌딩·교회·사찰·기념비·탑·문루·교량·정원 등 인위적으

---

34) 우리나라처럼 미술저작물과 함께 음악저작물을 별개로 규정할 경우에는 미술저작물을 'work of art'라고 하며, 음악저작물을 포함하는 개념으로 규정하는 나라에서는 이를 'artistic work'라고 하기도 하는데, 이럴 때에는 '예술저작물'이라는 표현이 적당하다고 하겠다. 저작권심의조정위원회, 앞의 자료, p. 20.

로 건조·축성된 인간의 생활 환경을 말하며, 그 중에서도 특히 학·예술적으로 독창성이 있다고 인정되는 것을 건축저작물이라고 할 수 있다. 따라서 주변에서 흔히 볼 수 있는 건물이나 교량 따위는 건축저작물이라고 할 수 없고, 특별히 예술성이 인정되는 경우에만 건축저작물에 포함되는 것이다. 여기서 예술성이란 저작자의 지적 활동에 의한 창작성 여부를 말하는 것으로, 미술저작물에 있어서 나름대로의 지적 활동의 소산이라면 그것이 아무리 어린아이가 그린 그림이라고 하더라도 가치의 높낮이와는 관계없이 미술저작물로서 보호되는 것을 생각하면 된다. 따라서 그것이 단지 생활의 편의를 위해서만 만들어진 건축물이라면 저작물이라고 할 수 없고, 건축가의 문화적 정신 또는 노고가 보는 사람으로 하여금 느껴지게 하는 것이라야 건축저작물이 된다. 그런 까닭에 일부 국가에서는 건축저작물을 미술저작물에 포함시키기도 한다.

(6) 사진저작물

사진저작물(寫眞著作物; photographic work)은 빛이나 기타 방사선에 감응하는 표면 위에 제작된 실물의 영상을 말하며, 그것이 대상의 구성, 선택 또는 포착방법 등에 있어서 독창성이 인정되는 경우에 저작권 보호의 대상이 된다. 하지만 어떤 사진을 놓고 그것의 저작물성, 즉 독창성 내지는 창작성을 판단하기가 쉬운 일은 아니다. 사진의 창작과정에서 투입된 저작자의 지적 활동 여부를 완성된 사진의 겉모습만으로는 판단하기가 어렵기 때문이다. 다만, 일반적으로 미술저작물처럼 감상의 대상이 될 수 없는, 단순한 물체의 복제에 불과하거나 실용적인 증명용 사진인 경우에는 저작물성이 있다고 보기 어렵다.

(7) 영상저작물

영상저작물(映像著作物; cinematographic work)은 적당한 감광성 물질에 연속적으로 담아 '움직이는 영상(motion pictures)'으로 보여줄 수 있는, 대체로 소리를 수반한 일련의 영상을 말한다. 가장 고전적인 형태로는 자막에 영사(映寫)할 수 있는 영화가 있다. 하지만 비디오테이프 같은 다른 종류의 시청각저작물도 영화와 같은 것으로 규정하는 것이 통례이기 때문에 영상저작물이라는 넓은 의미의 용어를 사용하고 있다. 물론 실연(實演)에 의해 영상으로 고정되기 이전의 시나리오는 어문저작물이 될 수 있으며, 감독과 배우를 포함한 실연자들은 저작인접권자로서 보호되고, 특례 조항에 의해 영상저작물의 실질적인 저작권자는 대개의 경우에 영상제작자가 된다.

(8) 도형저작물

도형저작물(圖形著作物)은 각종 지도 또는 도표, 설계도, 약도 등과 같이 평면적인 것과 모형처럼 입체적인 것, 그리고 그와 유사한 것들을 포함하는 개념이다. 그런데 도형저작물은 앞서 살펴본 미술저작물 또는 건축저작물과 양면성을 띠는 경우가 많아서 확실하게 구별하기가 애매하다는 특성이 있다. 다만, 도형저작물이 반드시 미술적이어야 한다거나 건축적이어야 할 필요는 없으며, 학술적인 가치만 지녀도 된다는 것이 다른 점이라고 할 수 있다. 예를 들어, 지도의 경우 그것이 미술적인 표현방법, 즉 만화기법으로 표현되었다면 미술저작물로도 볼 수 있는 양면성을 띠며, 설계도 또는 모형이 건축물의 건축을 위한 것이라면 건축저작물이 될 수도 있는 양면성이 있다고 하겠다. 한편, 복제의 개념에 있어서 설계도 또는 모형에 의한 건축물의 시공은 복제로 볼 수 있지만, 설계도 또는 모형에 의한 실물의 제작, 즉 자동차나 기계부품 따위를 제작하는 것은 복제에 해당하지 않는다는 점에 주의해야 한다. 그러므로 도형저작물의

복제란 산업재산권에서와는 달리 설계도 또는 모형을 그대로 복사하거나 모방하는 것에만 효력이 미친다.[35]

(9) 컴퓨터프로그램저작물

첨단기술에 의한 새로운 저작물의 형태인 컴퓨터프로그램에 대해서는 저작권법뿐만 아니라 컴퓨터프로그램보호법[36]에 의해 별도의 보호기준을 규정하고 있다. 그리고 이것은 컴퓨터 소프트웨어(software)라는 용어와 같은 의미로 쓰인다고 볼 수 있다. 이러한 컴퓨터프로그램은 사용목적이나 이용형태에 따라 여러 종류로 나눌 수 있지만, 그것의 저작물성 여부는 다른 저작물과 마찬가지로 창작성 유무에 따라 판단될 문제이다.

2. 2차적 저작물

2차적 저작물(derivative work)이란, "원저작물을 번역·편곡·변형·각색·영상제작 그 밖의 방법으로 작성한 창작물"을 말하며, 이는 독자적인 저작물로서 보호된다. 그렇지만 2차적 저작물의 보호는 그 원저작물의 저작자의 권리에 영향을 미치지 않는다. 즉, 앞서 살펴본 여러 가지 저작물의 형태를 원저작물로 해서 새로운 저작물을 만들어 낼 수 있는데, 이를 2차적 저작물이라고 한다.

---

35) 저작권과는 달리 산업재산권에는 '실시권(實施權)'이 있어서 설계도나 모형을 토대로 입체적인 실물로서의 실용적인 물건들을 제작하는 일에까지 효력이 미친다.

36) 컴퓨터프로그램보호법은 모두 6장 36개조에 걸쳐 이루어져 있는데, 대부분이 저작권법의 내용과 유사하다. 기본적인 차이점은 제1조에서 목적으로 국민경제의 건전한 발전을 도모한다고 한 것과 제17조에서 관할관청을 정보통신부 장관으로 하고 있다는 것 정도이다. 아울러 제8조에서 저작권법과는 달리 인격권과 재산권을 포괄하여 규정함으로써 인격권 양도의 문제가 제기되고 있다. 따라서 대부분의 규정이 저작권법의 되풀이라고 할 수 있으므로 별도입법의 의의가 없다는 견해가 우세하다.

구체적으로 2차적 저작물을 작성하는 방법들을 살펴보면 다음과 같다.

첫째, 글 또는 말로 이루어진 저작물을 원래 사용된 언어 이외의 언어로 표현하는 것으로서, 우리말이나 글로 되어 있는 원저작물을 다른 나라 언어, 즉 외국어로 바꾸거나 외국어로 된 저작물을 우리말이나 글로 바꿀 수 있는데, 이를 번역(飜譯 ; translation)이라 한다. 이 경우에 고전(古典)을 현대어(現代語)로 새롭게 표현하는 것처럼 언어체계가 상당히 다르다면 굳이 외국어가 아니더라도 번역의 범주에 포함시켜야 한다는 견해도 있다. 한편, 번역은 그 내용과 문체에 있어서 충실하고 정확하게 원저작물을 표현해야 한다. 아울러 번역자는 다른 언어를 창작적으로 다룬 점을 인정받아 별도의 저작권을 부여받는다.

둘째, 특정의 연주형태에 따라 악기 또는 가창자의 음역(音域)에 맞도록 하기 위해 이미 작성되어 있는 음악저작물의 표현형식을 조정하는 것을 편곡(編曲 ; arrangement of music)이라 한다.

셋째, 미술저작물에 있어서 그림으로 그려져 있는 것을 조각의 형태로 나타내거나 조각을 그림으로 그리는 등 표현형식을 변경할 수 있는데, 이를 변형(變形 ; transformation)이라 한다. 따라서 건축저작물을 변형시키는 것도 이에 해당한다. 한편, 넓은 의미로는 저작물의 각색이나 기타의 방법에 의한 개작을 모두 포함하는 개념이기도 하다.

넷째, 어문저작물로서의 소설이나 일반적인 음악저작물을 영상물로 바꾸는 것처럼 이미 작성되어 있는 저작물을 다른 장르로 변형시키는 것을 각색(脚色 ; adaptation)이라 한다. 아울러 같은 장르일지라도 성인용 저작물을 청소년용으로 다시 쓰는 것처럼 이용상황에 따라 적당하게 변경하는 것도 포함한다. 또한 이러한 각색은 표현형식만을 바꾸는 번역과는 달리, 저작물의 구성을 변경하는 경우도 포함한다. 예를 들어, 소설을 연극 각본으로 고쳐 쓴다면 무대의 특성에 맞추어 원저작물의 구성이 불가피하게 변경될 수밖에 없을 수도 있기 때문이다.

다섯째, 영상제작의 경우에는 유의할 필요가 있다. 즉, 여기서 영상제작이라는 것은 영상저작물로 만드는 것을 뜻하는 것이 아니라 영상저작물을 위한 각본화를 뜻하는 것으로 봄이 타당하다.

여섯째, 위에서 열거한 방법 이외에도 소설을 시로 표현하거나 시를 소설화하는 것처럼 '그 밖의 방법'이 있을 수 있다.

이렇듯 여러 가지 방법에 의해 원저작물을 토대로 작성된 2차적 저작물은 원저작물과 관계없이 '독자적인 저작물'로서 보호된다. 즉, 2차적 저작물의 작성은 원저작물의 저작자의 허락을 필요요건으로 하지 않는다. 원저작자의 허락 여부와는 관계없이 일단 작성된 2차적 저작물은 저작권법에 따라 보호되는 것이다. 그러나 그것이 원저작물의 저작자의 권리를 침해해도 좋다는 뜻은 아니다. 원저작자의 허락 여부와는 관계없이 2차적 저작물의 작성자에게 부여되는 권리가 있기는 하지만, 그것이 원저작자의 권리를 침해하였다면 그에 따르는 책임은 별도로 추궁당할 수 있는 것이다.

결국, 2차적 저작물을 작성한 사람이 그에 따른 권리를 정당하게 행사하기 위해서는 먼저 원저작자의 허락을 받는 것이 가장 안전한 절차라고 하겠다. 번역의 경우를 예로 든다면, 저작물의 번역권 자체가 저작권의 구성요소이기 때문에 번역을 하기 위해서는 적절한 경로를 통해 원저작자로부터 허락을 받아야하는 것이며, 그렇지 않을 경우에 그에 따른 원저작자의 권리 침해 문제가 별도로 제기될 수 있다는 점에 주의해야 한다.[37]

<Tip> 2차적 저작물의 창작성[38]

저작권법에서 보호하는 저작물이란 창작적인 표현을 보호하는 것이므로 2차적 저작물도 저작권법에 의한 보호를 받기 위해서는 창작성이 있어야 한다. 그러나 창작성이란 추상적인 용어로서 명확한 기준이 있는 것은 아니다. 우리나라에서 2차적 저작물의 창작성에 대한 일반적인 견해는 "2차적 저작물은 원저작물에 대해 사회통념상 별개의 저작물이라고 할 정도의 실질적인 개변(substantial variation)을 한 것이라야 하며, 단지 맞춤법에 맞게 구두점을 첨가하거나, 용어를 약간 변경하는 등 기존 저작물에 다소 수정·증감을 한 것에 불과한 것은 원저작물의 복제물에 불과하고 2차적 저작물로서 성립할 수 없다"[39]는 것이다. 따라서 기존의 악곡에서 리듬만을 변형하거나, 반주의 베이스에 약간의 변형만을 주는 것 등은 2차적 저작물이 될 수 없다.

<Tip> '꼬마 철학자' 사건[40]

A는 출판사를 경영하는 사람으로, 프랑스 작가 알퐁스 도데의 소설 'Le petit chose'를 출판사의 직원인 '갑'에게 번역을 의뢰하여 1987년 3월에 제호 '꼬마 철학자', 지은이 '알퐁스 도데', 옮긴이 '갑', 펴낸이 'A'로 표시한 후 출판했다. 그런데 또 다른 출판사를 경영하는 B가 역시 같은 원작소설의 번역을 '을'에게 의뢰해서 1987년 11월에 제호 '위대한 꼬마 철학자', 저

---

37) 2차적 저작물이라고 하여 원저작물에서 바로 파생된 저작물만을 뜻하는 것은 아니다. 즉, 우리 글로 된 원저작물을 1차적 저작물이라고 할 때, 그것을 토대로 일본어 번역이 이루어졌다면 2차적 저작물이지만, 그 다음에 일본어 번역물을 토대로 영문 번역물이 나왔다면 그것은 엄격한 의미에서 3차적 저작물이 되는 것이다. 이 경우에 권리 관계의 측면에서 본다면, 3차적 저작물의 작성자는 2차적 저작물의 작성자뿐만 아니라 원저작자인 1차적 저작물의 작성자로부터도 허락을 얻어야만 정당한 권리자가 되는 것이다. 따라서 4차는 물론 5차적 저작물도 가능하다.

38) 허희성, "음악저작물의 창작성과 실질적 유사성", <계간 저작권> 2004년 겨울호(제68호), pp. 44~45.

39) 오승종·이해완, 『저작권법(제3판)』(서울: 박영사, 2004), p. 94.

40) 서울민사지방법원 제16부 1988. 3. 18. 판결, 87카53920 출판물인쇄등처분금지가처분.

자 '알퐁스 도데', 역자 '을', 발행인 'B'로 표시한 후 출판했다.

이에 A는 B가 출판한 '위대한 꼬마 철학자'가 자신이 발행한 '꼬마 철학자'를 무단복제(표절)한 것이 명백하다고 주장하며 B를 상대로 B가 출판한 책에 대한 '출판물 인쇄 등 처분금지 가처분'을 신청하게 되었다. 법원에서는 A의 신청이 이유 있다고 판단하고 을이 출판한 서적의 인쇄·제본·판매 및 배포를 금함과 동시에 이미 만들어진 책과 만들고 있는 책은 물론, 출판에 필요한 필름 등을 압수하라는 판결을 내렸다.

한편, 무단복제에 대해서 B는 두 서적의 표현에 있어서 동일하거나 비슷한 부분이 있다고 하더라도 이는 동일한 원작소설을 번역하는 과정에서 생긴 우연의 일치라고 주장했다. 그러나 법원에서는 원작소설의 문체가 간결하고 그 내용에 있어서 생략과 논리의 비약이 심해서 그 자체의 번역도 어려울 뿐만 아니라 이를 직역할 경우 그 내용을 이해하기가 매우 어려워 전체적인 문맥의 연결과 문학성을 고려해서 원문 자체를 상당히 의역하는 한편 원문에는 없는 부분도 창작해서 첨가했다는 A의 주장을 먼저 인정했다. 그런데 B가 발행한 책에서 A의 책에 표현된 의역 및 창작부분까지도 수백 군데에 걸쳐 동일 또는 유사하게 나타나고 있는 것으로 보아 엄연한 '무단복제'(표절)라고 판단한 법원에서는 B의 저작권 침해사실을 인정하기에 이르렀다.

3. 보호받지 못하는 저작물

저작물임에 분명하지만 저작권법으로 보호받지 못하는 저작물도 있다. 저작권법은 근본적으로 저작자인 개인이나 단체의 권리를 보호하기 위해 마련된 제도적인 장치이지만, 무조건적인 보호만을 위한 것은 아니다. 즉, 저작권법 제정의 취지에는 저작권을 보호함으로써 국가적인 차원에서 문화의 향상과 발전을 도모하기 위한 공공적인 성격도 강하게 담겨 있다. 따라서 저작물의 성질로 보아 국민에게 널리 알려 이용하게 함으로써 훨씬 더 유익한 효과를 가져올 수 있는 것은 보호의 대상에서 제외하기로 한 것이다. 저작권법에서 규정하고 있는 보호받지 못하는 저작물에는 모두 여섯 가지가 있다.

(1) 헌법·법률·조약·명령·조례 및 규칙

먼저, 각종 법령은 저작권법의 보호를 받지 못한다. 여기서 말하는 법령이란 헌법을 포함하여 형법, 민법, 상법 등의 각종 법률과 대통령 및 국무총리의 령, 각 행정부처의 령, 그리고 법률과 동등한 효력의 조약이나 협약은 물론 그 밖의 국제법규까지 망라하는 개념이다.

법령을 보호받지 못하는 저작물로 규정한 까닭은 그것이 모든 국민의 실생활과 관련하여 수시로 이용 가능한 상황에 놓여 있어야 하므로, 그것을 작성한 누군가의 허락에 의해서만 이용할 수 있다면 많은 문제점이 생길 소지가 있기 때문이라고 할 수 있다. 하지만 각종 법령을 체계적으로 배열했거나 법령에 대한 해설을 곁들인 저작물은 별도의 저작물로서 보호된다. 즉, 수많은 법령 중에서 관련 법규만을 모아 창작성이 있게 배열했다면 편집저작물이 될 수 있고, 어떤 법령에 대해 알기 쉽도록 해설을 가해서 저작물을 작성하였다면 그것은 하나의 독립적인 저작물로서 보호된다는 점에 주의해야 한다.

(2) 국가 또는 지방자치단체의 고시·공고·훈령 그 밖의 이와 유사한 것

국가기관이나 각 지방자치단체가 일반국민 또는 지방 거주민에게 널리 알릴 목적으로 작성한 문서들 역시 보호받지 못하는 저작물이다. 여기서 예시한 고시, 공고, 훈령 등은 전문용어로 파악하기보다는 넓은 의미에서의 공문서로 보는 것이 타당하다. 따라서 국가나 지방자치단체가 널리 알릴 목적으로 작성한 모든 저작물은 사실상의 보호받지 못하는 저작물이 된다고 하겠다. 그러나 국가 내지 지방자치단체가 작성한 공문서라고 할지라도 그것이 공중에게 알리는 것을 목적으로 하지 않는 계획서이거나 학술적 가치가 있는 연감이나 교육백서 또는 국정교과서, 문화적·예술적 가치가 있는 그림엽서 등이라면 보호받지 못하는 저작물이 아닐 수도 있으므로 세심한 주의가 요망된다.

(3) 법원의 판결·결정·명령 및 심판이나 행정심판 절차 그 밖의 이와 유사한 절차에 의한 의결·결정 등

법원에서 법률에 근거하여 행하는 판결이나 결정 또는 명령, 행정심판 및 이와 유사한 절차에 의한 의결이나 결정 등도 사법부 혹은 그에 준하는 행정청이 일반국민에게 널리 알릴 것을 목적으로 작성한 것이라면 보호받지 못하는 저작물로서 누구든 자유롭게 이용할 수 있다. 그렇더라도 누군가가 유사한 분야의 판결만을 모아 적절히 평석(評釋)을 가한 판례집을 만들었다면 그것은 편집저작물로서의 저작물성이 인정되어 보호받을 수 있으므로, 보호받지 못하는 저작물을 토대로 하는 또 다른 저작물이 작성될 수도 있음에 주의해야 한다.

(4) 국가 또는 지방자치단체가 작성한 것으로서 위의 세 가지에 대한 편집물 또는 번역물

앞에서 살펴본 보호받지 못하는 저작물들을 편집한 것이거나 번역한 것으로서 국가 또는 지방자치단체가 작성한 것 역시 보호받지 못하는 저작물이다. 즉, 편집저작물 또는 번역에 의한 2차적 저작물이더라도 그것의 원저작물이 보호받지 못하는 저작물이므로 같은 취지에서 보호받지 못하는 저작물임을 밝히고 있는 것으로 보인다. 그러므로 그 편집물 또는 번역물을 작성한 주체가 국가 또는 지방자치단체가 아닌 개인이나 단체라면 보호의 대상이 된다는 점에 주의해야 한다.

(5) 사실의 전달에 불과한 시사보도

어떤 저작물의 저작권을 인정하는 가장 기본적인 기준은 창작성에 있다. 아울러 저작물 작성자의 권리 못지 않게 공공적인 이익도 무시할 수 없기에 저작권법은 공익적 차원에서 보호받지 못하는 저작물의 유형을 예시하고 있는 것이다. 따라서 특별한 창작성보다는 광범위하면서도 신속하게 일반국민들로 하여금 알게 할 목적으로 신문이나 방송 등의 대중매체에 싣는 단순한 시사보도(時事報道)에 대해서는 저작권을 인정하지 않는다. 즉, 국민들의 일상 속에서 일어나는 사실들의 단순한 전달에 불과한 것까지 보호할 필요가 없을 뿐만 아니라 창작성이 부족하다는 것도 하나의 기준으로 작용했다고 볼 수 있다. 그러므로 대중매체에 실린 저작물이 단순한 사실의 전달이 아닌 칼럼이나 사설, 또는 분석기사나 해설기사, 그리고 각종 문예물이나 그림, 만화, 도표 또는 투고 등과 같이 기자 또는 개인의 견해가 창작적으로 표현된 저작물이라면 당연히 보호의 대상이 된다는 점에 주의해야 한다.

(6) 공개한 법정·국회 또는 지방의회에서의 연술

여기서 예시하고 있는 저작물의 형태 역시 널리 알릴 목적이 강하기 때문에 보호의 대상에서 제외하였다. 먼저 법정에서의 연술이란, 소송당사자인 원고(原告)와 피고(被告)는 물론 법관과 검사, 변호사, 증인, 감정인 등이 발언한 모든 것을 포함한다. 그리고 국회 또는 지방의회에서의 연술이란, 의원들이 행한 연설이나 신상발언을 말한다. 그런데 그것이 반드시 공개된 상태에서 이루어진 것이어야 한다는 전제가 있으므로, 법정이나 의회에서 비공개로 이루어진 연술이라면 보호의 대상이 된다는 점에 주의해야 한다.

4. 저작자의 추정

일반적으로 대부분의 저작물에는 저작자가 누구인지 표시되어 있게 마련이다. 그리고 그것이 유형적인 저작물이라면 별 문제가 없으나 무형적인 저작물이라면 표시가 어려울 수도 있다. 또한 저작자가 표시되어 있다고 하더라도 그가 진정한 저작자인지는 확실하지 않을 수도 있다. 그리하여 어떤 저작물을 이용하려는 사람이 먼저 저작자가 누구인지 알아야 하는데 어떻게 해야 하는지, 혹은 저작권 침해의 문제가 생겼을 때 저작자가 누구인지 입증해야 하는데 그럴 때는 또 어떻게 해야 하는지 등이 애매해질 수도 있다. 저작권법에 따르면 그런 경우 다음과 같이 저작자를 추정(推定)[41]할 수 있다.

먼저, 저작물을 공표함에 있어서 "저작물의 원작품이나 그 복제물에 저작자로서의 성명(실명) 또는 그의 예명·아호·약칭 등(이명)으로서 널리 알려진 것이 일반적인 방법으로 표시된 자"를 저작자로 추정할 수 있다. 여기서 '원작품'이란 저작자가 맨 처음 작성하여 공표하기 이전의 상태에 있는 작품, 즉 어문저작물이라면 원고지에 쓰여 있거나 컴퓨터 등에 입력되어 있는 것을 말하며, 그 복제물이란 원작품을 가지고 출판을 하였다면 바로 그렇게 해서 만들어진 책 따위를 말하는 것이다. 아울러 '실명(實名)'이란 실제로 호적에 올라 있는 개인의 성과 이름을 말하며, '이명(異名)'이란 실제 이름이 아닌 예명, 아호, 약칭 따위를 말한다. 그런데 이명이라고 해서 아무 것이나 저작자로서 추정하는 데 문제가 없는 것은 아니다. 그렇기 때문에 이명이라고 하더라도 널리 알려진 것이라야 한다는 단서가 붙어 있다.

---

41) 여기서 말하는 '추정(推定)'이란 어디까지나 미루어 짐작하는 것이므로, 확실한 증거에 의해 진정한 저작자가 새로이 밝혀질 경우에는 그 효력을 상실한다. 새로운 반증(反證)이 제기되어도 그 효력을 잃지 않는 것은 '간주(看做)'라고 한다.

여기서 말하는 실명 또는 이명이란 자연인으로서의 개인에게만 해당하는 개념이며, 법인이나 단체의 명칭은 이에 포함되지 않는다. 그리고 그러한 실명 또는 이명이 "일반적인 방법으로 표시"되어야 하는데, 일반적인 방법이란 원고의 처음부분이나 책 표지 따위에 저작자가 누구임을 밝히는 것이나 그림 또는 조각의 일부분에 저작자의 성명이나 약칭 따위를 누구나 알아볼 수 있도록 표시하는 것을 말한다. 따라서 서명에 의한 방식뿐만 아니라 낙관(落款)을 찍는 것도 그것이 널리 알려진 것이라면 저작자의 추정을 가능하게 하는 것이다.

또, "저작물을 공연·방송 또는 전송함에 있어서 저작자로서의 실명 또는 저작자의 널리 알려진 이명으로서 표시된 자"도 저작자로 추정할 수 있는데, 저작자의 실명 또는 널리 알려진 이명이 공연 안내장에 표시되어 있거나 방송 및 전송의 시작 또는 끝부분에 자막이나 음성으로 표시되면 그 사람을 저작자로 추정한다는 뜻이다. 즉, 저작물을 공연이나 방송처럼 무형의 방법으로 복제하는 경우에는 공표방법의 특성에 맞추어 저작자의 실명 또는 이명을 밝힘으로써 저작자가 누구인지를 고지하게 되면 저작자의 추정이 가능해지는 것이다.

한편, 이상과 같은 방법에도 불구하고 저작물에 저작자의 표시가 전혀 없는 경우에는 그 저작물의 발행자 또는 공연자를 저작자로 추정할 수 있다. 이는 원저작자가 자기의 실체를 밝히고 싶어하지 않는 경우이거나 발행자 혹은 공연자에게 원저작자가 자기의 권리를 위탁하거나 양도한 것일 수도 있으므로 발행자 또는 공연자를 저작자로 추정하도록 한 것으로 보인다. 따라서 원저작자는 언제든지 자신이 저작자임을 입증하기만 한다면 저작권을 행사할 수 있음은 물론이다.

5. 단체명의저작물의 저작자

어떠한 저작물이든지 개인의 창작활동이 없고서는 만들어질 수가 없다. 그러나 경우에 따라서는 저작물을 작성한 개인이 아닌 그가 속한 법인이나 단체의 명의로 공표되는 저작물이 많은 것이 현실이다. 따라서 개인이 작성한 저작물이라고 할지라도 일정요건을 갖추었다면 그가 속한 법인이나 단체 또는 개인인 사용자(使用者)가 저작자로 될 수 있다. 하지만 이러한 단체명의저작물이 되기 위해서는 적어도 다섯 가지 요건을 충족시켜야 한다.

첫째, 법인 등의 사용자가 저작물의 작성에 있어서 기획해야 한다. 기획이란 어떤 저작물을 작성할 것인가에 대한 구체적인 계획을 세우는 일이라고 할 수 있는데, 대개는 그 법인 등의 직무에 종사하는 사람들이 아이디어의 창출에서부터 진행되는 모든 과정을 수행하는 경우가 많으므로, 그러한 저작물을 어떠한 방법으로 언제까지 작성할 것인가를 사용자가 최종적으로 판단하는 것이라고 생각할 수 있다.

둘째, 저작물 작성자는 반드시 그 법인 등에 종사하는 사람, 즉 종업원이어야 한다. 그러므로 고용 관계에 있지 않은 외부의 사람에게 위탁하여 작성한 저작물은 단체명의저작물이 될 수 없다.

셋째, 종업원이 업무상 작성한 저작물이어야 한다. 왜냐하면 법인 등에 소속된 종업원이라고 할지라도 그 사람이 업부와는 관계없는 시간과 장소에서 얼마든지 저작물을 작성할 수 있기 때문이다. 즉, 잡지 또는 신문이나 방송에 종사하는 기자가 기사를 쓰거나 일반회사의 홍보실에 근무하는 사람이 제품안내문안을 작성하는 것은 곧 업무상의 행위라고 할 수 있지만, 누군가가 퇴근 후에 집에서 시나 소설을 썼다면 그것은 개인의 저작물이기 때문이다.

넷째, 저작물이 법인 등의 명의로 공표되어야 한다. 위의 조건을 모두 갖추었다고 하더라도 작성자 개인의 명의로 공표되었다면 단체명의저작물이 될 수 없다. 예를 들어 신문사 명의로 공표되는 것이라도 거기에 저작자가 누구인지 밝힌 상태에서 실리는 문예물이나 만화, 논설(칼럼), 투고 등은 그 당사자가 곧 저작자이다.

다섯째, 법인 등의 사용자와 저작물 작성자인 종업원 사이의 계약이나 근무규칙 등에 있어서 다른 정함이 없어야 한다. 즉, 단체의 명의로 공표하더라도 저작권은 작성자인 종업원이 갖는다거나 일정기간이 경과하면 종업원에게 저작권이 귀속된다거나 하는 특약이 있다면 그대로 따라야 한다는 뜻이다. 따라서 단체명의저작물로서의 모든 요건을 갖춘 저작물의 경우라도 그것에 따른 별도의 정함이 있다면 단체명의저작물이 될 수 없는 경우도 있다.

한편, 미국을 비롯한 외국에서는 이러한 단체명의저작물을 '직무상저작물(work made for hire)' 이라고 해서 특별히 주문을 받거나 일정한 사용을 위해 촉탁받아 작성된 저작물을 포함하는 개념으로 쓰이고 있기도 하다.

6. 저작권과 무방식주의

저작자에게는 기본적으로 저작권(著作權; copyright)이 주어진다. 그리고 이러한 저작권은 정신적 권리인 저작인격권과 경제적 권리인 저작재산권으로 나뉜다. 즉, 권리의 속성이 정신적인 것과 물질적인 것으로 나뉘어지는 것이다. 따라서 저작권을 법적으로 보호함에 있어서 일부 국가에서는 저작인격권과 저작재산권을 분리하여 규정하는 이원론의 입장을 보이는가 하면, 그것을 분리할 수 없는 하나의 권리로 보는 일원론의 입장을 보이기도 한다. 우리나라의 경우에는 저작권의 테두리 안에 인격권과 재산권을 아울러 규정하고 있어서 일원론의 입장을 취하고 있다.

하지만 저작권은 저작한 때부터 발생하며 어떠한 절차나 형식의 이행을 필요로 하지 않는다. 이를 저작권 성립에 있어서의 무방식주의(non-formality)라고 한다. 즉, 저작권은 특허권·실용신안권·의장권·상표권 등을 다루는 산업재산권과는 달리 권리를 행사하기 위해서 등록과 심사 등의 어떠한 절차나 형식이 필요하지 않고, 저작과 동시에 권리가 발생한다고 규정하고 있다. 따라서 저작자는 저작물의 작성과 동시에 저작권을 갖게 되며, 이와 관련하여 아무런 조치를 취하지 않아도 되는 것이다. 물론 방식주의를 채택하고 있는 나라가 있기는 하지만 요즈음의 국제적인 추세는 무방식주의가 주류를 이루고 있다.[42] 아울러 저작물의 완성 여부와 관계없이 부분적인 저작물이라도 독창성이 인정되기만 하면 미완성일지라도 해당부분에 대한 저작권이 생긴다는 점에 주의해야 한다.

---

42) 우리나라의 경우에 서적에 대한 납본제도(納本制度)나 저작권의 양도를 포함하는 권리변동에 따른 등록제도가 있지만, 이것은 소송에 필요한 증거자료로서의 사항일 뿐 저작권의 발생 요인과는 아무런 관계가 없다. 게다가 대표적인 국제적 규범인 베른협약에서도 무방식주의를 규정하고 있기 때문에 대부분의 국가에서 무방식주의를 채택하고 있다. 한편, 일부 방식주의 국가와의 차이점을 고려해서 UCC에서는 무방식주의 국가에서 발행된 저작물이라고 하더라도 그 복제물에 ⓒ 기호와 저작권자의 성명 및 최초발행년도를 표시하기만 하면 방식주의 국가에서도 그 국가의 내부적인 방식이 이행된 것으로 인정하고 있다. 여기서 ⓒ는 'copyright'를 뜻한다.

〈Tip〉ⓒ표시와 저작권

우리나라가 1987년도에 세계저작권협약(UCC)에 가입한 이후 국내 출판물 등 각종 문화상품

에 이른바 'ⓒ표시'가 많이 등장하기 시작했다. ⓒ표시란 원래 UCC 제3조에 근거해서 마련된

저작권 표시기호이다. 즉, 이 기호만 표시해 두면 등록이나 그 밖의 특정방식을 저작권 보호의

조건으로 규정한 나라에 있어서도 저작권의 성립에 아무런 방식을 요구하지 않는 나라의 복제

물과 마찬가지로 보호된다는 취지를 담고 있다. 그 표시방법은 ⓒ기호, 저작권자의 이름, 맨 처

음 발행년도의 순서(예: ⓒ 김기태 2005)에 따라 눈에 잘 띄는 곳에 표시하는 것으로, 출판물에

서는 대개의 경우 판권면에 표시하며, 속표지의 뒷면에 표시하는 경우도 있다.

그런데 이러한 ⓒ표시의 의미가 제대로 알려지지 않아 마치 ⓒ표시를 하지 않으면 저작권 보호

의 대상이 될 수 없다거나 그런 의미와는 상관없이 하나의 장식처럼 생각해서 이 표시를 기재

하는 경우를 볼 수 있다. 하지만 국제적인 저작권 보호의 조류가 이제는 UCC가 아닌 베른협약

의 수준으로 옮겨가고 있는 점을 감안한다면 저작권 보호에 있어서도 무방식주의에 근거해서

저작물의 창작과 동시에 저작권이 생긴다는 점에서 ⓒ표시는 별 의미가 없는 것으로 보아도 무

방하다.

7. 저작인격권

저작인격권(著作人格權; moral rights)이란 "저작자가 자신의 저작물에 대해 갖는 정신적·인격적 이익을 법률로써 보호받는 권리"라고 할 수 있다. 저작권법에서는 이를 세분하여 공표권, 성명표시권, 동일성유지권의 세 가지로 나누어 규정하고 있다.

(1) 공표권

공표권(公表權)이란, "저작물을 대외적으로 공개하는 권리"라고 할 수 있는데, 그 방법은 물론 공개 여부에 대한 판단은 전적으로 저작자만이 행사할 수 있다.

먼저, 저작자에게는 저작물을 공표하거나 공표하지 않을 권리가 있다. 즉, 저작자는 자기가 작성한 저작물을 공표할 것인지 아니면 공표하지 않을 것인지, 공표를 한다면 출판 또는 연극, 영화, 방송, 전송 등 다양한 방법 중에서 어떤 형태로 할 것인지, 그리고 공표의 시기는 언제로 할 것인지 제일 먼저 판단할 수 있다. 그러므로 만일 어떤 저작물을 저작자의 동의나 허락 없이 어떤 방법으로든지 공표하는 것은 당연히 저작자에게 주어진 저작인격권으로서의 공표권을 침해한 것이 된다. 한편, 이러한 공표권은 미공표 저작물에 한해서 단 한 번밖에는 행사할 수 없다. 예를 들어, 공표가 저작물을 발행하는 것뿐만 아니라 저작물을 공연이나 방송 또는 전시 그 밖의 방법으로 일반공중에게 공개하는 행위를 의미하므로, 어떤 방법으로든지 원저작물이 공표된 후라면 공표의 방법이 달라진다 해도 다시는 공표권을 행사할 수 없다.

다음으로, 저작자가 직접 공표권을 행사하지는 않았지만 누군가에게 저작재산권을 양도하거나 저작물의 이용허락을 한 경우에는 상대방에게 공표를 허락한 것으로 추정할 수 있다. 저작물을 이용하기 위해서는 저작물의 공표가 당연한 전제요건인데, 저작권을 양도받거나 이용허락을 받는 사람이 공표를 위해 또다시 별도의 허락을 받아야 한다면 저작물 이용에 따른 번거로움이 뒤따를 뿐만 아니라, 저작자의 측면에서 보아도 역시 다른 사람에게 저작권을 양도하거나 이용허락을 하는 경우에는 이미 저작물의 공표를 예상한 것으로 보아도 무방하기 때문이다.

또한 공표되지 않은 미술저작물, 건축저작물, 사진저작물의 경우에 원작품의 소유권을 양도했다면 그것을 양도받은 사람에게 그 원작품의 전시방식에 의한 공표를 동의한 것으로 추정할 수 있다. 이는 미술이나 건축, 사진형태의 저작물은 원작품을 수요자들에게 매매할 수 있으므로 정당한 거래에 의해 원작품을 소유한 사람에게 이용편의를 제공한다는 취지로 이해된다. 다만, 그 공표방법이 전시에 의한 방식으로 제한되어 있다는 점에 주의해야 한다.

끝으로, 원저작자의 동의를 얻어 작성된 2차적 저작물 또는 편집저작물이 공표된 경우에는 그 원저작물도 공표된 것으로 본다. 2차적 저작물 또는 편집저작물은 원저작물을 토대로 작성된 것이므로 표현방식은 다르지만 내용면에서는 같다고 볼 수 있다. 따라서 원저작자의 동의를 얻어 법에 어긋남이 없이 작성된 2차적 저작물과 편집저작물이라면 원저작물이 공표되지 않은 상태라고 하더라도 2차적 저작자나 편집저작자 등이 임의로 공표할 수 있고, 그에 따른 원저작자의 저작권이 침해된다고 보기 어려우므로 결국에는 원저작물도 공표된 것이나 다름없다고 하겠다.

(2) 성명표시권

성명표시권(姓名表示權)이란, "저작자가 그의 저작물을 이용함에 있어서 자신이 저작자임을 표시할 수 있는 권리"라고 할 수 있다. 즉, 저작자는 자신의 저작물에 대해서 자신이 창작자임을 주장할 수 있는 권리이다.

먼저, 저작자는 자기 저작물의 원작품은 물론 그 복제물에, 그리고 그것을 공표함에 있어서 그의 실명이나 이명 중 마음에 드는 것을 선택하여 표시할 수 있는 권리를 갖고 있다. 즉, 저작자로서의 자기를 실명으로 표시할 것인가, 아니면 남들이 잘 아는 예명이나 아호 또는 필명으로 할 것인가, 심지어는 남들이 잘 알지 못하는 자기만의 독특한 이름으로 표시할 것인가 등을 결정할 권리가 저작자에게 있음을 뜻하는 것이다. 또한 그것을 표시하는 방법에 있어서 미술저작물에서처럼 원작품에 직접 표시할 수도 있고, 출판물에서처럼 표지 또는 판권지에 문자로써 표시하는 등 다양하게 할 수 있다. 아울러 성명을 표시할 수 있는 권리가 있다면 표시하지 않을 권리 또한 있는 것이므로 저작자의 표시 없이 무명저작물로 공표할 수도 있다는 점에 주의해야 한다.

이러한 저작자의 권리를 존중하기 위해 저작물을 이용하는 사람들은 의무사항을 지켜야 한다. 즉, 저작물 이용자는 저작자의 특별한 의사표시가 없다면 저작자가 저작물에 표시한 대로 저작자를 밝혀야 한다. 따라서 이용자는 저작물을 이용하기 전에 저작자를 어떻게 표시할 것인지 저작자에게 물어볼 필요는 없으며, 특별한 의사표시―예컨대, 저작물에는 실명으로 표시되어 있는데, 공표할 때에는 독특한 이명으로 표시해 달라고 저작자가 적극적으로 요청하는 경우―가 없는 한 저작물에 표시된 대로만 저작자를 표시하면 되는 것이다. 다만, 현행 저작권법에는 "저작물의 성질, 그 이용목적, 또는 형태 등에 비추어 부득이하다고 인정되는 경우에는 그러하지 아니하다"는 단서 조항이 있으므로 무조건 성명표시권 침해가 성립되는 것은 아니다. 예컨대, 주요 시험문제로 어떤 저작물이 제시될 경우가 여기에 해당될 것이다.

결국, 저작인격권으로서의 성명표시권은 저작자가 저작물에 자신이 저작자임을 다양한 방법으로 표시하거나 표시하지 않을 수 있다는 것, 그리고 이용자가 저작물을 이용함에 있어서 저작자가 표시한 바에 따라 저작물에 저작자를 표시해야 한다는 것으로 요약할 수 있다. 따라서 이용자가 이용 저작물에 저작자를 표시함에 있어서 원저작자를 무시하고 다른 사람으로 표시하는 것은 명백히 성명표시권 침해에 해당한다.

(3) 동일성유지권

동일성유지권(同一性維持權)이란, "저작자가 그 저작물의 내용·형식 및 제호의 동일성을 유지할 권리"를 뜻하는 것으로 저작자가 자신이 작성한 저작물이 어떠한 형태로 이용되더라도 처음에 작성한 대로 유지되게 할 수 있는 권리를 말한다. 즉, 저작자의 의사에 관계없이 이용자로부터 저작물의 내용을 변경당하지 않을 권리라고 할 수 있다.

먼저, 저작자에게는 저작물의 내용은 물론 형식 및 제호 등에 있어서 동일성을 유지할 권리가 있다. 저작물은 저작자의 인격을 구체화한 것이므로 저작물에 구현된 저작자의 사상 또는 감정의 표현에 있어서 완전성 혹은 동일성을 유지할 필요가 있다는 취지이다. 따라서 저작물을 이용하는 사람의 입장에서 이용목적을 달성함과 동시에 효과를 드높이기 위해서 저작물의 일부를 없애거나 고치고자 할 때에는 반드시 저작자의 동의를 얻어야 한다. 다만, 단순한 오자(誤字)나 탈자(脫字)를 고치는 것은 예외이다. 여기서 내용 혹은 형식의 변경이란, 저작자의 의사와는 관계없이 무단으로 주제를 변경하고자 전개과정을 바꿈으로써 원작의 본질을 손상시키는 경우, 등장 인물 또는 배경 따위를 바꿈으로써 마찬가지로 원작의 본질을 해치는 경우, 그리고 비극(悲劇)을 희극(喜劇)으로 바꾸거나 시를 소설로 바꾸는 것처럼 표현형식 자체를 고치는 행위 등을 가리킨다. 하지만 저작물의 본질적인 변경이라도 그것이 정당한 절차를 거쳐 번역 또는 편곡 및 개작 등이 이루어진 것이라면 동일성유지권의 침해가 아니다. 다만, 번역을 함에 있어서 필연적인 변경과는 상관없는 중대한 실수로서의 오역(誤譯) 따위는 동일성유지권의 침해사유가 될 수 있다.

다음으로, 제호(題號)의 문제가 있다. 제호란 저작물의 제목을 일컫는 말이다. 이러한 제호는 저작물의 내용을 집약하여 짧은 문구로 표현한 것이므로, 이를 무단으로 변경한다면 저작자에게는 사실상의 인격적 침해가 될 수 있다. 나아가 주제나 내용과는 상관없이 저작물의 상업적 이용만을 위해 제호를 무단으로 바꾸게 될 경우에는 더욱 심각한 문제가 생길 수도 있다. 그런데 원래 제호 자체는 저작권법에서 보호하는 저작물이 아니므로 저작물을 작성하는 사람이 다른 저작자의 제호를 무단으로 사용하더라도 저작권 침해가 아니다. 제호를 독립적인 저작물로 인정하지 않는 이유는 저작권법 제정의 취지에서 찾아볼 수 있다. 즉, 저작권을 보호하는 궁극적인 목적은 문화의 향상 발전인데, 만약에 모든 제호를 저작물로 인정할 경우에―예컨대, 어떤 사람이 '사랑'이란 제목으로 글을 썼다면 이후에는 그 누구도 '사랑'이란 제목으로는 저작행위를 할 수 없을 것이기 때문에―엄청난 혼란이 일어남으로써 문화의 향상 발전보다는 일부에 의한 독점현상 때문에 폐해가 생길 수 있기 때문이다. 물론 일부 국가에서는 매우 독창적인 제호에 대해서는 독립적인 저작물로 인정하여 보호하기도 한다. 하지만 우리나라에서는 저작물의 제호에 한해서는 저작물성을 인정하지 않고 있다.[43] 다만, 그것이 저작물의 내용과 어울릴 경우에는 저작인격권으로서의 동일성유지권의 대상이 된다는 점에 주의해야 하는 것이다.

한편, 저작자의 사전 동의가 없더라도 저작물의 변경이 가능한 경우가 있다. 이는 동일성유지권이 미치지 않는 경우로 크게 세 가지로 나눌 수 있는데, 저작권 보호가 개인의 이익뿐만 아니라 문화의 산물인 저작물을 이용한다는 차원에서 공익적인 측면 또한 강하다는 점을 보여준다. 다만, 예외사유에 해당한다고 하더라도 본질적인 내용의 변경은 할 수 없다는 점에 주의해야 한다.

먼저, 고등학교 및 이에 준하는 학교 이하의 학교의 교육목적상 필요한 교과용 도서에 공표된 저작물을 이용할 경우에는 부득이하다고 인정되는 범위 안에서 표현을 변경할 수 있다. 이는 초등학교, 중학교, 고등학교로 대표되는 제도권 교육에 있어서 그 효과를 드높이기 위해 사용해야만 하는 저작물에 대해

---

43) 제호 자체가 저작권법에서 보호하는 저작물이 될 수 없다고 해서 보호방법이 없는 것은 아니다. 즉, 저작물이 복제된 출판물을 예로 든다면 출판물도 하나의 상품이기 때문에 매우 독창적인 제호라면 산업재산권에서의 상표로서, 또는 부정경쟁방지법에 의한 상표로서 보호받을 수 있다.

서는 개인의 저작권 보호 이전에 교육목적에 부합하는 내용으로 변경할 수 있어야 한다는 공익적 차원의 규정이라고 하겠다. 즉, 아직 육체적으로나 정신적으로 미숙한 상태에서 인격도야를 위해 교육을 받는 학생들에게 매우 유익한 저작물이라고 하더라도 일부 표현에 있어서 너무 어렵다거나 부정적이라거나 외설적, 혹은 기타 미풍양속을 해치는 부분이 있어 교육목적과 일치하지 않는다고 판단되는 경우에 한해서 그 일부의 표현을 변경할 수도 있다는 뜻이다. 예를 들어, 저작물에 한자어나 외래어가 너무 많아서 일부를 우리말로 고치는 경우, 또는 원작에 있는 성적 표현을 완화하거나 삭제하는 경우 등이 이에 해당된다고 하겠다. 따라서 미술저작물은 이에 해당하는 경우가 별로 없을 것으로 보인다.

두 번째로, 건축물의 증축 또는 개축에 따른 건축저작물의 변형은 동일성유지권의 침해가 아니다. 건축물은 대개가 주거 또는 사무실, 상가 등 실용적인 용도로 짓는 것이므로 실용성을 높이기 위해 건물을 변형시키는 경우가 있는데, 이는 동일성유지권의 침해가 아니라는 것이다. 그러나 실용성과는 관계없이 예술적인 목적으로 지어진 건축물의 경우에는 건축저작권자의 허락 없이 변형을 가하는 것이 금지된다. 결국, 건축물에 있어서의 무단변형은 오직 실용적인 용도에 한해서 허용된다.

세 번째로, "저작물의 성질이나 그 이용의 목적 및 형태에 비추어 부득이하다고 인정되는 범위 안에서의 변경"이 있다. 여기서 말하는 '부득이하다고 인정되는 범위'를 예로 들어 보면, 먼저 음악저작물의 가창 또는 연주가 있다. 즉, 노래를 부르는 사람이 음정이나 박자를 원저작물 그대로 표현하지 못할 수도 있고, 또는 연주자가 원저작자의 표현 의도대로 연주하지 못할 수도 있는데 그렇다고 해서 그것을 동일성유지권의 침해로 볼 수는 없을 것이다. 따라서 음악적 역량의 차이 때문에 생기는 변형은 예외로 볼 수밖에 없다. 또한 사진저작물을 인쇄기술을 통해 출판물에 사용할 경우에도 원저작물보다 더 낮게 표현한다는 것은 불가능하다. 그런데 그것을 동일성유지권의 침해로 본다면 어떻게 될까? 그 밖에 분명한 오자나 탈자를 저작자의 허락 없이 바로잡은 경우에도 동일성유지권을 적용하는 것은 무리일 것이다.

하지만 아무리 그것이 부득이한 경우라고 하더라도 본질적인 변경까지 허용되는 것은 아니다. 즉, 교과서에 싣는다고 시를 소설로 개작하거나 상가로 지은 건물을 주거용 빌라로 바꿔 짓거나 3절로 이루어진 노래를 1절로 줄이거나 하는 등의 본질적인 변경은 당연히 동일성유지권의 침해사유가 된다.

(4) 저작인격권의 일신전속성

인격권이란 정신적인 권리이다. 따라서 그것을 단순히 경제적 또는 물질적으로 파악할 수는 없다. 그러므로 인격을 소유한 저작자로서의 당사자만이 권리의 침해에 대한 정도를 느낄 수 있고, 가해자의 침해 정도를 입증할 수 있을 때 그 범위 안에서 '위자료(慰藉料)'라 하여 물질적인 배상을 청구할 수 있다.

특히, 저작권법에서 규정하고 있는 저작인격권의 성질은 '일신전속성(一身專屬性)'으로 요약할 수 있다. 즉, 저작인격권으로서의 공표권, 성명표시권, 동일성유지권 등은 저작자 자신만이 가질 수 있고 행사할 수 있기 때문에 재산권처럼 양도하거나 상속될 수 없다는 뜻이다. 따라서 저작자가 사망하게 되면 자동적으로 저작인격권은 소멸한다. 그러나 만일 어떤 저작물의 저작자가 사망한 것을 아는 어느 이용자가 그 저작물의 저작인격권을 무시하고 상업적인 용도로 무단이용하였다면—예컨대, 저작자의 이름을 인지도가 높은 다른 사람으로 바꾸어 출판하거나 내용을 임의로 개작하여 외설물로 둔갑시키는 등—원저작자의 명예가 훼손될 것임은 분명하다. 그렇기 때문에 저작자가 사망하여 저작인격권이 사라지고 없더라도 저작물을 이용하는 사람이 저작자의 명예를 훼

손하는 방법으로 저작인격권을 침해했다면 저작재산권을 양도받은 사람 또는
상속자가 침해자를 상대로 이의를 제기할 수 있다.

(5) 공동저작물의 저작인격권

공동저작물이란, 하나의 저작물에 저작자가 두 사람 이상이면서 그들의 저
작부분을 분리해서 이용할 수 없는 저작물을 뜻한다. 그러므로 글과 그림이 한
데 어우러진 저작물로서 그것을 분리하여 이용하는 것이 가능하다거나, 음악에
있어서 작성자가 서로 다른 작사부분과 작곡부분을 각기 가사집과 경음악 디스
크로 분리해서 이용하는 것처럼 각자의 이바지한 부분을 분리할 수 있을 때에
는 각자의 이바지한 부분에 대한 저작권이 별도로 주어지는 것이지 공동저작물
이라고 할 수는 없다.

그렇다면 공동저작물의 저작인격권은 어떻게 행사해야 할까?

현행 저작권법에서는 공동저작물의 저작인격권을 행사함에 있어서 먼저 저
작자 전원이 합의할 것을 규정하고 있다. 즉, 권리의 주체가 한 사람이 아닌 여
러 사람이기 때문에 어느 한 사람이 일방적으로 행사할 수 없다는 뜻이다. 그런
데 합의라고 하여 무조건적인 것이 아니라 통념상 합리적인 방향으로의 합의에
따라 다수결이면 가능하다는 뜻에서 "신의(信義)에 반하여 합의의 성립을 방해
할 수 없다"고 한다. 예컨대, 공동저작물을 책으로 출판함에 있어서 비교적 좋
은 조건을 제시한 출판사가 있는데도 저작자 중의 한 사람이 자기와 이해(利害)
관계에 있는 특정의 다른 출판사를 고집한다면 공표권에 대한 전원의 합의가
이루어질 수 없는데, 그런 경우 그 사람의 방해에도 불구하고 다른 저작자들의
합의만으로도 공표권 행사가 가능하다는 취지이다.

또한, 공동저작물의 저작인격권을 행사함에 있어서 대표자를 정할 수 있다.
즉, 저작자가 여럿이다 보니 합의를 거치는 단계가 복잡해질 수도 있으므로 공

동저작자 전원이 합의해서 대표로 저작인격권을 행사할 수 있는 대표자를 둘 수 있다는 것이다. 그리고 이렇게 해서 선임된 대표자가 행사한 대표권이 저작자들 내부의 제한에 위배되었다고 하더라도 계약 상대방이 선의의 피해를 당하게 해서는 안 된다.

예컨대, 공동저작자들끼리 인세(印稅)로서 출판물 정가의 10% 이상이면 이의를 갖지 않기로 합의하고 대표자에게 모든 계약사항을 위임하였는데, 나중에 계약서에는 인세가 8%밖에 되지 않는 것을 발견하였다면 그 계약은 무효인가 아닌가의 문제가 생기게 된다. 이 경우에 상대방인 출판권자가 저작자들끼리 인세 10% 이상이어야 한다고 합의한 내용을 모르는 상태에서 대표자만을 믿고 계약을 맺었다면 저작자들끼리의 내부 합의와는 상관없이 계약 상대방을 선의로 해석해서 그 계약은 유효한 것이 된다. 하지만, 만일 그러한 내부의 합의 사실을 알고서도 대표자를 설득하거나 매수한 끝에 맺어진 계약이라면 그 계약은 악의에 의한 것으로 보아 무효가 된다. 물론 저작자 내부에 가해진 제한으로서의 합의내용을 계약 상대방이 알고 있었느냐 모르고 있었느냐를 입증해야 하는 부담은 별개의 문제이다.

8. 저작재산권

저작재산권(著作財産權 ; economic rights)이란 지적자가 자신의 저작물에 대해 갖는 재산적인 권리를 뜻하므로 일반적인 물권(物權)과 마찬가지로 지배권이며, 양도와 상속의 대상일 뿐만 아니라, 채권적인 효력도 가지고 있다. 또한 저작재산권은 저작자가 자신의 저작물에 대해서 갖는 배타적인 이용권이라고도 할 수 있다. 그러나 실제로는 자신이 직접 저작물을 이용하는 경우보다는 남에게 저작물을 이용하도록 허락하고 그 대가를 받는 경우가 대부분이다. 저작권법에서는 복제권·공연권·방송권·전송권·전시권·배포권·2차적 저작물 등의 작성권 등 일곱 가지로 나누어 저작재산권에 대해 규정하고 있다.

(1) 복제권

복제권(複製權; reproduction right)은 "저작물을 여러 가지 방법에 의해 전자적으로 고정하거나 유형물로 다시 제작할 수 있는 권리"라고 정의할 수 있다. 곧 복제권은 저작재산권 중에서 가장 기본적인 권리이며, 저작물 이용에 있어서도 가장 기본적인 형태이다. 구체적인 권리 관계에 있어서는 저작재산권은 양도가 가능하므로 만일 저작자가 누군가에게 복제권을 양도한다면 복제권을 양도받은 사람이 복제권자가 된다.

(2) 공연권

복제권이 저작물을 유형적인 형태로 이용하는 권리라면, 공연권(公演權; right of public performance)은 방송권과 함께 저작물의 무형적 이용에 관한 배타적인 권리라고 할 수 있다. 즉, 공연에 의한 저작물의 이용은 복제와는 달리 유형물에의 고정을 요건으로 하는 것이 아니라 일반공중에게 공개하는 것을 요건으로 하는 것이다. 여기서 주의할 사항은 복제물을 만드는 것은 복제권의 대상이지만 그것을 재생하여 공개하는 것은 공연의 범주에 속한다는 점과, 과거에는 방송의 범주에 들었던 "동일인의 점유에 속하는 연결된 장소 안에서 이루어지는 송신"이 새로이 공연에 포함되었다는 점, 그리고 연주·가창·연술·연출 또는 음반 및 녹음 테이프 등은 저작인접권의 대상으로서 실연자 또는 음반제작자의 권리도 포함되어 있다는 점 등이다.

(3) 방송권

방송권(放送權; right of broadcasting)은 방송에 의한 방법으로 저작물을 이용하거나 이용하게 할 수 있는 배타적인 권리이다. 이는 생방송뿐만 아니라 녹음 또는 녹화한 것을 방송하는 것과 함께 중계방송과 재방송에까지도 미치는 권리이다. 아울러 라디오나 텔레비전에 의한 일반적인 전파방송뿐만 아니라 유선방송도 당연히 포함된다. 하지만 저작권법에서 "동시에 수신하게 할 목적으로"라고 명시하고 있으므로 이시(異時) 또는 쌍방향성을 띠는 경우에는 방송이 아닌 '전송'으로 보아야 한다는 점에 주의해야 한다.

(4) 전송권

전송권(傳送權)이란, "인터넷 등 정보통신망을 통하여 이용자들이 접근할 수 있도록 저작물이나 음반을 제공하거나 송신하는 것에 대해 저작권법이 인정하고 있는 재산적인 권리"를 말한다. 즉, 웹사이트는 인터넷 이용자가 접근할 수 있도록 열어놓은 공간이고 이러한 공간에 콘텐츠(음악 등)를 올리는 행위가 대표적인 전송행위라고 할 수 있다. 인터넷을 활용한 온라인상의 저작물 송신이 보편화되고, 또 이용자의 주문에 따라 이용자가 개별적으로 원하는 시간과 장소에 저작물을 전달하는 형태의 기술진전에 따라 새로운 권리의 등장이 촉진된 결과이기도 하다. 원래 전송권은 세계지적소유권기구 저작권조약(WIPO Copyright Treaty)에서 규정하고 있는 '공중전달권(right of coumminication to the public)'을 수용한 것으로, 기존의 공연·방송·배포의 개념과는 달리 1대 1, 이시송신, 쌍방향성 및 무형성 등과 같은 특성을 띠고 있다. 또, 전송에는 직접 송신뿐만 아니라 이용제공 행위도 포함되지만, 단순히 송신설비만을 제공하는 부가통신사업자의 행위는 제외된다.

이러한 전송의 개념은 크게 세 가지 특성을 지닌다. 하나는 이용자가 시간과 장소를 선택해서 이용할 수 있다(주문형)는 점이다. 둘째로는 서버와 클라이언트(이용자 PC) 사이에 쌍방향성을 가지고 있다는 점이다. 셋째로는 이용 제공상태에 있어야 한다는 점인데, 클라이언트의 요구가 없어도 언제든지 접근 가능한 상태에 있다면 그것이 곧 이용 제공상태에 있는 것이다. 따라서 웹사이트, 홈페이지, 블로그 등에 권리자의 허락 없이 콘텐츠를 올리는 것은 전송권 침해가 될 수 있다.

한편, 2000년 전송권 신설 당시에는 배제되었지만 2004년도 개정법에 의해 음반제작자와 실연자(음악의 경우 가수·연주자·백코러스·지휘자 등, 영상물의 경우 배우·연기자 등)에게도 전송권이 부여되었다. 음악과 같이 다수의 권리자가 존재하는 경우 이들 모두가 저작권법상 전송권이라는 권리를 가지게 된 것이다.

(5) 전시권

전시란 예술작품 따위를 여러 사람에게 보일 목적으로 공개된 장소에 진열하는 것을 말하므로 전시권(展示權; right of exhibition)이 미치는 저작물에는 미술저작물뿐만 아니라 건축저작물과 사진저작물 등도 해당된다. 곧, 전시권이란 원작품 또는 그것의 복제물을 전시할 권리를 말한다. 그런데 미술저작물 등은 그것을 직접 저작한 저작자가 소유하고 있는 경우보다는 다른 사람이 일정의 대가를 지불하고 사들여서 소유하는 경우가 많다. 저작권자와 소유권자가 서로 다른 경우가 대부분이다. 이러한 점을 감안해서 저작권법 제11조 제3항[44]과 제32조 제1항[45]은 미술저작물 등의 원작품을 소유한 사람은 그 작품을 취득함과 동시에 그것의 전시에 의한 방법으로 이용할 수 있음을 저작자로부터

---

44) "저작자가 공표되지 아니한 미술저작물·건축저작물 또는 사진저작물의 원작품을 양도한 경우에는 그 상대방에게 저작물의 원작품의 전시방식에 의한 공표를 동의한 것으로 추정한다."

동의받은 것으로 본다고 규정하고 있다. 다만, 개방된 장소에서 일반공중에게 항시 전시하는 경우에는 그 저작권자의 허락을 받아야 한다.

일부 국가에서는 원작품만을 전시권의 대상으로 삼기도 하는데 비해 우리 나라에서는 원작품뿐만 아니라 복제물에도 전시권이 미친다는 점, 그리고 전시 되어 있는 저작물을 텔레비전으로 방영한다면 이는 방송권의 대상이 된다는 점 에 주의해야 한다.

〈Tip〉 저작권과 소유권[46]

저작권과 밀접한 관계를 가지면서 저작권을 긴장시키는 것이 바로 '저작권이 있는 작품(저작 물)의 소유권'이라는 개념이다. 그러나 저작권은 지적 산물인 저작물의 내용을 담고 있는 매개 체를 소유하는 것, 즉 유체물을 대상으로 하는 소유권과는 확실히 구분된다.

예컨대, 소설가의 소설책을 구입할 때 구매자는 그 소설책의 종이묶음을 구입하는 것이 아니라 그 소설의 내용, 구성, 문체, 그 소설에 담긴 작가의 사상 내지 가치관, 철학과 같은 무형의 가치 를 염두에 두고 구입할 것이다. 이 경우 구매자는 소설책을 서점에서 구입함으로써 소설 '책'에 대한 소유권을 취득했다고 할 수 있지만, 그렇다고 '소설'에 대한 저작권을 취득한 것은 아니 다. 구매자는 소유권자로서 자신이 구입한 소설책에 낙서를 하든지, 밑줄을 긋든지, 아니면 찢 어버리거나 다른 사람에게 주어 버리든지 마음대로 처분할 수 있다. 그러나 이 소설을 토대로 저작자의 동의 없이 영화각본이나 연극대본을 작성하는 행위는 할 수 없다. 이는 저작자의 권 리이기 때문이다. 즉, 소설책(물건)에 대해서는 물권법이 적용되고, 소설(저작물)에 대해서는 저

---

45) "미술저작물 등의 원작품의 소유자나 그의 동의를 얻은 자는 그 저작물을 원작품에 의하여 전시할 수 있 다. 다만 가로·공원·건축물의 외벽, 그 밖의 일반공중에게 개방된 장소에 항시 전시하는 경우에는 그 저 작권자의 허락을 받아야 한다."

46) 계승균, "저작권과 소유권", 〈계간 저작권〉 2004년 봄호(제65호), pp. 2~3 참조.

작권법이 적용되는 것이다.

우리 판례(서울지방법원 1995. 6. 23. 선고 카합9230 판결)에 따르면, 유명인이 작성한 편지의 경우 편지 '지'에 대한 소유권과 편지 '내용'에 대한 저작권은 별개이다. 따라서 작품을 양도받은 경우에는 그 작품에 대한 소유권을 이전받은 것이지 저작권을 양도받은 것은 아니고, 그 작품에 관한 저작권을 양도받았다거나 이용허락을 받은 경우에는 그 작품에 관한 소유권을 이전받은 것은 아니다.

(6) 배포권

배포는 저작물을 시장에 유통시키는 일반적인 방법이다. 따라서 어떤 저작물을 배포하려면 저작재산권으로서의 배포권을 가지고 있는 저작권자로부터 허락을 받아야만 한다. 특히, 복제권과 관련해서 배포권을 적절히 행사하면 저작권의 효율적인 관리에도 상당한 효과가 있을 수 있다. 예를 들어, 다른 나라에 저작물 이용을 허락할 경우에 복제에 의한 이용을 허락함과 동시에 배포권을 행사하여 지역적 또는 시간적인 제한을 둘 수 있다. 즉, 저작물을 배포함에 있어서 지역적 범위를 한정하고 언제까지만 배포할 수 있다는 규정을 두게 되면 저작권의 관리는 물론 이익의 폭도 넓힐 수 있다는 것이다. 아울러 저작권법에서 배포를 정의함에 있어 "양도하거나 대여하는 것"이라고 명시하였으므로 배포에는 대여까지도 포함된 것으로 보이지만, 권리의 작용상으로는 배포권에 대여권이 포함된 것으로 보기는 어렵다. 배포권과 대여권은 엄연히 별도의 독립된 권리로 보는 것이 국제적 추세이기 때문이다.

한편, 이러한 배포권을 철저히 보호하게 되면 이용자들에게는 상당한 번거로움이 따를 수밖에 없다. 저작물 또는 그 복제물을 어떤 방법으로 이용하든지 그때마다 배포에 따른 허락을 별도로 받아야 하기 때문이다. 예컨대, 어떤 저작물을 책으로 출판하였을 때 그것이 독자의 소유가 되기까지는 복잡한 유통과정을 거치게 되는데, 그때마다 배포에 따른 권리를 따져야 한다면 어떻게 될까? 결론적으로, 출판권처럼 발행을 전제로 한 이용허락을 얻게 되면 그 이용자는 이후로 별도의 허락이 없어도 임의로 저작물을 배포할 수 있다.

(7) 2차적 저작물 등의 작성권

저작재산권의 일곱 번째는 '2차적 저작물 등의 작성권'이다. 즉, 저작자는 자기 저작물을 원저작물로 하는 2차적 저작물(derivative work) 또는 자기 저작물을 구성부분으로 하는 편집저작물(compiled work)을 작성하여 이용할 수 있는 권리를 갖는다. 물론 2차적 저작물 또는 편집저작물을 작성한 사람에게도 그에 따르는 별도의 권리가 주어지지만, 그것의 원저작물 또는 구성부분이 되는 저작물의 저작자로부터 정당한 방법으로 허락을 얻어야 하며, 그렇지 않을 경우에는 그에 따르는 책임을 져야 한다. 또한 2차적 저작물을 작성함에 있어서 원저작물의 변경이 불가피하므로 동일성유지권 침해의 문제가 제기될 수 있다. 하지만 그것이 내용상의 본질적인 변경이 아니고 영어를 국어로 번역하거나 다장조 음계를 가장조로 편곡하는 등 단순한 표현형식의 변경이라면 저작인격권으로서의 동일성유지권을 침해한 것이 아니다.

한편, "작성하여 이용할 권리"라는 말에 유의할 필요가 있다. 이는 작성할 권리와 이용할 권리의 이중석인 의미로 해석할 수 있기 때문이다. 즉, 저작자는 자기 저작물을 토대로 해서 직접 2차적 저작물 또는 편집저작물을 작성할 수 있을 뿐만 아니라, 그렇게 작성한 별도의 저작물을 경제적인 대가를 받고 이용하게 할 수 있다는 뜻이다. 따라서 2차적 저작물 등의 작성권은 저작재산권 중에서도 매우 부가가치가 높은 권리이기 때문에 저작재산권의 일부를 양도하는 경우에 주의가 필요하다고 하겠다. 저작권법에 따라 저작재산권을 전부 양도하는 경우라도 별도의 특약이 없는 한 2차적 저작물 등의 작성권은 양도되지 않은 것으로 추정한다.

<Tip> 편집저작물의 저작권[47]

① 저작권의 귀속 주체

편집저작물의 저작자란, "당해 편집물의 창작활동에 주체적으로 관여한 자"를 말한다. 창작성의 기준인 소재의 선택 혹은 배열을 행한 자가 저작자란 뜻이다. 이외에 편집방침을 결정하는 것도 소재의 선택·배열을 행한 것과 불가분의 관계에 있어 소재의 선택·배열의 창작성에 기인하는 것이라고 본다면, 편집방침을 결정한 사람도 당해 편집저작물의 저작자로 보아야 한다.[48] 또, 편집작업에 관여했으나 소재의 선택 혹은 배열에 관여하지 않았다면 저작자로 볼 수 없다. 예컨대, 북디자이너로서 책의 레이아웃에 관여한 것은 편집저작물에 있어서 배열에 창작성이 인정되는 저작행위를 한 것이 아니다.

한편, 편집저작물의 작성과정에는 다수인이 관여하며, 어떤 단체에 소속되거나 타인에게 고용되어 창작되는 경우가 많다. 다수인이 관여하는 경우에는 편집저작물상 공동저작자로 보아야 할 것이며, 그 다수인이 출판사 같은 회사나 법인에 근로자로서 근무하고 있는 경우에는 단체명의저작물에 해당되어 법인 등 단체에 편집저작권이 귀속되는 경우도 있을 것이다.

② 소재상 저작권자와의 관계

편집저작물의 보호는 그 편집저작물의 구성부분이 되는 저작물의 저작자의 권리에 영향을 미치지 않는다. 누군가가 편집저작물을 무단으로 이용한다면 편집저작물 자체의 저작권 침해뿐만 아니라 그 편집저작물의 구성부분이 되는 저작물, 즉 소재별 저작권 침해도 제기될 수 있다. 그렇다면 편집저작물의 저작권이 인정되기 위해서는 소재의 권리자로부터 동의를 구해야만 하는가 하는 문제가 생기는데, 우리 법에서는 적법하게 편집저작물이 작성될 것을 요건으로 하지 않는다. 2차적 저작물의 경우와 마찬가지로 구성부분의 저작권자에게 저작권 침해의 책임을 지는 것은 별도로 하고, 구성부분상 저작권자의 동의는 편집저작물의 성립과는 무관하다.

③ 편집저작물상 저작자가 갖는 권리

편집저작물상 저작권은 창작적인 표현, 즉 소재의 선택 혹은 배열상 창작적인 부분을 보호하기 위해 주어지는 권리이다. 따라서 편집저작물상 저작권은 제3자가 이러한 선택 혹은 배열을 전체적이거나 실질적으로 유사하게 이용했을 경우 침해문제가 대두된다. 단지 개별적인 구성부분이 이용되었다면 편집저작물의 저작권 침해가 아니며, 이용된 구성부분들이 보호되는 선택 혹은 배열이 반영된 경우에야 침해가 된다.

여기서 편집저작물이 부분적으로 무단이용된 경우 편집저작물상 권리자의 보호범위가 문제될 수 있다. 우리 판례(대법원 1993. 1. 21. 고지, 92마1081 결정)에 따르면 "편집저작물을 전체로 이용(복제)해야 저작자의 권리를 침해하는 것이 아니라 그 편집물 중 소재의 선택이나 배열에 관해 창작성이 있는 부분을 이용하면 반드시 전부를 이용하지 않아도 저작권의 침해"라고 판시한 것처럼 부분적인 편집저작물의 이용에서 창작성이 인정되는 소재의 선택 혹은 배열이 이용되었는가의 여부가 쟁점인 것이다. 결론적으로, 비록 편집저작물의 일부분에 불과하다 하너라노 그것이 소재의 선택 또는 배열에 있어서 편집저작물의 일부라는 점이 연상·감지된다면 편집저작권의 침해로 볼 수 있다.

한편, 소재의 선택 혹은 배열에 창작성이 인정되는 부분을 이용하되 소재를 달리한다면 이 또한 편집저작권 침해라고 봐야 하는가, 즉 다른 소재를 선택하면 편집저작권의 침해가 되지 않는가 하는 문제가 제기될 수 있다. 먼저, 법리상 소재가 다르더라도 편집저작물의 표현의 동일성이 인정되는 경우에는 저작권 침해가 된다. 다만, 편집저작권에 있어서도 보호의 대상이 되는 것은 소재의 선택·배열이라고 하는 추상적인 아이디어 자체가 아니라 소재의 선택과 배열에 대한 구체적인 표현형식이다. 결국 소재를 달리한다 해도 편집저작권을 침해할 수 있는 것이다. 그러나 소재를 선택하거나 배열함에 있어 달리 방법이 없는 경우에는 그것이 편집저작물로 인정될 가능성 자체가 희박하다. 예컨대, 회사 상품의 사진 등이 실린 카탈로그에서 소재가 전혀 다른 카탈로그의 경우 편집저작권 침해로 보기 어렵다.

9. 저작재산권의 제한

저작재산권은 저작권자의 재산적 권리를 보호하기 위해 마련된 제도적 장치임에 틀림없다. 하지만 저작권법을 제정한 목적이 저작자의 권리와 이에 인접하는 권리를 보호하는 것은 물론 저작물의 공정한 이용을 도모함으로써 문화의 향상 발전에 이바지하는 데 있으므로 공공성 또한 무시할 수 없다. 즉, 저작권 역시 다른 사권과 마찬가지로 일정부분에 있어서는 공익적인 차원의 제한이 불가피하다. 이에 현행 저작권법에서는 저작자의 개인적 이익과 사회의 공공적 이익을 조화시키기 위해 일정한 범위 안에서 저작재산권의 제한, 즉 저작물의 자유이용을 허용하고 있다. 따라서 저작권법에서 규정하고 있는 저작재산권의 제한사유에 해당되는 경우에는 법이 정하는 조건에 따라 저작재산권자의

---

47) 박익환, "편집저작물의 저작물성, '법조수첩' 사건", 〈계간 저작권〉 2004년 여름호(제66호), pp. 64~65 참조.

48) 송영식·이상정, 『저작권법개설(제3판)』(서울: 세창출판사, 2003), pp. 98~99 참조.

허락 없이도 저작물을 자유롭게 이용할 수 있는데, 이를 외국에서는 공정이용 (公正利用 ; fair use 또는 fair dealing)이라고 한다.[49] 저작재산권을 제한하는 이유는 대체로 다음과 같다.

첫째, 저작물 이용의 성질에 비추어 보아 저작재산권이 미치는 것으로 해석해서는 타당하지 않은 것.

둘째, 공익적인 측면에서 저작재산권을 제한할 필요가 있다고 인정되는 것.

셋째, 다른 권리와의 형평을 위해 저작재산권을 제한할 필요가 있는 것.

넷째, 사회적 관행처럼 이미 행해지고 있으며, 저작재산권을 제한해도 저작재산권자의 경제적 이익을 부당하게 해치지 않는다고 인정되는 것.

이처럼 제한하는 이유에 약간의 차이가 있기는 하지만 결국에는 저작물이 문화적 소산이므로 이를 공정하게 이용할 수 있도록 배려한다는 취지에서 비롯된 규정이다.

(1) 재판절차 등에서의 복제

재판절차 등의 필요에 따라 저작물을 복제할 때에는 저작재산권자의 허락이 필요 없다. 여기서 "재판절차 등에서의 복제"라고 한 것은 재판절차뿐만 아니라 입법 및 행정의 목적을 위한 내부자료로서 필요한 경우를 모두 포함하며, 그 저작물의 종류와 복세의 부수 및 형태 등에 비추어 저작재산권자의 이익을 부당하게 침해하는 경우에는 그렇지 않으므로 목적에 맞게 꼭 필요한 최소한의 복제에만 해당되는 규정이라고 할 수 있다.

---

49) 한승헌, 『저작권의 법제와 실무』(서울: 삼민사, 1988), pp. 50~55 참조.

이를 좀더 구체적으로 살펴보면 다음과 같다.

첫째, 재판절차에서의 복제란, 법관이 판결문을 작성함에 있어서 저작권이 있는 저작물이 필요한 경우를 비롯해서 변호사의 변론자료나 증거자료, 또는 원고 및 피고 등이 재판과 관련해서 반드시 필요하다고 판단되는 경우에 저작물을 복제하는 것을 뜻한다. 그러므로 재판절차와 직접적 관계가 있는 최소한의 인원에게 배포할 정도만 복제해야지, 그렇지 않은 사람들에게까지 배포할 목적으로 복제해서는 안 된다.

둘째, 입법 또는 행정의 목적을 위한 내부자료로서 필요한 경우란, 입법부인 국회가 법안 또는 예산안을 심의하거나 국정조사 등과 같이 의회로서의 기능을 원활하게 수행하기 위해 필요한 경우, 그리고 행정부인 국가 산하의 각종 행정청이 맡은바 업무를 수행하는 과정 중에 정책을 결정하거나 시행함에 있어서 반드시 필요하다고 인정되는 경우를 말한다. 그러므로 어떤 저작물을 복제해서 이용하지 않으면 입법이나 행정의 목적을 충분하게 달성할 수 없는 경우에만 해당되는 것이지 단순한 업무상 참고자료 또는 대외용 홍보자료 등에 무단으로 저작물을 복제해서 이용하는 것은 허용되지 않는다. 아울러 이런 경우 그 저작물을 번역하여 복제할 수도 있으며, 저작물을 복제할 때에는 반드시 그 출처를 명시해야만 한다.

(2) 학교교육목적 등에의 이용

학교에서의 교육 등을 목적으로 저작권이 있는 저작물을 이용할 경우에도 저작재산권이 제한될 수 있다.

먼저, "고등학교 및 이에 준하는 학교 이하의 학교의 교육목적상 필요한 교과용 도서에는 공표된 저작물을 게재할 수 있다." 여기서 '학교'란, 초·중등교육법에 의해 설립된 초등학교, 중학교 및 고등학교, 그리고 특수교육기관으로서의 맹인·농아를 위한 학교, 각종 기술학교, 직업학교, 산업체 부설학교 등으로 제한되며, 사설 유치원이나 각종 학원 및 대학(교)은 이에 해당되지 않는다. 또한 "교육목적상 필요한 교과용 도서"라고 했으므로, 학생들이 사용하는 주교재로서의 교과서, 즉 교육부장관이 저작권을 가지는 1종 혹은 국정교과서[50]와 교육부장관이 검인정한 2종 혹은 검인정교과서, 그리고 교사용의 주된 교재인 지도서 및 교과서 또는 지도서에 대신하거나 이를 보충하기 위해 교육부장관의 승인을 얻은 인정도서 등으로 제한되는 것이어서 부교재 성격을 띤 자습서 혹은 참고서, 평가문제집 등은 이에 해당되지 않는다. 아울러 그러한 도서에는 "공표된 저작물을 게재할 수 있다"고 하여 미공표의 저작물은 해당되지 않음을 밝히고 있다. 즉, 여기서의 규정은 저작자의 저작재산권만을 제한한 것이므로 공표권을 포함하는 저작인격권은 이 규정에 의한 제한을 받지 않는다는 점에 주의해야 한다. 한편, 이 규정에 따라 외국(인) 저작물을 이용하는 경우에는 그 저작물을 번역·편곡 또는 개작의 방법으로 이용할 수 있으며, 저작물을 교과용 도서에 게재할 때에는 출처를 명시해야만 한다. 그리고 저작물을 게재함에 있어서 학교에서의 교육목적을 고려해서 불가피한 경우에는 용어의 일부 또는 표현의 일부를 변경하는 것이 가능하지만 그 저작물의 내용을 본질적으로 변경하는 것은 허용되지 않는다.

또한, "특별법에 의하여 설립되었거나 초·중등교육법 또는 고등교육법에 의한 교육기관 또는 국가나 지방자치단체가 운영하는 교육기관은 그 교육목적상 필요하다고 인정되는 경우에는 공표된 저작물을 공연 또는 방송하거나 복제할 수 있다." 여기서 "특별법에 의하여 설립된 교육기관"으로는 한국직업훈련

---

50) 교과서는 여러 사람의 저작물이 한데 합쳐져서 이루어지므로, 여기서 '교육부장관이 가지는 저작권'이란 여러 저작물을 모아 교육목적에 맞추어 창작적으로 배열한 '편집저작물'에 대한 저작권을 말한다. 따라서 구성부분으로서의 각각의 저작물에 대한 저작권은 각각의 저작자에게 있다.

관리공단, 각종 기능대학, 각종 산업교육기관, 각종 특수교육기관 등이 있다. 또, "초·중등교육법 또는 고등교육법에 의한 교육기관"의 경우에는 고등학교 이하의 학교로 제한하지 않았으므로 일반학교뿐만 아니라 2년제 및 4년제 대학, 대학원까지도 포함하는 개념이다. 한편, 여기에는 학교 교육을 위한 교육법상의 교육기관 외에 사회교육법에 의한 교육기관까지 포함시키는 것이 사회적인 공익을 추구하는 저작권 보호의 근본 취지에 부합하는 것이라는 견해도 있다. 그리고 "국가나 지방자치단체가 운영하는 교육기관"으로는 공무원의 교육이나 연수 및 훈련을 위한 교육기관이 있다. 이와 같은 각종 교육기관에서 교육목적상 필요하다고 인정되는 범위 안에서 공표된 저작물을 공연 또는 방송이나 복제의 방법으로 수업과정에 이용할 수 있다는 것이다. 그런데 여기서는 복제만 인정하고 배포에 대한 언급은 없으므로, 가르치는 사람이나 배우는 사람이 자신의 필요에 따라 복제물을 이용하는 것은 허용되지만 한 사람이 많은 복제물을 만들어 다른 사람에게 배포하는 것은 허용되지 않는다는 점에 주의해야 한다. 아울러 번역·편곡 또는 개작의 방법으로 저작물을 이용하는 것도 가능하며, 저작물을 이용할 때에는 그 출처를 명시해야만 한다.

한편, 이렇게 저작물을 이용하고자 하는 때에는 대통령령인 저작권법 시행령의 규정대로 문화관광부장관이 정하여 고시한 보상금의 기준에 따라 정한 보상금을 저작재산권자에게 지급하거나 공탁해야 한다. 그러나 고등학교 및 이에 준하는 학교 이하의 학교에서 방송이나 복제를 하는 경우에는 보상금을 지급하지 않아도 된다.

(3) 시사보도를 위한 이용

저작재산권의 제한규정에 의해 "방송·신문 그 밖의 방법에 의하여 시사보도를 하는 경우에 있어서 그 과정에서 보이거나 들리는 저작물은 보도를 위한 정당한 범위 안에서 복제·배포·공연·방송 또는 전송할 수 있다." 시사보도(時事報道)란 "그 당시에 일어난 세상의 여러 가지 일을 대중매체를 통해 널리 알리는 것"을 뜻한다. 따라서 라디오나 텔레비전·영화·신문·잡지 등을 통해 시사적인 내용을 보도함에 있어서 그 과정에서 저작권이 있는 저작물이 보이거나 들리는 경우가 있는데, 그것이 보도를 위한 정당한 범위 안에서 행해졌다면 저작재산권의 침해사유가 되지 않는다. 그리고 보도의 효과를 높이기 위해 복제·배포·공연·방송 또는 전송의 형태로 이용할 수도 있다.

예를 들면, 어느 화랑에서 전시 중이던 유명화가의 그림이 도난당하는 사건이 발생했을 경우에 그 사건을 널리 알리기 위한 목적으로 도난당한 그림을 텔레비전 화면을 통해 방송하거나 신문 또는 잡지에 그 그림을 복제한 사진을 실어서 독자들에게 배포하는 것은 불가피하며, 이런 경우에는 저작물 자체가 그 사건의 구성부분이 된다. 또한 유명 정치인의 동정에 관한 보도를 하면서 그가 움직이는 화면이나 사진 속에 누군가의 그림이나 조각이 함께 찍혀 나오는 경우, 음악회에 관한 보도를 하는 과정에서 노래나 연주곡이 들리는 경우 등도 시사보도를 하는 과정에서 보이거나 들릴 수밖에 없는 상황이기 때문에 저작재산권의 대상이 될 수 없다는 것이다.[51]

그러므로 여기서의 규정은 어디까지나 시사보도를 위해 어쩔 수 없이 저작물을 정당한 범위 안에서 이용할 수밖에 없는 경우에만 해당하는 것이지, 저작물의 실질적인 이용을 노려서 고의로 보도의 형태를 취하거나 시사성이 없는 오락 프로그램 또는 교양 프로그램에서 허락 없이 저작물을 이용해서는 안 된다는 점에 주의해야 한다. 아울러 이 경우에도 번역 이용이 가능하며, 그 출처

---

51) 저작권법 제31조에 의하면 방송사업자의 일시적인 녹음·녹화가 허용되어 있다. 따라서 시사보도를 위해 작성된 저작물의 모습이나 소리는 다음 보도 시간의 재방송을 위해서 녹음 또는 녹화하는 것이 가능하다고 하겠다.

를 명시해야 한다.

(4) 공표된 저작물의 인용

공표된 저작물은 "보도·비평·교육·연구 등을 위하여는 정당한 범위 안에서 공정한 관행에 합치되게 이를 인용할 수 있다." 즉, 공표된 저작물을 보도·비평·교육·연구 등의 목적으로 '인용'하는 것은 저작재산권 침해가 아니다. 하지만 그것은 정당한 범위 안에서 이루어져야 하고, 공정한 관행에 합치되는 방법이어야 한다.

여기서 인용(引用; quotation)이란 "다른 저작물의 내용 가운데에서 한 부분을 참고로 끌어다 쓰는 것"을 말한다. 특히 어문저작물을 작성함에 있어서는 매우 흔한 것이 인용이다. 그런데 문제는 '정당한 범위' 또는 '공정한 관행'에 관한 해석에 있다.

먼저 정당한 범위에 대하여 살펴보면, 다른 저작물을 자기가 작성하는 저작물에 인용해야만 하는 필연성이 인정되어야 하며, 또한 자기 저작물의 내용과 인용부분 사이에는 일종의 주종 관계가 성립되어야 한다는 것으로 해석할 수 있다. 즉, 자기가 창작하여 작성한 부분이 주(主)를 이루고, 그것에 담겨 있는 주제를 좀더 부각시키거나 주장의 타당성을 입증할 목적으로 다른 저작물의 일부를 종(從)으로서 인용하였을 때에 비로소 정당한 범위 안에서의 인용이 성립된다. 다만, 다른 저작물의 일부라고 하는 것은 논문이나 소설 따위처럼 분량이 비교적 많아서 전체적인 인용이 불필요한 경우에 해당되는 것이며, 사진이나 그림 또는 시 따위처럼 그것의 일부 인용이 불가능한 것까지 포함되는 것은 아니다.

다음으로 공정한 관행이란, 인용부분이 어떤 의도에서 이용되고 있으며, 어떤 이용가치를 지니는가에 따라 달라질 문제이다. 즉, 사회적인 통념에 비추어 보아 타당하다고 여겨지는 방법으로서의 인용만이 공정한 관행에 합치되는 것이라고 볼 수 있는데, 그것은 인용되는 부분을 자기 저작물과는 명확하게 구별되는 방법으로 처리해야 한다는 의미까지도 포함한다. 예컨대, 보도의 자료로서 저작물을 인용할 수밖에 없는 경우, 자기나 다른 사람의 학설 또는 주장을 논평하거나 입증할 목적으로 다른 사람의 저작물을 인용하는 경우, 역사적 사실이나 경향을 살피는 글에서 이해를 돕기 위해 다른 저작물—시 또는 사진, 그림 따위—을 통째로 싣는 경우 등은 바로 공정한 관행에 합치되는 것으로 볼 수 있다. 그렇더라도 인용에 있어서는 출처명시의 의무가 엄격하게 적용되어야 한다. 인용부분에 대한 적절한 구분이나 출처의 명시가 부정확하다면 그것이 인용인지 창작인지를 분간할 도리가 없기 때문이다.

따라서 다른 사람의 저작물을 일부라도 인용할 바에는 그 부분에 인용부호를 붙이든가 단락을 바꾸어 본문과는 다른 활자로 표시함으로써 인용부분을 구분하는 것이 상식이다. 또한 학술 관련 전문서적이나 논문에서는 출처로서의 저자명, 책명 또는 논문 제목, 발행처, 발행년도, 해당 면수 등을 적절한 위치에 주(註) 표시로써 밝히는 것이 통례이고, 이러한 의무사항이 제대로 지켜지지 않는다면 그 저작물은 신용이 없는 것으로 간주되어도 무방하다. 결국, 남의 글을 인용하고도 마치 자기의 글처럼 여긴다면 당연히 인용부분에 대한 구분이라든가 출처를 명시하지 않을 것이 분명한데, 그 경우에는 인용이 아니라 도용(盜用)으로 저작권 침해행위가 된다.

〈Tip〉 인용의 정당한 범위[52]

우선 인용의 목적이 정당해야 한다. 저작권법에서는 보도·비평·교육·연구 등을 들고 있으나 이는 예시에 불과하므로 이에 준하는 예증·해설·보충·강조를 위한 인용도 가능한 것으로 해석되고 있다.[53] 한편 인용이 비영리적인 목적에 국한되고 상업적 성질의 인용은 불가한지에 대해 논란의 여지가 있으나 광고에서처럼 영리목적의 인용은 인용의 목적상 정당한 범위에 속하지 않는다고 보는 것이 다수의 견해이다.

또, 분량과 가치 면에서 인용의 정당한 범위를 판단하는 것은 사실문제로서 개별 사안에서 법원의 판단에 최종적으로 맡길 수밖에 없다. 다만, 인용되는 분량, 작성하는 저작물이 주(主)가 되고 인용되는 저작물이 종(從)이어야 한다는 주종관계,[54] 저작물의 형태, 이용목적 등을 종합적으로 고려해서 판단하고 있다. 또, 인용부분이 자기 저작물보다도 양적으로 많은 경우에는 인용으로 볼 수 없다는 견해가 있지만 일률적으로 판단할 문제가 아니라 구체적인 경우에 있어 인용의 목적으로부터 보아 필요한 최소한도의 인용인가의 여부에 따라 결정해야 할 것이다.

끝으로, 인용하는 저작물과 인용되는 저작물이 질적인 주종관계에 있어서도 안 된다. 질적인 주종관계가 오히려 양적인 주종관계보다 중요하다는 견해도 있다. 질적인 주종관계를 판단하는 중요한 기준의 하나로 양자가 시장적 경쟁관계에 있어서는 안 된다는 점을 들고 있다. 즉, 인용하는 저작물이 등장함으로써 인용되는 저작물의 시장수요를 대체하거나 잠재적 시장가치가 훼손되는 것은 허용되지 않는다는 뜻이다.

---

52) 김원오, "패러디 항변을 둘러싼 저작권법상 쟁점과 과제", 〈계간 저작권〉 2001년 겨울호(제56호), pp. 18 ~19.

53) 한승헌, 『저작권의 법제와 실무』(서울: 삼민사, 1988), p. 321.

54) "저작권법 제25조 소정의 보도, 비평 등을 위한 인용의 요건 중의 하나인 '정당한 범위'에 들기 위하여서는 그 표현형식상 피인용 저작물이 보족, 부연, 예증, 참고자료 등으로 이용되어 인용저작물에 대하여 부종적 성질을 가지는 관계(즉, 인용저작물이 주가 되고 피인용저작물이 종인 관계)에 있다고 인정되어야 할 것이다." 대법원 1990. 10. 23. 선고, 90다카8845 판결.

(5) 영리를 목적으로 하지 아니하는 공연·방송

영리(營利)를 목적으로 하지 않는 공연이나 방송에는 저작재산권이 미치지 않는다. 다만, 그 해석이 매우 엄격하여 실제로는 적용 가능성이 별로 없는 조항이다. 먼저 영리를 목적으로 하지 않는 경우에 대해서 구체적으로 살펴보면 다음과 같다.

첫째, 공연이나 방송을 하는 목적 자체가 비영리적이어야 한다.

둘째, 청중이나 관중 또는 제3자로부터 어떤 명목으로든지 반대급부를 받지 않아야 한다.

셋째, 공연이나 방송에 출연하는 실연자에게는 통상의 보수가 지급되지 않아야 한다.

따라서 위의 요건을 충족시키기 위해서는 주최하는 측이나 참여하는 측 모두가 철저하게 비영리성을 띠어야 하는데, 현실적으로는 거의 불가능한 것으로 보인다. 왜냐하면 주최측 자체가 영리성을 전혀 띠지 않는 개인이거나 단체여야 하며, 공연의 경우에는 입장료는 물론 후원금이나 출연료조차 전혀 없이 진행되어야 하고, 방송의 경우에도 상업광고나 후원 또는 협찬, 출연료 지급 등이 일절 없이 진행되어야 하기 때문이다. 결국, 공연이나 방송에 따른 일체의 비용을 비영리 개인이나 단체로서의 주최측이 부담함과 동시에 출연자들은 무보수로 참여해야만 위의 요건에 맞는다고 할 수 있다. 예컨대, 공연에 있어서는 학교에서 행하는 학예회나 동호인들이 모여 행하는 야외음악회 또는 군악대 등이 행사장에서 행하는 연주 따위가 있으며, 방송에 있어서는 농어촌이나 난시청 지역을 위한 유선방송 등이 해당하는 것으로 보인다.

또한, 청중이나 관중들로부터 반대급부를 받지 않는다면 판매용 음반이나 판매용 영상저작물을 재생하여 일반공중에게 공연할 수도 있다. 따라서 영리를 목적으로 하거나 영리단체가 주관하는 공연이라도 청중 또는 관중들로부터 공연에 따른 반대급부만 받지 않는다면 이 규정에 해당하는 것으로 보인다. 다만, 판매용 음반이나 판매용 영상저작물의 재생에 의한 공연에만 이용이 허용되며, 방송은 이에 해당하지 않는다는 점에 주의해야 한다. 아울러 다음과 같은 경우에는 저작재산권 제한규정이 해당되지 않는다.

첫째, 유흥주점—캬바레, 나이트클럽, 디스코테크 등—에서 하는 공연.

둘째, 음악이나 영상저작물을 감상하게 하는 것을 영업의 주요내용의 일부로 하여 이를 광고하고 음악 또는 영상저작물을 감상하게 하기 위한 특별한 설비를 갖추고 있는 장소—대중음식점, 유흥음식점, 과자점, 다방, 휴게실, 노래방, 단란주점, 비디오방 등—에서 하는 공연.

셋째, 경마장, 경륜장 또는 경정장에서 하는 공연.

넷째, 골프장·스키장·에어로빅장·무도장 또는 전문체육시설—종합운동장 및 체육관 등—에서 하는 공연.

다섯째, 여객용 항공기, 해상여객운송사업용 선박, 여객용 열차에서 하는 공연.

여섯째, 호텔·휴양콘도미니엄·카지노 또는 유원시설에서 하는 공연.

일곱째, 대규모 점포 중 대형점·백화점 또는 쇼핑센터에서 하는 공연.

(6) 사적 이용을 위한 복제

공표된 저작물을 "영리를 목적으로 하지 아니하고 개인적으로 이용하거나 가정 및 이에 준하는 한정된 범위 안에서 이용하는 경우에는 그 이용자는 이를 복제할 수 있다." 다만, "일반공중의 사용에 제공하기 위하여 설치된 복사기기에 의한 복제"는 저작재산권의 제한규정에 해당되지 않으므로 주의해야 한다.

사적 이용(私的利用; private use)을 위한 복제 즉, 영리를 목적으로 하지 않는 개인이 스스로의 필요 때문에 공표된 저작물을 복제해서 이용하거나 가정 또는 이에 준하는 한정된 범위 안에서 저작물을 복제해서 이용하는 것은 저작재산권의 침해가 아니라는 뜻이다. 이는 영리추구를 위한 대량복제처럼 저작재산권자의 이익을 해치는 행위가 아닐 뿐만 아니라 개인 또는 가정에 준하는 소규모의 인원이 폐쇄된 공간 안에서 이용하는 것이므로, 대외적으로 널리 알려지는 것과는 근본적으로 다르다는 점에서 인정하는 것이라고 할 수 있다. 예컨대, 복제방법으로는 복사기를 이용해서 저작물을 복사하거나 카세트테이프 혹은 비디오테이프를 이용해서 저작물을 녹음 또는 녹화하는 것을 들 수 있는데, 그 목적이 복제물을 가지고 공부를 하거나 악보를 복사해서 그것을 보고 노래를 부르거나 음악을 녹음하여 그것을 반복재생을 통해 감상하는 등 학습이나 취미 또는 단순한 오락의 차원에 있어야 한다. 여기서 "가정 및 이에 준하는 한정된 범위"라고 한 것은 이용하는 사람이 단독의 개인은 아니지만 가정처럼 개인적 결합 관계로 모인 소규모 인원—대체적으로 10인 이내—으로서 폐쇄적으로 이용하기 위하여 복제하는 것을 말한다. 그러므로 소규모라 하더라도 회사 같은 곳에서 내부적으로 사용하기 위하여 복제하는 것은 이에 해당하지 않는 것으로 보인다.

한편, 우리 주변을 둘러보면 복사기, 녹음 및 녹화기 등의 대량보급과 복제기술의 발달에 따라 저작물의 이용방법 또한 매우 다양해지고 있다. 복사기를 비롯한 복제기기의 출현은 원래 사무자동화나 생활의 편의를 도모할 목적으로 생겨난 것이지만, 지금은 그 이용범위가 매우 확대되었을 뿐만 아니라 복제에 따른 비용 또한 저렴해짐으로써 이용자의 폭은 점점 늘어나고 있는 추세에 있다. 그리하여 저작물 및 출판물의 권리자들에게 위기의식이 생겨나고, 복사 및 녹음·녹화에 의한 복제물 제작이 심각한 저작권 침해의 요소를 품고 있다는 우려의 목소리가 높아지고 있다. 왜냐하면 일단 복제된 저작물은 사적 이용의 단계를 넘어서 많은 사람의 모임을 통해 교환, 대여 또는 판매의 방법으로 반출되기도 함으로써 저작권 침해의 우려가 높은데도 그러한 행위들이 위법임을 인식시키거나 구체적으로 검증하여 적발해 낼 수 없다는 문제가 있기 때문이다.

사적 이용을 위한 복제의 대표적인 이용형태로는 복사기에 의한 출판물의 복제를 들 수 있다. 하지만 이 경우에 있어서 사적 이용의 범주를 넘어서는 행위를 가려내기란 쉬운 일이 아니다. 게다가 "영리를 목적으로 해서는 안 된다"는 단서가 있으므로 이대로의 해석에 따른다면 미묘한 문제가 발생한다. 예컨대, 어느 개인이 문구점에서 비용을 지불하고 저작물 또는 출판물을 복사하는 경우에 그 개인은 분명히 개인적 용도에 따라 복사를 했다면 적법하다고 할 수 있지만, 문구점 주인의 입장에서는 영리의 목적으로 복사해 준 것이므로 위법이 된다. 그런데 현실적으로는 개인이 복사기를 갖추고 있기 어려운 탓에 대부분 복사 전문 업체를 이용하고 있으니 문제가 아닐 수 없다.

사실 '사적 이용을 위한 복제' 허용규정은 저작물의 일반적 이용과 충돌하지 않고 저작자의 경제적 이익을 해칠 우려가 없다고 인정되는 한정된 범위 내에서 저작권자의 허락을 받지 않도록 한 것이었다. 그러나 대학가의 복사점 등에서 복제업자에게 복제를 위탁하거나 무인복사기 등에서 저작물을 복사하는 것은 앞서 살핀 것처럼 복사기의 설치 자체가 영리를 목적으로 한 것이므로 당연히 저작자의 허락을 받아야 한다는 의견이 우세했다. 이에 따라 2000년도 개정법에서는 공중용 복사기에 의한 복제는 허용되는 사적 복제의 범위에서 제외됨을 명시적으로 규정하여 출판물 불법 복제로 인한 저작자 및 출판사의 권리를 최대한 보호하고자 한 것으로 보인다. 하지만 복사업자들이 개별적으로 복사행위가 이루어질 때마다 저작자의 허락을 받는 것은 현실적으로 매우 어려운 일이다. 따라서 미국이나 일본 등의 예를 따라 이용자가 간단한 수속을 밟음으로써 저작물 복사를 할 수 있도록 저작권을 집중관리하는 복사권집중관리기구의 설립이 필요하다는 판단 아래 한국문예학술저작권협회, 한국음악저작권협회, 대한출판문화협회 등 권리자 단체가 연합하여 '한국복사전송권관리센터' [55]를 창립한 바 있다.

(7) 도서관 등에서의 복제

저작재산권의 제한과 관련하여 가장 많은 논란을 불러일으켰으며, 2003년 개정법에서 가장 많이 수정 혹은 신설된 조항을 포함하고 있는 부분이 바로 '도서관 등에서의 복제' 부분이다. [56] 그리하여 도서관을 위한 저작재산권 제한의 범위를 조절하는 한편, 전자도서관의 구축과 원활한 기능을 보장하면서도 저작권자에게 상응한 보상이 돌아가도록 함으로써 권리의 보호와 공정한 이용의 균형을 도모하고 있다.

먼저, "도서관및독서진흥법에 의한 도서관과 도서·문서·기록 그 밖의 자료를 공중의 이용에 제공하는 시설 중 대통령령이 정하는 시설"은 몇 가지 경우에는 그 도서관 등에 보관된 도서 등을 사용하여 저작물을 복제할 수 있다. 여기서 말하는 '도서관및독서진흥법에 의한 도서관'과 '대통령령이 정하는 시설'에 대해서는 저작권법 시행령 제3조에 두 가지로 나누어 규정하고 있다.

> 첫째, 도서관및독서진흥법에 의한 국립중앙도서관·공공도서관, 학교도서관 그리고
> 영리를 목적으로 하는 법인 또는 단체에서 설립한 것을 제외한 특수도서관.
> 둘째, 국가, 지방자치단체, 영리를 목적으로 하지 아니하는 법인 또는 단체에서 도서

---

55) 2000년 7월 1일부터 업무를 개시한 '한국복사전송권관리센터'는 저작자 및 출판권자의 권리를 신탁받아 이용자와의 계약을 통해 저작권법에서 면책하고 있는 범위 이외의 저작물 이용이 합법적으로 이루어지도록 집중관리하는 업무를 수행하고 있다.

나 문서, 또는 기록 그 밖의 자료를 보존·대출하거나 기타 공중의 이용에 제공하기 위하여 설치한 시설.

---

56) 저작권법 제28조(도서관 등에서의 복제 등)

① 도서관및독서진흥법에 의한 도서관과 도서·문서·기록 그 밖의 자료(이하 "도서 등"이라 한다)를 공중의 이용에 제공하는 시설 중 대통령령이 정하는 시설(당해 시설의 장을 포함하며, 이하 "도서관 등"이라 한다)은 다음 각호의 1에 해당하는 경우에는 그 도서관 등에 보관된 도서 등(제1호의 경우에는 제3항의 규정에 의하여 당해 도서관 등이 복제·전송받은 도서 등을 포함한다)을 사용하여 저작물을 복제할 수 있다. 다만, 제1호 및 제3호의 경우에는 디지털 형태로 복제할 수 없다. 〈개정 1991. 3. 8., 1994. 3. 24., 2000. 1. 12., 2003. 5. 27.〉

1. 조사·연구를 목적으로 하는 이용자의 요구에 따라 공표된 도서 등의 일부분의 복제물을 1인 1부에 한하여 제공하는 경우

2. 도서 등의 자체 보존을 위하여 필요한 경우

3. 다른 도서관 등의 요구에 따라 절판 그 밖에 이에 준하는 사유로 구하기 어려운 도서 등의 복제물을 보존용으로 제공하는 경우

② 도서관 등은 컴퓨터 등 정보처리능력을 가진 장치(이하 "컴퓨터 등"이라 한다)를 이용하여 이용자가 그 도서관 등의 안에서 열람할 수 있도록 보관된 도서 등을 복제하거나 전송할 수 있다. 이 경우 동시에 열람할 수 있는 이용자의 수는 그 도서관 등에서 보관하고 있거나 저작권 그 밖에 이 법에 의하여 보호되는 권리를 가진 자로부터 이용허락을 받은 그 도서 등의 부수를 초과할 수 없다. 〈개정 2003. 5. 27.〉

③ 도서관 등은 컴퓨터 등을 이용하여 이용자가 다른 도서관 등의 안에서 열람할 수 있도록 보관된 도서 등을 복제하거나 전송할 수 있다. 다만, 그 전부 또는 일부가 판매용으로 발행된 도서 등은 그 발행일로부터 5년이 경과하지 아니한 경우에는 그러하지 아니하다. [신설 2003. 5. 27.]

④ 도서관 등은 제1항제2호의 규정에 의한 도서 등의 복제 및 제2항과 제3항의 규정에 의한 도서 등의 복제를 함에 있어서 그 도서 등이 디지털 형태로 판매되고 있는 경우에는 그 도서 등을 디지털 형태로 복제할 수 없다. [신설 2003. 5. 27.]

⑤ 도서관 등은 제1항제1호의 규정에 의하여 디지털 형태의 도서 등을 복제하는 경우 및 제3항의 규정에 의하여 도서 등을 다른 도서관 등의 안에서 열람할 수 있도록 복제하거나 전송하는 경우에는 문화관광부장관이 정하여 고시하는 기준에 의한 보상금을 저작재산권자에게 지급하거나 이를 공탁하여야 한다. 다만, 국가, 지방자치단체 또는 고등교육법 제2조의 규정에 의한 학교를 저작재산권자로 하는 도서 등(그 전부 또는 일부가 판매용으로 발행된 도서 등을 제외한다)의 경우에는 그러하지 아니하다. 보상금 지급의 방법·절차에 관하여 필요한 사항은 대통령령으로 정한다. [신설 2003. 5. 27.]

⑥ 제1항 내지 제3항의 규정에 의하여 도서 등을 디지털 형태로 복제하거나 전송하는 경우에 도서관 등은 저작권 그 밖에 이 법에 의하여 보호되는 권리의 침해를 방지하기 위하여 복제방지조치 등 대통령령이 정하는 필요한 조치를 하여야 한다. [신설 2003. 5. 27.]

그러므로 영리를 목적으로 하지 않는다고 해도 개인이 설립한 도서관 시설은 이에 해당하지 않는다. 한편, 위와 같은 시설들에서 저작물을 복제할 수 있는 경우도 모두 세 가지로 규정하고 있다. 이때 복제의 원본이 되는 저작물은 도서관 등의 시설에 보관된 자료여야 하므로 시설의 바깥에서 임의로 구해서 복제하는 것은 허용되지 않는다는 점에 주의해야 한다.

첫째, 조사 또는 연구를 목적으로 하는 이용자의 요구에 따라 공표된 도서의 일부분을 복제하여 1인 1부에 한하여 제공할 수 있다. 따라서 용도가 조사나 연구가 아닌 감상용 혹은 독서용이라면 원칙적으로 복제를 해주어서는 안 되며, 도서의 일부분이 아닌 한 권 분량 전체를 복제해 주거나 한 사람에게 같은 복제물을 여러 부 복제해 주어도 안 된다. 이 경우 복제할 수 있는 것은 그 도서관에서 보관하고 있는 도서뿐만 아니라 다른 도서관으로부터 열람목적으로 복제·전송받은 도서 등도 포함된다. 다만, 디지털 복제는 허용되지 않는다.

둘째, 도서관 등이 자료의 자체 보존을 위하여 필요한 경우에는 저작물을 복제할 수 있다. 이는 시간이 오래 지남에 따라 자료로서의 저작물이 멸실되는 것을 막기 위해 필요하다고 판단되는 경우에 복제를 해서 오래도록 보관할 수 있도록 하자는 취지여서 복제의 방법은 복사뿐만 아니라 사진 또는 영상물로의 복제나 마이크로필름에 의한 복제, 그리고 디지털 복제도 허용된다. 하지만 그 도서 등이 이미 디지털 형태로 판매되고 있는 경우에는 도서관 등이 이를 디지털화할 수 없다. 이는 전자도서관 구축의 일환으로 도서관 등이 보관하고 있는 도시 등을 디지틸화하는 경우에 이미 그 도서 등이 디지털 형태로 판매되고 있다면 도서관 등이 이를 직접 디지털화하기보다는 판매되고 있는 도서 등의 이용을 허락받아 활용하도록 함으로써 전자도서관 사업의 추진으로 인해 민간 부문의 전자출판이나 온라인 데이터베이스 사업에 부정적인 영향을 끼치지 않도록 하려는 뜻으로 해석된다.

셋째, 다른 도서관의 요구에 따라 보관용으로 복제물을 제공할 수 있다. 그런데 이 경우에는 해당 복제물이 절판 또는 그 밖의 사유로 인하여 도저히 구할 수 없는 상황일 때 그 복제물을 보관하고 있는 도서관에 의해 복제가 가능하다는 것이므로, 시중에서 구할 수 있다거나 구입하는 데 많은 비용이 필요하다거나 하는 사유는 이에 해당하지 않는다. 따라서 도저히 구할 수 없는 상황이란 저작물 또는 저작물이 수록되어 있는 매체가 절판되었거나 그 매체를 발행한 곳이 이미 문을 닫아 더 이상 시중에서 유통되지 않는 상황 등을 말하는 것이다. 이 경우에도 디지털 복제는 허용되지 않는다.

또한, 도서관 등은 저작권자의 허락이 없어도 그 도서관 내에서의 열람을 위해 보관된 도서 등을 복제·전송할 수 있다. 다만, 동시 열람자 수는 그 도서관이 보관하고 있거나 저작권자로부터 이용을 허락받은 도서의 부수를 초과할 수 없다. 이는 저작권자의 권익보호를 위한 최소한의 제한이라고 할 수 있다.

다음으로, 도서관 등은 보관하고 있는 도서 등을 다른 도서관 내에서의 열람을 위해 복제 또는 전송할 수 있다. 하지만 다른 도서관 내에서의 열람을 위한 복제·전송은 그 다른 도서관에서의 그 도서 등에 대한 구매수요를 대체할 수 있기 때문에 자칫 저작권자나 출판권자의 이익을 부당하게 침해할 가능성이 있다. 이런 점을 보완하기 위해 저작권법에서는 그 전부 또는 일부가 판매용으로 발행된 지 5년이 경과하지 않은 도서 등의 경우에는 복제·전송할 수 없게 하였으며, 또 그러한 복제·전송에 대해 문화관광부장관이 정해서 고시하는 보상금을 지급하도록 규정하고 있다.

한편, 도서관 간의 열람목적의 전송 및 디지털 도서 등의 출력에 대해 법정허락제도를 도입하고 있다. 즉, 열람을 목적으로 도서관 사이에 도서 등을 전송하거나 그 도서관에서 보관하고 있거나 다른 도서관으로부터 전송받은 디지털 형태의 도서 등을 출력하는 경우에 문화관광부장관이 정하는 보상금을 지급하거나 공탁하고 이를 이용할 수 있도록 한 것이다. 다만, 국가 또는 지방자치단체나 대학 등을 저작재산권자로 하는 도서 등의 경우에는 그 전부 또는 일부가 판매용으로 발행된 것이 아니라면 보상금을 지불하지 않아도 된다. 이는 전자도서관의 구축과 운영으로 인해 저작권자의 이익이 부당하게 저해될 수 있으므로 전자도서관의 정상적인 운영을 가능하게 하면서도 저작권자의 정당한 이익을 보전해 주기 위한 장치로 보인다. 그리고 보상금의 기준은 저작권심의조정위원회에서 결정하며, 도서관 등이 보상금을 손쉽게 지불할 수 있도록 하기 위해 저작재산권자로 구성된 단체에 이를 지급할 수 있도록 하고 있다.

(8) 시험문제로서의 복제

학교의 입학시험, 그 밖의 학식 및 기능에 관한 시험 또는 검정을 위하여 필요한 경우에는 그 목적을 위하여 정당한 범위 안에서 공표된 저작물을 복제할 수 있다. 즉, 공표된 저작물을 시험문제의 출제를 위해 복제할 경우에는 저작재산권 침해가 아니다. 여기서 말하는 시험문제란 크게 세 가지로 나누어 볼 수 있는데, 어떠한 경우든지 영리를 목적으로 하는 것은 제외된다.

첫째, 학교의 입학시험으로서 공표된 저작물을 이용하는 경우이다. 우리나라에서는 고등학교 입학 또는 대학 및 대학교, 그리고 대학원에 진학하고자 하는 사람을 대상으로 입학시험을 치르는 것이 일반적인데, 그러한 경우에는 저작재산권자의 허락 없이도 저작물을 복제하여 이용할 수 있다.

둘째, 그 밖의 학식 및 기능에 관한 시험에 공표된 저작물을 이용하는 경우이다. 각종 회사에서의 신입사원을 공개로 채용하기 위한 입사시험이나 각종 선발시험, 학교에서의 정기적인 학력평가나 모의고사, 그리고 자격증 부여를 위한 각종 기능시험 등이 이에 해당한다.

셋째, 검정(檢定)을 위해 필요한 경우가 있다. 즉, 각급 정규학교를 다니지 않고도 해당 학교의 학업을 이수한 것으로 간주되고자 할 때에는 각급 과정의 학력인정 또는 입학자격 검정고시를 거쳐야 하는데, 그 경우에는 출제를 주관하는 곳에서 시험문제로서 저작물을 복제하여 이용할 수 있다는 것이다.

한편, 여기서의 규정에 해당하는 것은 시험문제 그 자체로서 복제하는 것이므로, 입학시험에 출제된 문제를 모아 참고서로서 복제하는 시험문제집은 해당하지 않는다는 점에 주의해야 한다. 아울러 시험문제로 삼는 과정에서 무리하게 저작물에 변형을 가하게 되면 저작인격권으로서의 동일성유지권의 침해문제가 발생할 수도 있으므로 주의할 필요가 있다.

그리고 영리를 목적으로 하는 경우에는 제외되므로, 어떠한 방식으로든지 시험문제에 따른 대가가 지급되는 것에는 문제가 있다. 즉, 우리나라의 현실로 보면 각종 시험에 따른 학습참고서의 비중이 상당히 높은데, 그러한 것들은 대개가 영리를 목적으로 하기 때문에 여기서 말하는 저작재산권의 제한에 해당되는 경우는 거의 없을 것으로 보인다. 따라서 영리를 목적으로 여러 저작물을 복제해서 시험문제를 출제하고자 할 때에는 저작재산권자의 허락을 얻어야 한다. 또한, 이 경우 저작물을 번역해서 이용할 수 있으며, 출처명시의 의무는 없다.

(9) 시각장애인 등을 위한 복제

공표된 저작물은 시각장애인 등을 위해 점자로 복제·배포할 수 있다. 또, 시각장애인 등의 복리증진을 목적으로 하는 시설 중 대통령령이 정하는 시설에서는 영리를 목적으로 하지 않고 시각장애인 등의 이용에 제공하기 위해 공표된 어문저작물을 녹음하거나 시각장애인 등 전용기록방식으로 복제·배포 또는 전송할 수 있다.

점자(點字)란, 앞을 못 보는 사람들이 문자를 활용하는 수단으로서 사실상 경제성이 별로 없으며, 신체장애자들을 위한 복리 증진이라는 측면에서도 저작재산권자의 이익을 제한해도 큰 문제가 없다. 따라서 공표된 저작물을 앞을 못 보는 사람을 위해 점자로 복제 및 배포할 때에는 저작재산권자의 허락이 필요 없다. 특별한 단서가 없으므로 점자에 의한 복제에는 공표된 저작물이라면 모두 이용할 수 있는데, 점자에 의한 복제의 기술적인 제약 때문에 어문저작물과 음악저작물에만 한정될 것으로 보인다.

여기서 "시각장애인 등의 복리 증진을 목적으로 하는 시설 중 대통령령이 정하는 시설"이란 다음과 같다.

첫째, 장애인복지법 제48조제1항의 규정에 의한 장애인복지시설 중 다음에 해당하는 시설: 시각장애인 등 생활시설, 점자도서관, 장애인생활시설·장애인지역사회재활시설 및 장애인직업재활시설 중 시각장애인 등을 보호하고 있는 시설.

둘째, 초·중등교육법 및 특수교육진흥법의 규정에 의한 특수학교와 시각장애인 등을 위하여 특수학급을 둔 각급 학교.

셋째, 국가·지방자치단체, 영리를 목적으로 하지 아니하는 법인 또는 단체에서 시각장애인 등의 교육·학술 또는 복리증진을 목적으로 설치·운영하는 시설.

이상과 같은 시설에서는 영리를 목적으로 하지 않고 시각장애인 등의 이용에 제공하기 위해서라면 공표된 어문저작물을 녹음하거나 시각장애인 등 전용 기록방식으로 복제·배포 또는 전송할 수 있다. 이 경우 저작물을 번역해서 이용할 수 있으며, 출처를 명시해야만 한다.

(10) 방송사업자의 일시적 녹음·녹화

방송사업자가 방송을 위해 저작물을 이용할 경우에 저작재산권자로부터 허락을 얻어야 하는 것은 당연하다. 그런데 방송에의 이용을 목적으로 어느 저작물에 대한 이용허락을 얻었다고 하더라도 그것이 생방송이 아닌 경우에는 부득이하게 방송의 내용을 녹음(sound recording) 또는 녹화(visual recording)의 방법으로 복제해 두었다가 그것의 방송시간대에 편성하는 수밖에 없다. 특히 오늘날의 방송기술은 매우 발달하였기 때문에 오랜 기간을 두고 방송물을 제작해서 복제의 상태로 두는 경우가 많아졌다. 즉, 저작재산권자에게는 방송에 따른 권리뿐만 아니라 복제에 대한 권리가 엄연히 존재하므로, 엄밀한 의미에서 본다면 방송사업자는 저작물을 방송의 편의를 위해 일시적으로나마 녹음 또는 녹화를 하는 경우에도 복제에 따르는 별도의 허락을 얻어야만 하는 것이다. 이러한 방송의 기술적 특성을 감안해서 저작권법에서는 저작물의 '일시적인 녹음·녹화(ephemeral recording)'에는 저작재산권자의 허락이 없어도 된다고 규정하고 있다.

(11) 미술저작물 등의 전시 또는 복제

미술저작물 등의 전시 또는 복제에 있어서도 저작재산권이 미치지 않는 경우가 있다. 여기서 "미술저작물 등"이란 미술저작물뿐만 아니라 사진저작물 또는 건축저작물까지도 포함하는 개념이다. 이는 미술저작물 등이 그 저작물의 특성에 비추어 보아 저작권자와 소유권자가 다를 수도 있다는 점에서 비롯된 것이다.

먼저, 저작권자가 아니면서도 미술저작물 등의 원작품을 소유하고 있는 사람이나 그의 동의를 얻은 사람은 그 저작물을 원작품 그대로 전시할 수 있으며, 그에 따라서 저작재산권자의 허락을 얻을 필요가 없다. 즉, 원작품의 소유권자는 원저작자의 동의가 없어도 전시의 방법으로 원작품을 공개할 수 있다는 것인데, 다만 공개된 장소에서 항시 전시하는 경우는 제외된다. 예컨대, 어느 화랑의 전시기획자(큐레이터)가 일정기간을 정하여 어느 화가의 그림을 전시하고

자 하는 경우에 해당 그림을 소유하고 있는 사람과 화가가 다르다면 전시기획자는 그림을 소유하고 있는 사람의 동의만으로도 그림을 전시할 수 있지만, 전시의 형태가 제한적이지 않고 개방된 장소에서 항시 전시하는 것이라면 소유자뿐만 아니라 저작자인 화가의 동의까지도 얻어야 한다.

또, 그 저작권자의 허락을 받아 가로, 공원, 건축물의 외벽, 그 밖의 일반공중에게 개방된 장소에서 저작물을 항시 전시하는 경우에는 그 저작권자의 이익을 크게 침해하지 않는 한도 내에서 그 저작물을 어떠한 방법으로든지 누구나 복제할 수 있다. 즉, 공원에 항시 전시되어 있는 조각품이 있다면 누구든지 그 조각품을 배경으로 사진을 찍거나 그림을 그리거나 할 수 있으며, 아울러 녹화까지도 가능하다. 하지만 분명히 "미술저작물 등"이라고 하였으므로 항시 그 자리에 전시되어 있는 경우라고 하더라도 기념비적인 성격을 띠는 문학비나 추모비 등에 적혀 있는 시나 악보 등과 같은 어문저작물 또는 음악저작물은 이에 해당하지 않는다는 점에 주의해야 한다.

한편, 이처럼 항시 전시되어 있는 미술저작물 등이라도 다음과 같은 경우에는 그것의 복제가 허용되지 않는다.

첫째, 건축물을 건축물로 복제하는 것은 허용되지 않는다. 따라서 창작성이 뛰어나고 보기에 우아한 건축물이 있을 경우, 그것을 사진으로 찍거나 비디오카메라로 촬영하거나 그림을 그리는 등의 복제는 가능하지만, 그것을 실물과 같은 건축물로 복제하는 것은 저작재산권자의 허락이 없으면 안 되는 것이다.

둘째, 조각 또는 회화를 소각 또는 회화로 복제하는 것은 허용되지 않는다. 조각품을 똑같은 조각품으로 복제하거나 그림을 똑같은 그림으로 복제하는 것은 먼저 창작한 사람의 저작재산권을 침해할 가능성이 높기 때문에 금지된다.

셋째, 개방된 장소 등에 항시 전시하기 위해 복제하는 것은 허용되지 않는다. 즉, 항시 전시되어 있는 미술저작물 등이라고 하더라도 그것을 또 다른 장소에 항시 전시할 목적으로 복제하는 것은 허용되지 않는다.

넷째, 판매의 목적으로 복제하는 것은 허용되지 않는다. 그 복제의 목적이 판매에 의한 영리 추구에 있다면 그것은 미술저작물 등의 저작재산권자의 이익을 해치는 결과를 가져올 수 있으므로 금지하는 것은 당연하다.

또한, 전시를 하고자 하는 사람 또는 미술저작물 등의 원작품을 판매하고자 하는 사람은 그 저작물의 해설이나 소개를 목적으로 하는 목록형태의 책자에 그 저작물을 복제하여 배포할 수 있다. 즉, 안내용 전단이나 팜플렛을 만들 때에 그 책자에 인쇄의 방법으로 해당 저작물을 복제할 때에는 저작재산권자의 허락이 필요 없다.

10. 저작재산권의 보호기간

저작재산권의 제한규정이 공익을 위한 취지에서 비롯된 것과 마찬가지로 저작재산권의 보호기간에 관한 규정 역시 시간적인 제한을 통해 저작권자의 재산적 권리를 제한하는 것이라고 볼 수 있다. 즉, 일반적인 소유권은 보호기간이 정해져 있지 않고 영구적인 것이 특징이지만, 저작권은 한 사회의 문화발전을 꾀하는 수단이어야 한다는 측면에서 법에 의해 그 보호기간이 한정된다.

저작재산권의 보호기간을 산정함에 있어서 기산(起算)의 기준은 크게 '저작자의 사망시'와 '저작물의 공표시'로 삼는 두 가지 방식이 있다. 여기서 말하는 '저작자의 사망시' 또는 '저작물의 공표시'는 보호기간이 시작되는 시기라는 뜻이 아니라 보호기간이 끝나는 시기를 계산하는 기산점이라는 뜻이다. 우리나라와 같이 저작권의 무방식주의를 채택하고 있는 나라에서는 저작물의 창작(創作)과 동시에 저작권의 보호가 시작되는 것으로 보기 때문이다. 대체로 저작재산권의 보호기간은 자연인으로서의 저작자가 누구인지 명확한 경우에는 '저작자 사망시 기산주의'를 취하고, 단체명의저작물 등 그 밖의 경우에는 '저작물 공표시 기산주의'를 취하고 있다. 따라서 저작재산권의 보호기간은 저작물의 종류 및 형태에 따라서 차이가 있다고 하겠다.

한편, 저작인격권의 경우에는 저작자 일신전속성에 따라 양도 또는 상속이 불가능하여 저작자의 사망과 동시에 소멸한다.

(1) 보호기간의 원칙

일반적인 저작재산권 보호기간(term of protection)의 원칙을 살펴보면, 자연인으로서의 저작자가 누구인지 명확한 경우에는 그 저작자가 살아 있는 동안과 사망한 후 50년 동안 저작재산권이 존속한다. 예컨대, 어떤 사람이 30세에 소설 한 편을 발표한 다음 70세에 세상을 떠났다면 그 소설에 대한 저작재산권의 보호기간은 모두 90년이 되는 것이다. 물론 해당 저작물이 어떤 방법으로든지 저작자가 살아 있는 동안 공표되었을 때에 그렇다는 것이며, 미처 공표되지 않은 저작물이 저작재산권을 상속 또는 양도받은 사람에 의해 저작자 사망 후 40년이 지나고 50년이 되기 전에 공표되었다면, 그 저작물의 저작재산권은 공표된 때로부터 10년 동안만 존속한다. 왜냐하면 저작물은 공표되어야만 널리 알려짐으로써 이용자들이 이용할 계기를 만들게 되고, 그러한 상태에서만이 저작재산권의 행사 또는 침해의 우려가 생김으로써 보호할 가치가 있는 것이기 때문이다.

그런데 단독의 저작자가 아닌 여러 명의 저작자에 의한 공동저작물일 경우에는 보호기간이 어떻게 적용될까? 공동저작물이란 "2인 이상이 공동으로 창작한 저작물로서 각자의 이바지한 부분을 분리하여 이용할 수 없는 것"을 말하는데, 이런 경우에는 공동의 저작자 중에서 맨 마지막으로 사망한 저작자의 사망 후 50년간 존속한다. 예컨대, 세 사람이 공동으로 작성한 연구 논문이 있는데, 그것이 발표된 후 한 사람은 10년 후에 사망하고 또 한 사람은 15년 후에, 그리고 마지막 한 사람은 30년 후에 사망하였다면, 그 공동저작물의 저작재산권은 마지막에 사망한 저작자를 기준으로 하여 80년 동안 보호되는 것이다.

(2) 무명 또는 이명저작물 등의 보호기간

저작물의 저작자가 명확하지 않은 경우 즉, 저작자가 무명 또는 널리 알려지지 않은 이명으로 표시되어 있을 경우에 저작재산권자가 누구인지 알 수 없기 때문에 사망시 기산주의를 적용할 수 없다는 문제가 발생한다. 바로 이런 경우에 공표시 기산주의를 적용하는 것이다.

먼저, 저작자가 명확하지 않은 경우에는 그 저작물이 공표된 때로부터 50년 간 저작재산권이 존속한다. 여기서 무명저작물(無名著作物 ; anonymous work)이란, 저작물에 저작자의 표시가 전혀 없고, 또한 그 저작물의 저작자가 누구인지 아는 사람조차 없는 경우를 말한다. 또한 "널리 알려지지 않은 이명이 표시된 저작물"이란, 저작물에 저작자의 표시가 있기는 하지만 그것이 실명이 아닌 아호 또는 필명, 예명, 약칭 따위의 이명으로 표시되어 있는 이명저작물(異名著作物 ; pseudonymous work)이면서 그 이명이 널리 알려지지 않은 것이어서 실제의 저작자가 누구인지 알 수 없는 저작물을 말한다. 따라서 그런 경우의 저작물은 공표된 해의 다음 해 1월 1일부터 따져서 50년이 되는 해의 12월 31일까지 보호를 받게 되는 것이다.

그런데 어느 정도 기간이 지난 후에 무명이거나 널리 알려지지 않은 이명의 실제 주인공이 드러나는 경우에는 어떻게 될까? 결론적으로 무명 또는 이명저작물로서 공표된 지 50년이 지나기 전에 저작자의 실명 또는 널리 알려진 이명이 밝혀진 경우에는 저작자 사망 후 50년까지 보호기간이 연장된다. 아울러 무명 또는 이명저작물이 공표된 지 50년이 지나기 전에 해당 저작자의 실명이 등록되는 경우에도 마찬가지다. 여기서 말하는 "저작자의 실명등록"이란, 무명 또는 이명이 표시된 저작물의 저작자가 자신의 실명을 대통령령인 저작권법 시행령과 문화관광부령인 저작권법 시행규칙이 정하는 바에 따라 등록신청서에 기재하여 문화관광부장관에게 제출하고, 등록부에 그 사항이 등록되었음을 나타내는 등록증을 교부받는 절차를 말한다. 이렇게 해서 실명등록을 마치게 되면 실명이 등록된 사람은 그 등록 저작물의 저작자로 추정되며, 확실한 증거에 의해 이의가 제기되지 않는 한 그 저작자를 기준으로 사망 후 50년까지 저작재산권이 보호된다. 그러므로 무명 또는 이명으로 저작자가 표시된 저작물을 이용하려는 사람은 문화관광부 저작권과 또는 저작권심의조정위원회를 찾아가거나 홈페이지를 이용해서 저작권등록부를 열람해 본다거나 기타의 방법으로 저작자의 실명 확인을 위한 노력을 충분히 기울여야 하며, 일단 실명이 확인되면 그 저작자로부터 저작물 이용에 따른 허락을 얻어야만 한다.

(3) 보호기간의 기산

각종 저작재산권의 보호기간을 계산함에 있어서 기산의 기준이 되는 시점에 대해 현행 저작권법에서는 "저작자가 사망하거나 저작물을 창작 또는 공표한 다음 해부터 기산한다"고 하여 역년주의(曆年主義)[57]를 취하고 있다. 따라서 저작자의 사망, 저작물의 창작 또는 공표가 있었던 시기의 다음 해 1월 1일 오전 0시부터 계산하여 해당 보호기간이 끝나는 해의 12월 31일 오후 12시가 되면 보호기간이 끝나는 것이다. 이러한 저작재산권의 보호기간과 관련해서 유

---

57) 이는 베른협약 등은 물론 외국의 여러 나라에서 택하고 있는 것으로, 저작자의 사망, 저작물의 공표 또는 창작한 바로 그 시점을 기준으로 일일이 기산하는 것보다는 일률적으로 다음 해부터 기산하는 것이 계산하기에 편리하기 때문이다. 베른협약 제7조 제5항 참조.

의사항을 몇 가지 살펴보면 다음과 같다.

첫째, 보호기간을 계산함에 있어서 저작자가 사망하거나 저작물을 창작 또는 공표한 다음 해 1월 1일부터 기산하므로, '사망 후' 또는 '공표한 때부터'라고 해서 바로 그 시점의 날짜로 따지는 것이 아니라는 점에 주의해야 한다.

둘째, 1987년 7월 1일 이전의 구 저작권법에 의한 보호기간이 이미 끝난 저작물은 전면개정된 신 저작권법의 보호기간이 연장, 적용되지 않는다. 예컨대, 1986년에 구 저작권법에 의한 보호기간, 즉 저작자 사망 후 30년이 경과한 저작물은 사망 후 50년 동안 보호할 것을 규정한 현행법에도 불구하고 저작재산권의 보호기간이 연장되지 않는다. 그러므로 1957년 이전에 사망한 저작자의 저작물은 보호받지 못한다는 점에 주의해야 한다.

셋째, 신 저작권법 시행 이전에 공표된 저작물로서 구 저작권법에 의한 보호기간이 끝나지 않은 경우에, 종전의 규정에 의한 보호기간이 현행법에 의한 보호기간보다 긴 때에는 종전의 규정에 의하며, 반대로 종전의 규정에 의한 보호기간이 현행법에 의한 보호기간보다 짧을 때에는 현행법에 의한다.

11. 저작재산권의 양도·행사·소멸

저작재산권은 저작권자에게 주어진 재산적 권리이므로 일정한 요건에 따라 그 권리를 다른 사람에게 양도하거나 행사할 수 있으며, 아울러 소멸될 수도 있는 것은 당연하다. 하지만 저작재산권이 문화적 산물인 저작물을 통해 발생하는 권리라는 점에서 일반적인 소유권과는 일정부분 차이가 있다.

(1) 저작재산권의 양도

저작권 중 재산권은 인격권과는 달리 권리자가 자신의 경제적 이익을 위해 여러 가지 방법으로 그 권리를 행사할 수 있다. 먼저, 저작권자는 자신의 저작재산권을 다른 사람에게 "전부 또는 일부" 양도(讓渡 ; assignment)할 수 있다. 일반적으로 물권(物權)에 있어서의 소유권인 경우에는 전부가 아닌 일부를 양도한다는 것은 생각하기 어렵다. 예컨대, 어떤 집을 소유하고 있는 사람이 그 집을 전세의 방법으로 다른 사람에게 임대하고 나서 또 그 집의 소유권을 다른 사람에게 양도할 수는 없는 노릇이다. 즉, 일반적인 소유권에서는 유체물로서의 소유물과 소유권을 분리할 수 없다. 그러나 저작재산권은 다르다. 저작재산권 자체를 전부 양도하는 경우에는 소유권과 별 차이가 없지만, 일부를 양도할 수 있다는 점에서는 저작재산권만의 특성을 엿볼 수 있다.

우선, 저작재산권의 경우에는 저작물을 이용하는 방법에 따라 그 권리 또한 분리하여 행사할 수 있는 여지가 매우 많다는 점을 생각해 볼 필요가 있다. 저작재산권으로서의 복제권, 공연권, 방송권, 전송권, 전시권, 배포권, 2차적 저작물 등의 작성권 등이 각각 별개의 재산적 권리이므로, 이용형태에 따라 권리를 분할하여 양도할 수 있는 것은 당연하다. 그것뿐만이 아니다. 경우에 따라서는 그러한 별개의 재산적 권리조차도 쪼갤 수가 있다. 예컨대, 복제권 하나만 살펴보더라도, 저작재산권자는 인쇄의 방법으로 저작물을 복제하려는 출판사업자와 녹음의 방법으로 저작물을 복제하려는 음반사업자, 또는 녹화의 방법으로 저작물을 복제하려는 영상사업자 등에게 복제권을 각각 별도로 양도할 수 있다. 즉, 어떤 방법으로 복제하느냐에 따라 같은 복제권이라도 완전한 별개의 권리로 쪼개질 수 있는 가분적(可分的)인 특성을 지닌 것이 바로 저작재산권인 셈이다. 뿐만 아니라 저작재산권자는 하나의 저작물에 대해 종이책의 형태로 출판사에 출판권을 부여하는 동시에 신설된 전송권을 발휘하여 또 다른 업체 혹은 개인에게 '전자책(eBook)'을 만들도록 허락할 수도 있다.

다음으로는 2차적 저작물 등의 작성권과 관련한 재산권의 분할을 생각할 수 있다. 예컨대, 어떤 장편소설의 저작자가 있다면, 그는 그것을 원작으로 하는 번역은 물론 각색하여 공연에 이용하거나 영상 제작에 이용하려는 사람들에게 각각 별도로 그 부분에 대한 권리를 양도할 수 있는 것이다. 뿐만 아니라 같은 공연이라도 공연의 주체가 달라진다면 그들에게도 별도의 권리를 양도할 수 있다.

또한 시간적, 공간적 제한에 의한 저작재산권의 분할 및 양도를 생각할 수도 있다. 먼저 시간적인 측면에서 예를 든다면, 저작재산권자는 자신의 권리를 다른 사람에게 양도함에 있어서 언제부터 언제까지, 즉 '3년' 또는 '5년'이라는 기간을 정할 수 있는데, 그런 경우에는 그 정해진 시간이 지나면 자동적으로 저작재산권은 원래의 권리자에게로 돌아온다. 따라서 실질적으로는 '3년' 또는 '5년' 동안의 배타적 이용허락과 같다.

그 밖에 공간적 측면에서 예를 든다면, 번역에 의해 저작물을 출판함에 있어서 그것을 '한국 내에서만' 또는 '일본 내에서만' 하는 식으로 제한하여 양도할 수 있는데, 그런 경우에는 배포권의 성질에 비추어 보더라도 지역이 바뀔 때마다 각각 별개의 권리가 작용할 수 있다. 다만, 그러한 지역적 제한이 국내에서도 가능한지, 즉 '충청남도' 또는 '전라남도' 하는 식으로까지 분할할 수 있는 것인지는 분명하지 않다.

한편, 저작권법에서는 저작재산권을 전부 양도하는 경우라고 하더라도 특약이 없을 때에는 2차적 저작물 또는 편집저작물을 작성할 권리까지 포함된 것으로 볼 수 없다고 규정하고 있다. 즉, 저작재산권 전부를 양도하는 계약을 체결함에 있어서 "2차적 저작물 또는 편집저작물을 작성할 권리까지도 포함한 전부를 양도한다"는 양도자의 의사가 명백히 나타나 있지 않는 한 2차적 저작물 등의 작성권은 포함되지 않고 양도하는 사람에게 유보되어 있다는 뜻이다. 이는 저작재산권자의 이익을 보호함에 있어서 매우 합리적인 규정이다. 왜냐하면 저작재산권을 양도해야 하는 상황이라면 대개 저작재산권자의 입장이 매우 절박한 경우가 많을 것이며, 그렇다면 저작재산권을 양도받으려는 측의 일방적인 요구가 많이 반영된 내용으로 계약이 체결되는 상황을 우려하지 않을 수 없기 때문이다.

예컨대, 어느 가난한 소설가가 한 순간의 경제적 궁핍으로 고통을 겪고 있을 때, 그동안 써놓은 어떤 작품의 저작재산권 전부를 양도할 경우에 상당액의 금전을 줄 수 있다는 사람이 생겼다면 그 소설가는 앞뒤 가릴 겨를 없이 계약을 체결할 것이고, 그랬을 때 저작재산권의 전부에 2차적 저작물 등의 작성권까지도 포함되어 있다면 이후로 소설가는 아무리 유명해지더라도 그 작품에 대한 아무런 재산적 권리를 행사할 수 없게 된다. 경제적으로 약자의 입장에서 어쩔 수 없이 저작재산권을 양도해야 하는 저작재산권자를 보호할 필요성이 충분히 있는 것이다. 그러므로 일방적인 것이 아니라 대등한 상황에서의 양도계약으로서 저작재산권자가 2차적 저작물 등의 작성권이 포함되었음을 잘 알고 있거나 금적적 대가가 그것까지도 포함하는 것으로 볼 수밖에 없을 정도로 막대한 금액이라면 이러한 추정규정은 적용되지 않는다. 단지 '저작재산권의 전부' 또는 '일체의 재산적 권리'라는 표현만으로 양도계약이 이루어졌을 때 문제가 되는 것이다.

(2) 저작물의 이용허락

저작물의 이용에 관한 배타적 권리(exclusive right)는 저작재산권자에게 있다. 그러므로 저작재산권자는 자신의 저작물을 제3자에게 양도할 수 있을 뿐만 아니라 일정한 방법으로 저작물의 이용을 허락(license)할 수도 있다. 즉, 저작재산권자는 자신의 저작물을 스스로 이용할 수 있을 뿐만 아니라, 경우에 따라서는 다른 사람에게 이용을 허락하고 적당한 대가를 받음으로써 재산적 이익을 추구할 수 있다는 뜻이다. 그러므로 저작재산권자로부터 허락을 얻지 않고 어떤 방법으로든지 저작물을 이용하는 것은 위법이다.

그런데 정당하게 이용허락을 받은 이용자가 획득하는 권리의 성질에 주의할 필요가 있다. 저작재산권자가 저작물에 관하여 갖는 권리는 배타적 권리, 즉 누구를 상대로 하든지 행사할 수 있는 권리이지만, 이용허락을 받은 사람이 갖는 권리는 이용에 따르는 채권적인 권리라는 점이다. 따라서 저작물의 이용에 대한 배타적 권리를 가진 저작재산권자는 같은 이용방법으로 여러 사람에게 이용허락을 할 수 있으며, 이용자는 이에 대해 이의를 제기할 수 없다.[58]

또, 저작재산권자로부터 이용허락을 얻은 이용자라고 하더라도 "허락받은 이용방법 및 조건의 범위" 안에서만 그 저작물을 이용할 수 있다. 여기서 "허락받은 이용방법"이란, 복사·인쇄·녹음·녹화·공연·방송·전송, 그리고 전시 등과 같은 이용형태는 물론 이용부수, 이용횟수, 이용시간, 이용장소 등을 포함한 구체적인 이용방법을 모두 뜻한다. 그리고 "허락받은 조건"이란, 저작물을 이용하는 대가로서 얼마의 금액을 언제까지 지급하기로 한다든가, 별도의 특약을

---

58) 이용허락의 종류에는 크게 세 가지가 있다.

첫째는 여기서 살펴본 것처럼 '단순이용허락'이 있는데, 이 경우에는 이용허락을 받은 사람은 저작재산권자가 같은 이용방법에 의하여 다른 사람에게 이용허락을 해도 아무런 제재수단이 없다.

둘째는 '독점이용허락'이 있는데, 이 경우 역시 특정의 이용자에게만 이용허락을 하고 다른 사람에게는 이용을 허락하지 않겠다는 채권과 채무의 관계를 맺은 것에 불과하므로, 저작재산권자가 다른 사람에게 독점이용에 대한 허락을 했다면 저작재산권자에게 채무 불이행에 따른 계약 위반을 추궁할 수 있을 뿐, 제3의 이용자를 상대로 한 제재를 가할 수 있는 것은 아니다.

셋째는 '배타적 이용허락'이 있는데, 이 경우는 저작권법에 있어서 출판권의 설정이 대표적인 것으로, 배타적 이용을 전제로 한 계약이 이루어졌다면 이용자는 제3의 이용자에 대해서도 권리의 침해를 주장할 수 있다.

하지만 여기서 말하는 '이용허락'이란 첫째와 둘째의 경우만을 뜻하는 것으로 해석된다.

하는 것 등이라고 할 수 있다. 예컨대, 어떤 사람이 연극의 상연을 위한 목적으로 어느 저작물에 대한 이용을 허락받았는데 연극이 아닌 책으로 꾸며서 출판의 방법으로 이용하였다면 그것 역시 위법이 된다. 또한 저작물을 1년 동안만 이용하기로 계약을 맺었다면 1년이 지난 후에는 이용할 수 없으며, 모든 권리는 다시 원래의 저작권자에게로 복귀된다.

아울러 저작물을 일정한 용도에 의한 이용허락을 통해 이용에 관한 정당한 권리를 얻은 사람이라도 저작재산권자의 동의가 없이 제3자에게 이를 양도할 수 없다. 여기서 이용자가 얻은 권리란 곧 "허락받은 이용방법과 조건의 범위 안에서 그 저작물을 이용할 수 있는 권리"를 말하기 때문이다. 예컨대, 어느 때로부터 3년 동안 출판에 의한 방법으로 저작물을 이용하기로 한 이용자가 1년이 지난 후에 다른 출판업자에게 저작물의 출판에 의한 이용권을 양도할 때에는 반드시 저작재산권자의 허락이 있어야 하며 그렇지 않을 때에는 역시 위법이 된다.

(3) 저작물의 거래에의 제공 및 음반의 대여허락

저작물의 원작품 또는 복제물이 저작재산권자로서의 배포권자로부터 허락을 받아 판매의 방법으로 거래할 수 있게 되었다면 이후의 거래단계에서는 일일이 배포권자의 허락 없이도 배포할 수 있다. 즉, 미술저작물 등의 원작품 또는 인쇄의 방법으로 복제하여 출판한 저작물 등을 판매의 방법으로 거래해도 좋다는 내용의 계약이 저작재산권자와 이용자 사이에 성사되었다면 이용자는 그것을 판매함에 있어서 거래의 단계가 바뀔 때마다 저작재산권자로부터 배포의 허락을 얻지 않아도 된다는 취지이다. 이는 흔히 어떤 소비재가 소비자들의 손에 닿기까지 여러 유통단계를 거치는 것처럼 저작물의 원작품이나 그 복제물도 최종의 구입자에게 이르기까지 여러 단계를 거칠 수 있음을 인정한 것으로 보인다.

예컨대, 출판물의 유통단계를 보면, 최초의 저작물 이용자인 출판권자로부터 서적 도매상으로, 도매상에서 소매상인 일반서점으로, 일반서점에서 독자에 이르기까지 유통의 단계가 분화되는데, 그때마다 배포에 따른 허락을 받아야 한다면 본래의 이용목적에 비추어 보아 비합리적이라고 할 수 있다. 따라서 처음에 배포권자의 허락을 받아 판매의 방법으로 거래에 제공된 저작물의 원작품이나 복제물에 대해서는 그 후의 재배포행위에 배포권이 미치지 않는다는 점을 분명하게 밝힐 필요가 있다.

한편, 배포권자의 허락 아래 구매자들에게 팔 목적으로 거래에 제공되는 저작물의 원작품 또는 그 복제물은 이후로도 계속해서 배포할 수 있지만, 만일 원작품 또는 그 복제물을 판매하는 것이 아니라 일정의 대여료를 받고 빌려주는 사람이 있다면 그가 배포권자가 아닌 한 그러한 권리가 정당한 것인가 하는 점이 대두된다. 이에 현행 저작권법에서는 모든 저작물의 원작품 또는 그 복제물의 대여에 관한 허락을 문제삼기는 어렵다고 보고 판매용 음반에 한해서 배포권자에게 허락을 얻은 다음에 영리를 목적으로 하는 대여를 할 수 있도록 이른바 음반에 대한 대여허락(rental license)을 규정하고 있다. 판매용 음반을 배포하되 판매에 의한 배포가 아닌 대여에 의한 방식으로 영리를 추구할 경우에는 판매용 음반의 판매율이 현저하게 떨어짐으로써 배포권자의 이익이 침해될 수 있다고 보고, 판매용 음반의 영리를 목적으로 하는 대여에는 배포권자의 대여권(rental right)이 작용함을 밝힌 것이다. 즉, 영리를 추구할 목적으로 판매용 음반을 대여하는 사람은 저작재산권자로부터 대여에 대한 허락을 얻어야만 하며, 저작재산권자에게는 그러한 대여를 허락할 권리가 있다.

여기서 배포권과 대여권의 관계를 살펴볼 필요가 있다. 배포의 개념에는 대여가 포함되지만 배포권에는 대여권이 포함되지 않는다. 외국의 입법례를 보더라도 배포권이 제한된 복제물의 대여업이 성행함으로써 저작재산권자의 경제적인 이익에 손실을 가져올 수 있으므로 이를 보상할 목적으로 대여권을 신설한 경우가 많았다.[59] 따라서 대여권은 저작재산권자의 기본적 권리인 복제권·전시권·공연권·방송권·전송권 등과 같은 독립적인 권리라기보다는 거래의 안전을 위해 배포권을 제한함에 있어서 저작재산권자에게 예상하지 못한 손실을 끼칠 우려가 있으므로 배포권 제한의 예외로서 부수적으로 인정한 권리라고 할 수 있다.

(4) 저작재산권을 목적으로 하는 질권의 행사

저작재산권이 양도할 수 있는 권리라면 동시에 질권의 대상이 될 수 있음은 당연하다. '질권(質權)'이란 민법(제329조)에 의하면 담보물권[60]의 일종으로, 채권자가 그의 채권의 담보로서 채무자 또는 제3자인 물상보증인으로부터 받은 동산(動産) 또는 재산권을 점유하고 채무의 변제가 있을 때까지 간직함으로써 채무의 변제를 간접적으로 강제하는 동시에 만일 채무자가 빌려간 금전을 갚지 않을 때에는 채권자가 담보물로 우선 변제받을 수 있는 권리를 말한다. 그러므로 저작재산권을 목적으로 하는 질권에 있어서도 저작재산권의 양도 또는 저작물의 이용허락, 출판권의 설정 등에 따라 생기는 이익에 대한 청구권을 압류함으로써 질권을 행사할 수 있다.

즉, 질권이 설정된 저작재산권이라도 다른 사람에게 양도하는 것이 가능하므로 저작재산권은 양도했을 때 일을 수 있는 대가로서의 이익, 질권자의 허락

---

59) 독일에서는 1972년에 서적 및 음반에 대하여, 미국과 일본은 1984년에 음반에 대하여 대여업에 따른 저작재산권자의 경제적 손실을 감안하여 '대여권'을 신설한 바 있다.

60) 담보물권이란 채권의 변제를 확보하기 위하여 타인의 물건의 교환가치를 지배하는 물권을 말한다. 민법에서 규정하고 있는 담보물권에는 유치권, 질권, 저당권이 있고, 관습법(판례)에 의해 인정되는 양도담보가 있다.

을 받아 설정된 출판권에 있어서 그에 대한 대가로서의 이익, 저작재산권을 행사해서 저작물에 대한 이용허락을 하고 얻을 수 있는 사용료로서의 이익 및 그 밖에 저작재산권 행사에 따르는 수입으로서의 이익 등이 모두 물상대위[61]의 대상이 된다. 아울러 저작재산권의 침해로 인하여 저작재산권자가 받을 수 있는 손해배상금이나 부당이익금 등도 포함된다. 다만, 이러한 물상대위권을 행사하기 위해서는 이들 금전의 지급이나 물건의 인도가 있기 전에 이를 받을 권리를 압류해야만 한다. 이는 저작재산권에 따르는 이익으로서의 금전이나 물건 등이 저작재산권자의 일반적 재산 속에 합쳐진 후에는 다른 일반 채권자와의 형평을 고려할 때 질권자에게만 우선권을 줄 수 없기 때문이다. 따라서 질권자는 저작재산권자가 받을 금전 등의 청구권을 미리 압류함으로써 저작재산권자에게 빌려준 금전을 변제받을 수 있음에 주의해야 한다.

한편, 저작재산권을 목적으로 하는 질권을 행사함에 있어서 제3자에게 대항하기 위해서는 일정의 요건을 갖추어 저작권등록부에 등록해야만 한다는 점 또한 주의할 필요가 있다.

(5) 공동저작물의 저작재산권의 행사

공동저작물의 저작재산권을 행사하기 위해서는 먼저 저작재산권자 전원의 합의가 있어야 한다. 아울러 공동의 저작재산권자 중에서 누군가가 자신의 지분을 양도하거나 질권의 목적으로 하고자 할 때에는 다른 저작재산권자의 동의가 있어야 한다. 여기서 '합의'란 권리자인 자신의 일방적인 의사표시에 의해 일정한 법률 효과가 생기게 하는 것을 뜻하며, '동의'란 다른 사람의 행위에 대해 긍정적인 의사표시를 함으로써 다른 사람의 행위에 법률 효과가 생기게 하

---

61) '물상대위(物上代位)'란 담보물권의 효력이 목적물의 법률적·사실적 변형에 따라 변형한 물건 위에 미치는 일을 말하며, 그러한 권리를 '물상대위권'이라 한다.

는 것을 뜻하므로 그 취지는 공동저작물의 저작인격권 행사와 같다. 각 저작재산권자는 신의에 반하여 합의의 성립을 방해하거나 동의를 거부할 수 없다는 점도 마찬가지이다. 또한, 공동저작자들 사이에 특약이 없다면 그 저작물의 창작에 이바지한 정도에 따라 권리 지분이 배분된다. 하지만 특약도 없고, 각자가 저작물의 창작에 기여한 정도를 가려내기도 어려운 경우의 공동저작물의 저작재산권은 균등하게 나누어 배분될 수밖에 없을 것이다. 예컨대, 어떤 공동저작물의 저작재산권자로 A, B, C의 세 사람이 있다고 하자. 그런데 이 세 사람이 저작재산권의 지분에 관해 A에게는 50%를, B에게는 30%를, 그리고 C에게는 20%를 각각 인정하기로 서로 약정했다면 그에 따라 저작재산권의 행사로 생기는 이익이 배분된다. 그런데 그러한 약정사항이 없고 또 저작물의 성격상 누가 어느 정도만큼 그 저작물에 기여했는지도 밝혀내기가 어려운 경우에는 세 사람 모두에게 각각 3분의 1씩의 지분이 있는 것으로 추정하여 이익을 골고루 배분할 수밖에 없다. 하지만 그러한 균등배분에 불만이 있는 저작자는 자신이 이바지한 정도를 증명함으로써 배분비율을 번복할 수도 있다.

한편, 저작재산권은 배타적인 권리이므로 그 권리를 스스로 포기하는 것도 가능하다. 그리고 저작재산권자가 그 권리를 계승할 만한 사람이 하나도 없는 상태에서 아무런 유언도 남기지 않고 사망할 수도 있다. 만일 단독저작물의 경우라면 그 권리가 국가에 귀속되어 자유이용이 가능할 수도 있겠지만, 공동저작물의 경우에는 저작재산권의 보호기간이 최후로 사망한 저작재산권자를 기준으로 하기 때문에 안전히 소멸한 것으로 볼 수가 없다. 따라서 공동저작물의 저작재산권자인 한 사람이 자신의 지분을 포기하거나 상속인 없이 사망한 경우에는 그 사람의 지분은 다른 저작재산권자가 가진 지분의 비율에 따라 배분된다. 예컨대, 세 사람이 공동저작자인 저작물에 있어서 전체의 50%를 지분으로 갖고 있는 저작재산권자가 상속인 없이 사망한 경우에 나머지 두 사람의 지분이 각각 30%, 20%라면 이후의 두 사람의 지분은 각각 60%와 40%로 상향된다.

또한, 공동저작물의 저작인격권 행사와 마찬가지로 공동저작물의 저작자는 그들 중에서 저작재산권을 대표하여 행사할 수 있는 자를 정할 수 있다. 그리고 이러한 대표자의 대표권에 가해진 제한이 있을 때에 그 제한은 선의의 제3자에게 대항할 수 없다. 이는 저작재산권자가 여러 사람이므로 그 권리를 행사함에 있어서 합의에 이르는 과정이 번거로울 수 있다는 점에서 합리적인 권리 행사를 위해 대표자를 정할 수 있다는 것, 그렇게 해서 정해진 대표자가 행사하는 권리에 내부적인 제한이 가해졌다고 하더라도 선의의 제3자에게 피해를 줄 수는 없다는 것을 뜻한다.

예컨대, A와 B 그리고 C의 세 사람을 공동저작자로 하는 저작물의 재산권 행사를 위해 A를 대표로 선임했는데, 출판계약과 관련하여 B와 C가 자신들의 권리를 위임함에 있어서 인세가 책 정가의 10% 이상이어야 한다는 내부적 제한을 두었다고 하자. 그런데 나중에 출판계약이 맺어진 후에 알아보니 인세가 6%로 책정되었다면 B와 C는 A에게 책임을 추궁할 테지만, 그렇다고 하더라도 출판계약의 상대방인 출판사 측이 '인세 10% 이상'이라는 저작자 내부의 제한사항을 모르고 계약에 임했다면 선의의 제3자로서 그 계약은 유효하다. 물론 '인세 10% 이상'이라는 저작자 내부의 제한사항을 잘 알면서도 고의로 A를 설득하여 인세 6%의 계약을 체결했다면 그 출판사는 선의가 아닌 악의의 제3자로서 그 계약은 무효임이 당연하다. 하지만 선의 또는 악의의 제3자를 입증해 내는 일이 그리 쉬운 일은 아닐 것이므로 대표자의 권리행사가 신중하게 진행되는 것이 가장 중요하다고 하겠다.

(6) 저작재산권의 소멸

일반적인 물권의 경우에 그 재산권자가 상속인 없이, 그리고 그 재산의 처분에 관한 아무런 유언도 없이 사망했다면 그 재산은 국고에 귀속되는 것이 관례이다. 하지만 저작재산권의 경우에는 그것을 국가에 귀속시켜 국가로 하여금 권리를 행사하도록 하는 것이 아니라, 아예 저작재산권 자체가 소멸하는 것으로 보아 그 저작물은 공유의 상태에서 누구든지 자유롭게 이용할 수 있다.

먼저, 자연인인 개인의 저작재산권자가 상속인 없이 사망한 경우에 그 권리가 민법(제1058조) 기타의 법률규정에 의해 국가에 귀속되는 경우에는 저작재산권이 소멸한다. 여기서 말하는 '상속인'이란 그 권리를 이어받는 직계 존비속으로서의 상속인만을 뜻하는 것이 아니라 상속재산에 대한 채권자도 포함된다. 따라서 저작재산권을 목적으로 하는 질권이 설정되어 있거나 출판권이 설정되어 있는 상태에서 상속인 없이 저작재산권자가 사망했다면 그 질권자 또는 출판권자는 질권의 목적인 저작재산권을 취득하거나 출판권 행사에 따르는 일정의 권리를 취득할 수 있다. 따라서 그러한 권리가 소멸해야만 저작재산권 전체가 소멸하는 것이다.

또, 법인 또는 단체가 해산되어 그 저작재산권이 민법[62] 기타 법률의 규정에 의해 국가에 귀속되는 경우에도 역시 저작재산권이 소멸하므로 누구든지 그 저작물을 자유롭게 이용할 수 있다. 여기서 '해산'이란 민법(제77조)에 의하면, 법인 또는 단체의 존립기간의 만료, 법인 등의 목적의 달성 또는 달성의 불능 기타 정관에 정한 해산사유의 발생, 파산 또는 설립허가의 취소 등의 이유로 없어지는 것을 뜻한다.

---

62) 민법 제80조 〈잔여재산의 귀속〉
　① 해산한 법인의 재산은 정관으로 지정한 자에게 귀속한다.
　② 정관으로 귀속권리자를 지정하지 아니하거나 이를 지정하는 방법을 정하지 아니한 때에는 이사 또는 청산인은 주무관청의 허가를 얻어 그 법인의 목적에 유사한 목적을 위하여 그 재산을 처분할 수 있다. 그러나 사단법인에 있어서는 총회의 결의가 있어야 한다.
　③ 전 2항의 지정에 의하여 처분되지 아니한 재산은 국고에 귀속한다.

12. 저작물 이용의 법정허락

　법정허락(法定許諾; statutory license 또는 legal license)이란, 저작권사용료의 지급을 전제로, 법으로 특정의 방법과 조건을 정하여 저작권 보호를 받는 저작물을 사용할 수 있도록 하는 허락을 말한다. 즉, 법률이 정하는 일정한 요건이 충족되기만 하면 권한 있는 기관이 정하는 보상금을 지급 또는 공탁하고 저작물을 이용하는 것이 허용되는 제도라고 할 수 있다. 하지만 권한 있는 기관에 의하거나 경우에 따라서는 저작자 단체를 통해 일정한 종류의 저작물 사용에 대한 특정 조건에 따라 의무적으로 부여해야 하는 특별한 형태의 허락은 강제허락(强制許諾; compulsory license)이라고 해서 법정허락과는 구별한다. 즉, 두 가지 모두 저작권자의 의사에 관계없이 저작물을 이용할 수 있다는 점에서는 같지만, 구체적인 내용에 있어서는 차이가 있다.

　좁은 의미에서의 강제허락은 저작물의 이용을 희망하는 사람과 저작권자 사이에 협의가 이루어지지 않았을 경우에 저작권자의 허락이 없더라도 제3자인 정부기관이나 특정단체의 허락을 받고 그 허락에 따른 조건에 따라 다른 사람의 저작물을 이용하는 것을 말하며, 법정허락은 저작권자의 허락은 물론 제3자의 허락도 필요하지 않으며 다만 법률이 정하는 조건에 따라 일정의 사용료만 지급 또는 공탁하면 다른 사람의 저작물을 이용할 수 있는 것을 말한다. 따라서 우리 저작권법에서 규정하고 있는 법정허락이란 국제적인 추세에 의하면 강제허락에 해당하고, 넓은 의미의 강제허락에는 법정허락도 포함된다.

　이러한 법정허락이 갖는 의의는 저작물의 사회성과 공공성을 감안해서 어떤 원인 때문에 저작물이 이용되지 않을 때에는 저작권자 개인의 의사를 무시하더라도 저작물의 사회적 가치를 재생시키려는 의도에 있으며, 저작재산권자의 의사에 관계없이 다른 사람으로 하여금 저작물을 이용할 수 있게 한다는 점에서 저작재산권자에게는 일종의 권리 제한이라고 할 수 있다. 아울러 저작물의 이용을 활성화하려는 목적과 저작권 보호라는 목적 사이에 조화를 이루어야 하는 것이 곧 저작물에 대한 법정허락제도이다.[63]

(1) 저작재산권자 불명인 저작물의 이용

저작물 이용에 관한 법정허락의 첫번째 유형으로, 저작재산권자가 누구인지 또는 어디에 사는지 알 수 없어서 저작물 이용에 따른 허락을 받을 수 없는 경우가 있다. 여기서 "공표된 저작물의 저작재산권자나 그의 거소를 알 수 없어 그 저작물의 이용허락을 받을 수 없는 경우"에는 크게 세 가지가 있다.

첫째, 저작물이 공표된 것은 틀림없는데 저작자가 누구인지 알 수 없는 경우.
둘째, 저작자가 누구인지는 알지만 그가 현재 어디서 살고 있는지 알 수 없는 경우.
셋째, 저작자가 누구인지는 알지만 그가 이미 사망하였고 그의 유족 내지는 상속인
　　 으로서의 저작재산권자가 누구인지 알 수 없는 경우.

---

63) 일반적인 법정허락의 절차는 다음과 같다(저작권법 시행령 제6조~제14조 참조).
　① 저작권심의조정위원회에 저작물 이용승인신청서를 제출한다.
　② 저작권심의조정위원회 위원장은 위 승인신청을 받았을 때 당해 저작재산권자 또는 그 대리인에게 7일 이상 30일 이내의 기간을 정하여 의견제출의 기회를 주며, 상대방 또는 그의 대리인은 통보받은 지정 기일에 출석하여 의견제출을 하거나 서면으로 내신할 수 있다. 다만, 정당한 사유 없이 이에 불응한 경우에는 의견제출을 포기한 것으로 본다.
　③ 상당한 노력을 기울였어도 저작재산권자나 그의 거소를 알 수 없는 경우의 이용신청에 대해서는 신청일로부터 30일의 기간을 정해 그 신청내용을 관보에 공고하는 등 그 승인신청에 따른 절차를 별도로 마련한다.
　④ 저작권심의조정위원회 위원장은 승인신청서를 심사하여 이유 있다고 인정되는 경우에는 그 저작물 이용을 승인하며, 그 내용을 신청인 및 당해 저작재산권자에게 통지한다.
　⑤ 저작권심의조정위원회가 일정한 기준에 따라 정한 보상금을 지급하거나 지급에 갈음하여 공탁한다.

또한 무조건 저작재산권자나 그의 거소를 알 수 없다고 해서는 안 된다. 즉, 법정허락을 신청하는 사람은 이용하려는 저작물이 공표된 것이라는 사실, 그리고 저작재산권자와 그의 거소를 찾기 위해 "상당한 노력"을 기울였음을 입증할 만한 자료를 첨부해야만 한다. 이 때 "상당한 노력의 기준"은 저작권법 시행령에 따르면 다음과 같다.

첫째, 실연·음반 및 방송을 포함하여 당해 저작물이 속하는 분야의 저작물을 취급하는 저작권위탁관리업자 또는 당해 저작물에 대한 이용허락을 받은 사실이 있는 이용자 중 2인 이상에 대해 저작재산권자 또는 저작인접권자의 명칭·주소 또는 거소의 조회를 위해 확정일자가 있는 문서를 최종 발송한 날로부터 1월이 경과할 것. 이 경우 당해 저작물이 속하는 분야의 저작물을 취급하는 저작권신탁관리업자가 있는 경우에는 반드시 그에 대한 조회를 실시해야 한다.

둘째, 전국을 주된 보급지역으로 하는 일간신문 및 정보통신망에 문화관광부령으로 정하는 바에 의해 저작재산권자의 명칭·주소 등의 조회사항을 공고한 날로부터 10일이 경과할 것.

이렇게 해서 저작물 이용에 따른 법정허락의 승인을 얻었다면[64] 다음에는 저작물 이용 이전에 보상금을 공탁해야 한다. 보상금은 저작권심의조정위원회에서 일반적인 저작물사용료에 준해서 결정한다. 만약 저작물 이용의 승인을

---

64) 하지만 아래와 같이 일정한 사유가 있다고 판단될 경우 저작권심의조정위원회 위원장은 승인신청을 기각할 수 있으며, 이 경우 저작재산권자나 그의 거소가 불명인 경우(관보게재)를 제외하고는 그 사유를 명시하여 신청자 및 당해 저작재산권자에게 통지하게 된다(저작권법 시행령 제14조).

① 이용승인을 신청한 저작물이 아니더라도 기타의 방법으로 그 목적을 충분히 달성할 수 있을 때

② 저작권법 제47조, 제48조 및 제50조(제72조의 2에서 준용하는 경우를 포함)의 규정에 의한 저작물 이용신청요건에 해당되지 않을 때

③ 저작물 이용승인 이전에 저작재산권자나 그의 거소가 확인되었거나 협의가 성립되었을 때

④ 저작재산권자가 저작물의 출판 기타 이용에 제공되지 않도록 저작물의 모든 복제물을 회수할 때

⑤ 저작권심의조정위원회 위원장이 저작재산권자가 저작물의 이용허락을 할 수 없는 부득이한 사유가 있다고 인정할 때

받았다고 해서 보상금을 공탁하지 않고 저작물을 이용한다면 그것은 엄연한 저작재산권 침해행위가 되므로 주의해야 한다.[65]

이렇게 해서 법정허락의 승인을 받아 저작물을 이용하는 경우라고 하더라도 이용자가 이행해야 할 의무사항이 더 있다. 즉, 법정허락에 의해 저작물을 이용하는 사람은 정부의 승인에 의한 이용이라는 뜻과 함께 승인년월일을 표시해야 한다. 표시방법에 대해서는 별도의 규정이 없지만, 출처의 명시규정에 따라 저작물의 이용상황에 맞추어 합리적이라고 인정되는 방법으로 하면 될 것이다. 그런데 이러한 의무규정에도 불구하고 이를 어겼을 경우에 어떠한 벌칙이 가해지는지에 대해서는 아무런 규정이 없다.

(2) 공표된 저작물의 방송

법정허락의 두 번째 유형으로, 공표된 저작물을 공익상 필요에 의해 방송하려는 사업자와 그 저작재산권자의 협의가 이루어지지 않을 경우에, 즉 어떤 저작물을 공익적인 차원에서 반드시 방송해야만 한다고 판단한 방송사업자가 그 저작물의 저작재산권자와 방송을 위한 협의를 진행했으나 이용에 따른 대가 혹은 조건이 충족되지 않는다고 하여 저작재산권자로부터 허락을 얻지 못하는 경우에는 저작권법 시행령의 규정에 따라 문화관광부장관으로부터 위탁받아 저

---

65) 저작재산권자나 그의 거소를 알 수 없는 경우에 보상금을 공탁하는 자는 아래 사항을 포함한 공탁사실을 일반 일간 신문에 게재해야 한다.
  - 저작물의 제명(題名)을 기재하고, 제명이 없는 경우에는 그 내용을 요약 기재
  - 저작자 및 저작재산권자의 성명 기재 : 저작자 및 저작재산권자 불명의 경우에는 그 뜻을 기재
  - 저작물 이용의 내용
  - 공탁 금액
  - 공탁소의 명칭 및 소재지
  - 공탁 근거
  - 저작물 이용자의 주소 및 성명

작권심의조정위원회에서 정한 보상금만을 저작재산권자에게 지급하거나 저작재산권자가 보상금의 수령을 거부하는 경우에는 법률이 정한 바에 따라 공탁하고 나서 저작물을 방송할 수 있다. 이 규정은 저작재산권자의 권리남용을 제한하기 위한 취지에서 나온 것이지만 현실적으로는 이용사례가 거의 없는 것으로 보인다.

(3) 판매용 음반의 제작

판매용 음반이 우리나라에서 처음으로 판매되어 3년이 경과한 경우 그 음반에 녹음된 저작물을 녹음해서 다른 판매용 음반을 제작하고자 하는 자가 그 저작재산권자와 협의했으나 협의가 성립되지 않을 때에는 법정허락을 이용할 수 있다. 즉, 판매된 지 3년이 지난 음반에 녹음된 저작물을 녹음하여 다른 판매용 음반을 만들고자 하는 사람은 그 저작재산권자와 협의할 수 있으며, 협의가 성립되지 않을 경우에는 법정허락을 신청할 수 있다. 이는 어느 특정의 음반회사가 우수한 음악저작물을 독점하여 음반제작에 이용하는 것을 제한함으로써 음반에 의한 음악저작물의 유통을 촉진하고 음악 분야의 질적 향상을 도모하기 위한 취지로 해석된다. 따라서 3년이란 기간을 정한 것은 나름대로 음반을 제작하기 위해 투자한 노력을 감안한 것이며, 이후에는 법정허락의 절차를 거쳐 누구든지 똑같은 판매용 음반을 제작할 수 있다. 아울러 여기서 법정허락이 가능한 저작물은 판매용 음반에 수록된 저작물을 말하므로 판매용이 아닌 홍보용 또는 대여용의 비매품 음반은 해당되지 않으며, 음악저작물인 동시에 연극저작물 또는 어문저작물이 될 수도 있는 오페라, 창극 등도 해당되지 않는다.

13. 등록

등록(登錄 ; registration)이란, 저작물의 명세 또는 저작자의 권리에 관한 계약을 국가의 공부(公簿)에 기재하는 것을 뜻한다. 저작물에 대한 저작권의 성립요건 또는 주로 제3자와의 관계에 있어서 일정한 경우 각 계약의 효력요건으로 일부 국가(주로 미주 국가)에서 아직도 요구되는 전통적인 방식이다. 또한 일부 국가에서는 등록을 저작권의 성립요건이나 계약의 효력요건으로 하기보다는 단지 절차상의 요건으로 규정하기도 한다. 그리고 일부 국가의 저작권법에서는 강제등록을 규정하고 있기도 하지만 그 실제는 저작권에는 아무런 영향을 미치지 않도록 하기도 하고 등록을 일종의 증거 확보의 차원으로 적용하기도 하여 선택적으로 규정하고 있다.

베른협약에 따르면 권리의 향유와 행사는 등록과 같은 방식을 조건으로 할 수 없으며(제5조 제2항), UCC도 방식을 저작권의 요건으로 요구할 수 없도록 규정하고 있다(제3조 제1항). 또, 우리 저작권법에서도 무방식주의를 규정하고 있기 때문에 여기서 말하는 등록이란 저작권의 발생과는 아무런 관계가 없다. 다만, 저작권과 관련해서 일정한 사항을 저작권등록부에 등록하게 함으로써 일반공중으로 하여금 공개적으로 열람할 수 있도록 하여 공시적인 효과를 기대함과 동시에, 일정한 사항에 있어서는 거래의 안전을 위해 제3자에게 대항하기 위한 요건이 될 수 있도록 하였다. 이렇듯 등록은 일정한 경우에 한해서 대항력 또는 추정력을 갖게 하는 것일 뿐 모든 저작권이나 저작권에 관한 사항에 해당하는 것은 아니다.

(1) 저작권의 등록

저작자 또는 저작재산권자는 자신의 권리와 관련하여 성명 또는 이명을 비롯한 여러 가지 사항을 등록함으로써 향후 권리내용에 대한 추정력을 가질 수 있다. 이때 저작자 또는 저작재산권자가 등록할 수 있는 구체적인 사항은 다음과 같다.

먼저, 저작자 또는 저작재산권자는 그의 성명과 이명, 그리고 국적과 주소 또는 거소를 등록할 수 있다. 이때 이명의 경우에는 "공표 당시에 이명을 사용한 경우"에 한정되므로 공표 이후에 사용하기 시작한 이명은 등록대상이 되지 않는다. 이렇게 저작자 또는 저작재산권자가 성명 또는 이명을 등록하게 되면 등록된 사람을 저작자 또는 저작재산권자로서 추정하므로 인격적 이익을 추구하는 경우에도 효과를 기대할 수 있게 된다. 다만, 이명이라고 하더라도 누구나 다 알고 있는 이름이라면—예컨대 소월(素月), 목월(木月), 미당(未堂) 등과 같은—굳이 등록을 할 필요는 없을 것이다. 또 국적과 주소, 거소도 등록의 대상이 된다.

또, 저작물의 제호와 종류, 그리고 창작년월일을 등록할 수 있다. 제호란 그 저작물의 제목을 뜻하며, 종류란 저작권법의 저작물 예시규정에 따라 구별하는 것을 뜻한다. 즉, 그 저작물이 어문저작물, 음악저작물, 연극저작물, 미술저작물, 건축저작물, 사진저작물, 영상저작물, 도형저작물, 컴퓨터프로그램저작물 중 어디에 속하는지 판단해서 등록하는 것을 말한다. 아울러 창작년월일은 저작물 사이의 유사성, 즉 무단복제 여부가 문제될 때 저작물 창작의 선후를 가리는 데 유용한 판단의 기준이 될 것으로 보인다.

아울러 저작자 또는 저작재산권자는 저작물의 공표 여부 및 맨 처음 공표된 국가와 공표년월일을 등록할 수 있다. 이는 저작재산권의 보호기간과 밀접한 관계가 있는데, 맨 처음 공표된 국가의 등록은 발행지가 어디인지를 밝힘으로써 국제적인 저작권 보호에 있어서의 원칙인 발행지주의의 기준이 되며, 공표 여부 및 공표년월일의 등록은 단체명의저작물에서처럼 공표시기를 보호기간의 기산점으로 삼는 경우에 그 기준이 될 수 있다.

한편, 무명저작물의 경우에는 그 저작물의 발행자나 공연자로 표시된 사람이 저작권을 가지는 것으로 추정하므로 일단 그 발행자 또는 공연자가 저작재산권자로서 공표년월일을 등록할 수 있는 것으로 해석된다. 또한 널리 알려진 이명이 표시된 저작물의 경우에는 별 문제가 없으나 널리 알려지지 않은 이명저작물의 경우에는 공표년월일을 등록하고자 하는 사람이 먼저 정당한 저작재산권자임을 증명해야 할 것이다.

또, 2차적 저작물의 경우에는 그것의 원저작물이 무엇인지 등록할 수 있으며, 공표된 저작물의 경우 그것을 공표한 매체가 언제, 어디서, 누구에 의해 발행된 매체인지 등록할 수 있다. 만일 저작자가 사망한 경우에는 그의 유언에 의해 지정된 사람 또는 민법상의 상속인이 저작권 관련 사항을 등록할 수 있다. 즉, 저작자가 사망한 경우, 그가 사망하기 전에 이러저러한 사항을 밝히거나 등록하지 말도록 특별히 의사표시를 하지 않았다면 유언으로 지정받은 제3자나 법적으로 그 권리를 상속받은 사람이 사망한 저작자의 권리와 관련해서 여러 가지 사항을 등록할 수 있다는 것이다.

이렇게 해서 저작자 또는 저작재산권자로 성명이 등록된 사람은 그 등록저작물의 저작자 또는 저작재산권자로 추정하며, 또한 창작년월일 및 맨 처음 공표년월일이 등록된 저작물은 등록된 년월일에 그 저작물이 창작 또는 맨 처음 공표된 것으로 추정한다. 다만, 이러한 추정의 법률적 효력은 절대적인 것이 아니며, 반대의 증거가 있으면 효력을 잃게 된다.

(2) 권리변동 등의 등록·효력

저작권에 관한 각종 등록이 저작권 자체의 효력 발생을 위한 요건은 아니지만 제3자에게 대항하려면 반드시 등록을 해야 하는 경우가 있다. 이는 저작재산권의 권리변동에 따른 거래의 안전을 도모하기 위한 조치이다. 여기서 '제3자'란 원래 권리 또는 의무의 당사자를 제외한 모든 사람을 뜻하지만 여기서는 등록이 없었음을 주장함으로써 이익을 얻을 수 있는 '제3자'를 말한다. 즉, 등록 자체는 저작재산권 발생의 요건이 아니며, 등록을 해야만 저작재산권을 가지지 않은 자에게 대항할 수 있다는 것이 아니므로 저작물의 무단이용자에게는 등록 유무에 관계없이 권리주장이 가능하다.

먼저, 저작재산권을 양도하거나 처분을 제한할 경우에는 등록해야만 제3자에게 대항할 수 있다. 이 경우 민법상의 상속인이나 회사의 합병과 같은 사유로 모든 재산권을 일괄 취득하는 일반승계인 등은 원권리자와 같은 권리를 행사할 수 있으므로 제외하고 있다.

저작재산권의 양도에 있어서 문제가 되는 것은 이중양도의 경우이다. 예컨대, 갑이 어느 저작재산권을 양도받았는데 을도 그러한 사실을 모르는 상태에서 정당한 절차를 거쳐 같은 저작재산권을 양도받았다면 갑은 을에 대하여, 을은 갑에 대하여 각각 제3자의 위치가 되는 것이며, 이 경우 갑이 먼저 양도에 따른 등록을 마쳤다면 갑은 을을 상대로 권리주장을 할 수 있지만 을은 갑을 상대로 권리주장을 할 수 없다. 다만, 을이 저작재산권을 이중으로 양도한 원권리자에게 손해배상을 청구하는 것은 별개의 문제이다.

다음으로 처분제한에 대한 등록이란, 예컨대, 어느 저작재산권자가 갑에게 재산적 권리를 신탁에 의한 방법으로 양도함에 있어서 갑이 허락 없이 제3자에게 그 권리를 재양도하거나 질권 등을 설정할 우려가 있다고 판단할 때에는 그러한 처분을 제한하는 내용의 등록을 함으로써 재양도 또는 질권설정 등을 제한할 수 있다는 뜻이다.

또, 저작재산권을 목적으로 하는 질권의 설정·이전·변경·소멸 또는 처분제한의 경우에도 등록해야만 제3자에게 대항할 수 있다.

먼저 질권의 설정등록의 경우를 예로 들어보면, 갑이 자신의 저작재산권을 목적으로 한 질권을 을에게 설정하고 나서 질권이 설정된 상태에서 그 저작재산권을 병에게 양도하였다면 질권자인 을과 저작재산권을 양도받은 병 사이에는 질권설정 여부를 둘러싼 분쟁이 생길 수밖에 없는데, 이 경우 질권자인 을이 질권설정의 등록을 하지 않았다면 병에게 질권설정에 따른 권리주장을 할 수 없다. 질권의 이전이란, 질권자가 질권 자체를 양도의 방법으로 다른 사람에게 이전하는 것을 뜻하며, 이 경우 저작재산권의 양도에서처럼 이중양도의 부작용이 있을 수 있기 때문에 등록을 대항요건으로 삼는다.

그리고 질권의 변경이란, 저작자인 갑이 자신의 저작재산권을 목적으로 한 질권을 을에게 설정하고 일정기간이 지난 후에 저작물의 내용을 수정 또는 증감하여 변경된 저작물을 작성했다면 설정된 질권의 내용도 변경되는 것을 뜻한다. 즉, 그렇게 변경된 저작물의 저작재산권을 원권리자가 병에게 양도했다면 을과 병 사이에는 변경된 질권을 놓고 분쟁이 있을 수 있으므로 질권의 변경내용을 등록함으로써 제3자에게 대항하도록 한 것이다. 마지막으로 질권의 처분제한이란 저작재산권의 처분제한과 같은 것으로, 갑이 을에게 질권을 설정함에 있어서 을이 제3자에게 또다시 그 질권을 양도할 수 없다는 내용의 특약을 했는데도 불구하고 을이 병에게 질권을 양도했다면 그러한 질권의 처분에 따른 분쟁이 있을 수 있다. 따라서 질권의 처분제한에 따른 등록 역시 대항요건으로 삼은 것이다.

〈Tip〉 인터뷰·대담·좌담회 등의 저작권

문장으로 표현된 것뿐만 아니라 음성(音聲)으로 표현된 것도 그것이 그 사람의 사상 또는 감정을 창작적으로 표현된 것이라면 저작권법의 보호대상이 되는 것은 당연하다. 신문이나 잡지에서는 청탁의 형식으로 저작자로 하여금 원고를 쓰게 할 뿐만 아니라 저작자의 구술을 녹음이나 속기의 방법으로 원고로 만들어 게재하는 경우도 있는데, 이 경우 저작권을 보호하는 데 있어서는 저작자가 직접 쓴 원고이든 아니면 구술에 의한 원고이든 별로 차이가 없다. 그런데 인터뷰 기사라면 그 문제가 좀 복잡해진다.

인터뷰란 일반적으로 기자나 편집자 등 인터뷰를 하는 사람이 상대의 구술을 받아적은 다음 나중에 그것을 원고로 풀어써서 상대방인 취재원(화자)의 승낙을 얻는 경우가 대부분이다. 이때 인터뷰를 하는 사람은 질문이나 화제를 유도하는 여러 가지 기법을 동원해서 상대방으로부터 일정한 내용을 갖는 이야기를 묘사해 내도록 노력하는 역할을 담당한다. 따라서 인터뷰를 맡은 사람은 취재원의 저작활동(구술)에 직접적으로 참가할 뿐만 아니라 기사의 문장도 스스로 쓰지만 완성된 문장 그 자체는 취재원(화자)의 저작물로서 그 명의로 공표되는 것이기 때문에 저작권은 취재원에게 있고 인터뷰를 요구한 기자나 편집자에게 있다고 보기 어렵다. 그것은 기자나 편집자의 업무특성으로 보아 표면에 드러나지 않는 곳에서 진력함으로써 매체의 존립에 기여한다는 측면에서 이해해야 할 문제이다.

그런데 신문이나 잡지에 실린 인터뷰 기사 끝에 "문장상의 책임은 기자(또는 편집자)에게 있음"이라고 덧붙인다면 이는 문장 표현에 관해 기자(또는 편집자)가 책임을 진다는 의미라고 보아 저작권법상 취재원(화자)과 공동저작자의 지위를 갖는 것으로 볼 수 있다. 그러므로 기자가 인터뷰를 함에 있어서 취재원과 대등한 입장에서 그 발언내용을 유도하거나 질문을 행함으로써 취재원의 자발적인 의사표현에 절대적으로 영향을 미친다면 그것은 이미 인터뷰가 아니라 '대담(對談)'이라고 부르는 것이 마땅하다.

이러한 대담의 형식도 잡지나 신문에서 흔히 지면을 채우는 데 사용되는 방법이다. 일반적으로 대담에서는 이에 임하는 당사자 양측이 의견을 교환하며 토론하고 논쟁을 하게 되는데, 만일 이러한 대담에서 발언한 사람의 발언부분을 따로따로 떼어내어 그 나름대로 어느 한쪽의 저작물로서 단독으로 취급할 수 있는 경우가 있다면 그 대담기사는 대담에 참가한 사람들의 독립적인 저작물로 볼 수 있다. 하지만 양측의 발언이 상당히 뒤얽혀 있어서 어느 한쪽이 말한 부분만 떼어놓고서는 도무지 의미를 가질 수 없는 경우에는 대담에 참여한 사람들 모두의 공동저작물이라고 보는 것이 타당하다. 여러 사람이 참가한 '좌담회'의 경우에도 마찬가지이다.

제3장 _ 출판권

저작권법에서 말하는 출판권(出版權; right of publication)이란, "저작물을 인쇄 그 밖의 이와 유사한 방법으로 문서 또는 도화(圖畵)로 발행하고자 하는 자가 이를 출판할 권리"라고 할 수 있다. 그런데 출판자가 이러한 출판권을 얻기 위해서는 그 저작물을 복제 및 배포함에 있어서 원권리자라고 할 수 있는 저작권자와 그에 따른 계약을 맺어야 한다. 하지만 우리 출판계의 관행은 문서에 의한 출판계약보다는 구두(口頭)에 의한 것이 많았기에 분쟁의 소지가 매우 높았던 것이 사실이다. 과거에서부터 현재에 이르기까지 우리 출판계에서 많이 이용되었거나 이용되고 있는 출판계약의 유형을 살펴보면 다음과 같다.

첫째, 서면계약이 아닌 구두약정의 예가 있다.

물론 말로써 이루어지는 약정도 계약이 전혀 없었던 상태와는 근본적으로 다르므로 입증할 수만 있다면 법적인 효력을 갖지만, 견해의 차이로 인해 분쟁이 생겼을 경우 객관적 판단의 근거가 없으므로 입증하기 곤란한 지경에 이르는 것이 대부분이다. 따라서 각자 자기에게 유리한 기억과 주장을 내세우기 때문에 정당한 쪽의 권리가 반드시 지켜진다는 보장이 없다고 하겠다.

둘째, 문서에 의한 출판허락계약의 경우가 있다.

이는 저작권자가 출판자에 대하여 저작물의 이용을 허락하고 출판자는 그 저작물을 이용형태에 맞게, 즉 출판물의 형태로 만들어 판매의 방법으로 배포하는 것을 약정함으로써 성립되는 계약을 말한다. 그리고 이것은 단순출판허락계약과 독점출판허락계약으로 나눌 수 있다. 단순허락계약은 비독점적이며 비배타적인 효력을 갖는 것으로, 출판권자는 저작권자가 다른 출판자에게 같은 저작물을 출판할 권리를 준다 해도 대항할 수 없는 성격을 띠고 있다. 또한 독점허락계약에 있어서도 채권적인 효력밖에 없으므로 계약위반이 생겼을 경우에 출판권자는 저작권자에 대하여 약속을 지키지 않은 것에 대한 추궁만 할 수 있을 뿐 제3의 출판자에 대하여 직접 항의하거나 출판물 배포의 금지 또는 손해의 배상을 요구할 권리는 주어지지 않는다.

셋째, 출판권설정계약의 유형이 있다.

이는 저작물의 이용허락계약과는 달리 설정계약에 정해진 범위 내에서 저작물을 발행하는 내용의 출판권을 설정하는 계약으로, 저작물의 직접적 지배를 내용으로 하기 때문에 설정출판권자는 그 저작물의 이용에 관하여 당연히 독점적이며 배타적인 권리를 행사할 수 있으며, 소정의 절차를 거쳐 등록을 하게 되면 제3자에게 대항할 수 있는 효력까지도 생긴다.

흔히 저작권법 제3장에서 규정하고 있는 출판권의 보호조항을 출판허락계약의 경우에도 적용시킬 수 있는 것으로 생각하는 사람이 많은데 그것은 잘못된 일이며, 저작권법의 보호를 받기 위해서는 바로 출판권을 설정하는 계약을 맺어야 한다. 출판허락계약에 의한 채권적 권리와 설정출판권이 갖는 준물권적인 배타적 권리를 똑같은 '출판권'이라는 이름으로 혼동해서는 안 된다.[66] 즉, 저작권법 제3장에서 규정하고 있는 출판권의 존속기간, 출판자의 의무, 출판권의 소멸 등에 관한 것은 출판허락계약에는 적용되지 않으며, 저작권법에서 말하는 '출판권'이란 출판할 권리 전반을 가리키는 것이 아니라 출판권설정계약에 의해 생기는 준물권적인 '설정출판권'만을 뜻한다.

그 밖에도 출판과 관련된 복제 및 배포는 물론 저작재산권자가 가지는 일체의 권리를 출판자에게 양도하는 '저작재산권 양도계약'과 저작재산권의 일부인 복제권 및 배포권을 출판자에게 양도하는 '복제·배포권 양도계약'의 유형이 있을 수 있다. 하지만 이는 저작재산권자의 주요 권리가 출판자에게 양도됨으로써 출판자는 출판뿐만 아니라 다른 이용형태에 대한 권리까지도 보장받게

---

66) 물권(物權)은 어떤 물건을 직접 지배하여 이로부터 이익을 얻는 배타적인 권리이므로 모든 사람에 대하여 권리를 주장할 수 있는 절대권이지만, 채권(債權)은 특정의 채무자에 대해서만 그 권리를 주장할 수 있는 상대권이라는 점에서 차이가 있다.

된다는 측면에서 저작재산권자에게는 상당히 불리한 계약이므로, 실제적인 가능성은 별로 없어 보인다. 따라서 저작권자는 출판권자에게 너무 얽매이지 않는 출판허락계약을 선호한다면 출판자로서는 독점적이며 배타적인 권리를 행사할 수 있고 등록에 의해 대항력까지 갖출 수 있는 출판권설정계약 및 양도계약을 맺는 것이 유리하다고 생각할 수 있다.

⟨Tip⟩ 매절계약의 효력[67]

우리 출판계의 오랜 관행 중에 이른바 '매절'이라는 것이 있다. 흔히 번역물일 경우, 또는 여러 사람에 의한 공동저작물일 경우, 그리고 무명의 작가로부터 원고가 들어왔을 경우 한꺼번에 얼마간의 금액을 지불하고 이후에는 아무런 금전적 대가를 지불하지 않는 형태를 가리킨다. 문제는 이를 저작권 양도계약으로 해석하는 데 있다. 과거 저작권에 관한 인식이 희박하던 시절에는 누구나 이를 당연한 관행으로 생각했을지 모르지만, 이제 상황은 그렇지가 않다.

예컨대, 저작물 이용에 따른 대가를 발행부수 또는 판매부수에 따라 지급하는 것이 아니라 미리 일괄지불하는 형태로서 이른바 '매절계약'은, 그것이 일반적인 인세를 훨씬 초과하는 고액이라는 등의 증거가 없는 한 이는 출판권설정계약 또는 독점적 출판허락계약이라고 봄이 타당하며, 출판권은 저작권법에 의하면 당사자 사이에 특별한 약정이 없는 한 3년간 존속하는 것이므로 계약일로부터 3년이 경과하면 출판권은 소멸되는 것이 명백하다는 판결(서울민사지방법원 제51부 1994. 6. 1. 판결, 94카합3724 가처분이의사건)만 보더라도 매절이 곧 저작권 양도라는 해석은 매우 위험한 것이다.

설령 그것이 저작권양도계약이라 하더라도 저작자 일신에 전속하는 저작인격권은 이에 해당하지 않으며 오직 저작재산권만 양도될 수 있으므로 저작자로서의 성명표시권이라든가 동일성유지권은 훼손될 수 없다. 아울러 저작재산권의 양도에 있어서도 저작권법 제41조의 규정에 따르면 "저작재산권의 전부를 양도하는 경우에 특약이 없는 때에는 2차적 저작물 또는 편집저작물을 작성할 권리는 포함되지 아니한 것으로 추정한다"고 했으므로 주의할 필요가 있다. 이 규정은 저작재산권자의 이익을 보호함에 있어 합리성을 추구한 것으로, 저작재산권을 양도해야 하는 상황은 대개 저작재산권자로서는 매우 불리한 경우가 많을 것이며, 그렇다면 저작재산권을 양도받으려는 측의 일방적인 계약내용으로 계약이 체결되는 상황을 우려하지 않을 수 없기 때문이다.

1. 출판권의 설정

설정(設定)이란 쌍방간의 계약에 의해 새로이 제한적인 물권 따위의 배타적 권리를 발생시키는 것을 말하며, 출판권 역시 그러한 설정의 대상이 된다. 그런데 저작권법에서는 출판권자를 가리켜 "저작물을 인쇄 그 밖의 이와 유사한 방법으로 문서 또는 도화로 발행하고자 하는 자"라고 정의함으로써 복제의 여러 방법 중에서도 "인쇄 또는 이와 유사한 방법"만을 규정하고 있으므로 녹음 또는 녹화에 의한 복제는 해당되지 않는 것으로 보인다. 또한, "문서 또는 도화"라고 하여 그것이 서적이나 잡지 또는 화집이나 사진집, 그리고 악보 등을 일컫는 것으로 보인다. 따라서 복제기술의 발달에 힘입어 새로이 선보이고 있는 비종이책, 즉 오디오북 또는 비디오북이라고 일컬어지는 것들이나 CD-ROM, 전자책(eBook) 등은 어떻게 되는 것인지 의문이다.

결국, 출판권이란 "설정행위에서 정하는 바에 따라 그 출판권의 목적인 저

---

67) 김기태, 『책―베스트셀러, 향기의 이름 혹은 악취의 이름』(서울: 이채, 1999), pp. 47~48.

작물을 원작 그대로 출판하는 권리"라고 요약된다. 여기서 "설정행위에서 정하는 바"라는 것은 구체적인 계약의 내용을 말하는 것으로, 출판권을 설정하는 계약행위에 따라 만들어진 계약서에 나타나 있는 내용을 뜻한다. 따라서 출판시기, 출판방법, 발행부수, 인세조건 등이 그것이며, 출판권자는 그러한 내용대로만 출판권을 행사할 수 있다는 뜻이다. 아울러 "원작 그대로"라는 표현은 저작인격권의 일종인 동일성유지권을 존중해야 한다는 뜻이므로 오·탈자나 한글맞춤법에서 벗어나는 것을 바로잡는 것은 가능하지만 저작물의 내용이나 형태가 변하는 것, 즉 번역이나 개작에 의한 출판행위는 별도의 설정행위가 없는 한불가능하다. 왜냐하면 저작재산권의 침해 여부와 관계없이 번역 또는 개작에따른 2차적 저작물에 대한 별도의 권리가 번역 또는 개작한 사람에게 주어지기때문이다.

또, 복제권을 목적으로 하는 질권이 설정되어 있는 경우에는 질권자의 허락이 있어야만 복제권자가 출판권을 설정할 수 있다. 따라서 질권이 설정되어 있음에도 이를 무시하고 출판권을 설정하는 복제권자가 있을 수 있으므로 출판권을 설정받고자 하는 사람은 반드시 저작권등록부를 확인할 필요가 있으며, 출판권을 설정받은 후에는 소정의 절차를 거쳐 설정내용을 등록하는 것이 좋다. 한편, 저작재산권이라 하지 않고 복제권이라고 했음에도 불구하고 복제권을 포함하는 저작재산권을 목적으로 하는 질권이 설정되었을 경우에도 그 질권자의허락이 있어야만 출판권 설정이 가능하다는 점에 주의해야 한다.

2. 출판권자의 의무

출판권을 설정받은 사람, 즉 출판권자에게는 일정한 의무사항이 부과된다.

출판권이 설정되면 일단 복제권자는 제3자를 통한 출판을 할 수 없으므로 출판에 의한 복제권과 배포권의 실질적인 작용을 보호하기 위해서는 출판권자에게 일정한 의무사항을 부과하는 것이 합리적이라는 취지로 이해된다. 저작권법에 따르면 출판권자의 의무사항은 크게 '9개월 이내에 출판할 의무', '관행에 따라 계속해서 출판할 의무', 그리고 '복제권자를 표지(標識)할 의무' 등의 세 가지로 나눌 수 있다. 이 중에서 '복제권자 표지의무'를 제외한 의무조항은 출판권자가 복제권자에 대해 지게 되는 일종의 채무이므로 합의에 의한 설정행위의 정함에 따라 그 내용을 변경할 수 있다. 다만, 설정행위를 정함에 있어서 이와 같은 의무조항을 완전히 면제하는 것은―예컨대, "출판권 존속기간에 관계없이 출판권자의 형편에 따라 아무 때나 출판한다"라든가, "한 번 출판한 이후로는 출판권자에게는 계속해서 출판할 의무가 없다"라는 식으로―출판권 설정의 근본취지에 비추어 보아 어긋나는 것이므로 무효라고 보아야 할 것이다.

먼저, 특약이 없는 때에는, 즉 "언제까지 출판하기로 한다"는 약속이 없는 한, 출판권자는 완전원고를 받은 날로부터 9개월 이내에 출판해야 한다. 여기서 완전원고란 "출판권의 목적인 저작물을 복제하기 위하여 필요한 원고 또는 이에 상당하는 물건"을 뜻하며, '출판'이란 말 역시 단순한 복제를 말하는 것이 아니라 그 복제물을 배포해서 유통의 상태에 두는 것, 즉 일반서점에서 독자들이 구입해 볼 수 있는 상태에 이른 것을 뜻한다. 따라서 특약에 의해 그 기간은 단축하거나 연장할 수 있으며,[68] 설정행위로서 결정된 기간이 바로 출판권자의 의무 위반을 판단하는 근거가 된다. 그런데 이와 같은 약정된 기간 내의 출판 이전에 저작자로부터 원고가 약정된 기일 안에 출판권자에게 인도되는 것도 매우 중요하다. 현실적인 면에서 출판자나 편집자의 원고독촉에도 불구하고 기

---

68) 실제적으로 한 권짜리 시집이나 소설 또는 에세이 같은 것은 완전원고만 입수되었다면 한 달 만에 출판할 수 있는 것도 있으며, 사전(辭典, 事典) 따위는 완전원고가 입수되었더라도 수년 이상 걸릴 수도 있다.

일 안에 원고가 인도되지 않는 사례가 많기 때문이다. 그런 점을 감안해서 저작자의 원고인도 의무를 별도의 설정행위로 규정하는 것도 생각해 볼 만하다.

두 번째로 출판권자는 특약이 없는 한 관행에 따라 계속해서 출판해야 한다. 즉, 출판권이 존속하는 기간 중에는 저작물의 복제물이 항상 시중에 유통되고 있어서 그것을 구매하는 데 지장이 없도록 해야 한다는 것으로, 적어도 품절(品切)되는 일이 없도록 해야 한다는 뜻으로 해석된다. 여기서 "관행에 따라"라고 한 것은 출판권자의 입장을 감안한 표현으로, 만일 일방적으로 "계속 출판해야 한다"라고 한다면 출판권자의 경제적 이익을 전혀 고려하지 않은 것처럼 보일 수도 있다. 즉, 출판계의 관행으로 보면 어떤 책을 출판한 이후 아무리 홍보에 치중해도 구매율이 저조해서 반품에 의한 재고가 많이 쌓이게 되면 그것은 절판시킬 수밖에 없는데도 이 조항 때문에 계속해서 출판해야 한다면 문제가 아닐 수 없다. 그러므로 독자들의 구매욕구가 매우 왕성함에도 불구하고 복제권자와의 불화를 이유로 더 이상 출판물을 유통시키지 않는 등의 악의적인 상황이 아닌 한도 내에서는 일반적인 출판 관행에 따라 계속 출판이 어려울 수도 있다는 뜻으로 해석되어야 할 것이다.

세 번째로, 출판권자에게는 복제권자 표지의 의무가 있다. 저작권법 시행령 제22조에 따르면, 외국인의 저작물일 경우에는 복제권자의 성명 및 맨 처음 발행년도를 표지해야 하며, 우리나라 국민의 저작물일 경우에는 복제권자의 성명 및 맨 처음 발행년도의 표지와 함께 복제권자의 검인(檢印)을 붙여야 하고, 출판권자가 복제권의 양도를 받은 경우에는 그 취지를 표지해야 한다. 다만, 정기간행물의 경우에는 그 특성을 감안해서 복제권자 표지 의무를 면제하고 있다. 그리고 구체적인 표지방법에 대해서는 규정되어 있지 않으므로 출처명시의 경우와 마찬가지로 저작물의 이용상황에 따라 합리적이라고 인정되는 방법으로 하면 될 것이다.

한편, 복제권자 표지의 의무와 관련하여 가장 논란이 되고 있는 것은 국내 복제권자의 검인첩부(檢印貼付)의 문제이다. 즉, 검인지를 붙여야 하는가 붙이지 않아도 되는가 하는 문제인데, 이는 저작자와 출판자의 입장에 따라 각기 다른 견해를 나타낼 수 있다. 출판자에게는 서로의 불신을 조장하는 행위이며 작업상의 번거로움만을 가중시키는 행위로 인식되는 반면에 저작자로서는 자기 저작물이 얼마나 출판되었는지 확인할 수 있는 유일한 수단이라는 점을 내세워 유용한 제도라는 견해를 나타내는 것이다. 이에 저작권법에서는 특약에 의한 합의가 있으면 복제권자의 표지는 물론 검인의 첩부도 생략할 수 있도록 규정하고 있다.

<Tip> 저작권사용료와 고료, 그리고 인세[69]

우리나라에서 저작자에 대한 금전적 대가가 지불되기 시작한 기점은 아마도 출판물의 유통에 있어 영리를 목적으로 하는 도서가 등장한 시기와 밀접한 관계를 맺고 있을 것이다. 이와 관련한 최초의 주목할 만한 내용은 1882년 8월에 지석영이 임금에게 올린 상소문에 나타나 있다.

"서적을 간행하는 자는 그 공적의 정도를 밝혀 주도록 하고, 기기(機器)를 만드는 자에게는 전매(專賣)를 허용케 하며, (다른 사람의 서적을) 번각(飜刻)하는 것을 금하게 한다."[70]

여기서 지석영은 "번각하는 것을 금하게 한다"라고 하여 저술활동의 창조성과 출판 및 저작권의 보호를 전제하고 있음을 알 수 있다.
또한 출판권에 대한 초창기 관점으로는 1884년 3월에 발행된 한성순보의 외신란에 '출판권' 이란 제목으로 보도되고 있는 기사에 잘 나타나 있다. 즉, "구미 각국에서 취하고 있는 이른바 출판권이라는 것은 도서를 저술하거나 외국서적을 번역출판하는 자를 위해 자국정부가 엄정한 규칙을 발한 것"이라고 했다. 이 때문에 "타인이 모방한다거나 또는 허락을 얻지 않고 인출(印出) 판매할 수 없으므로, (그 출판권자는) 저술과 번역에 따른 이익을 얻게 되는 것이니, 이것이야말로 개명(開明)된 세상의 도(道)"라고 소개하고 있다.[71]

또, 1908년 9월 10일자 황성신문에는 우리나라 최초의 저작권 분쟁이라고 할 만한 사건이 보도되고 있다. 즉, '판권소유'라는 제목의 이 기사는 교과서 저술가로 유명한 현채(玄采)라는 사람이 저작한 『고등소학이과서(高等小學理科書)』에 수록된 상당부분의 내용을 정인호(鄭寅琥)라는 사람이 무단전재, 별도의 도서로 출판한바, 이에 원저작자(현채)가 무단복제자(정인호)에게 저작권사용료를 요구했으나 합의되지 않으므로 소송을 제기했다는 내용이었다. 이러한 예들로 미루어보건대, 이미 19세기 말 또는 20세기 초에는 어떤 형식으로든 오늘날의 인세와 비슷한 형태의 저작권사용료가 저작자들에게 지급된 것으로 보인다.

한편, 우리 근대문학을 이끌던 소설가 이효석의 "고료(稿料)"라는 제목의 수필을 보면, 그는 신문에 연재되는 소설의 고료 지급이 언제부터 어느 정도로 정연하게 확립되었는지는 알 수 없지만, 잡지문학의 고료에 관한 개념이 확고하게 생긴 것은 1923년 내지 1924년경이었다고 적고 있다. 아울러 당시 200자 원고지 한 장당 고료는 '15전'이었다고 한다. 그렇다면 왜 '저작권사용료'라고 해야 할 것을 '인세(印稅)'라고 부르는 것일까?

원래 우리나라나 일본에서는 도서의 판면권에 저자의 검인(檢印)을 붙임으로써 출판의 승낙과 함께 발행부수를 확인하는 것이 관행이었다. 아울러 그렇게 붙인 '증지(證紙)'의 수로 저작권사용료를 계산하기 때문에, 다시 말하면 도장을 찍은 수대로 지불되는 돈이기에 '인세'라고 부르게 된 것이다.[72] 이러한 검인첩부제도는 1901년 독일 출판권법에서 출판권설정제도와 함께 검인제도를 인정한 것에서 비롯되었다고 알려져 있으며, 일본이 이를 도입하여 저작권법에 규정한 것을 우리나라가 그대로 모방한 것이었다. 그러나 오늘날 독일은 물론 일본의 저작권법에서

3. 저작물의 수정·증감

출판권자가 출판권의 목적인 저작물을 다시 출판하는 경우, 저작자는 정당한 범위 안에서 그 저작물의 내용을 수정하거나 증감할 수 있다. 여기서 "출판권자가 출판권의 목적인 저작물을 다시 출판하는 경우"란, 중쇄(重刷) 혹은 중판(重版)의 경우를 뜻하는 것으로, 저작물에 수정이나 증감을 해도 출판권자에게 별 다른 부담을 주지 않는 상황을 말한다. 따라서 "정당한 범위 안에서"라는 표현 역시 무조건적인 저작자의 의사에 의한 수정·증감이 아닌 합리적인 수정 또는 증감을 나타낸 것이다. 즉, 저작물을 수정하거나 증감함으로써 출판권자로 하여금 출판의 시기를 놓치게 하거나 출판공정에 많은 변동을 주어 막대한 경제적 손실을 끼치는 행위는 정당한 범위 안에서 이루어지는 수정 또는 증감이라고 할 수 없다. 결국, 이는 저작물의 성질, 출판권자의 부담 정도, 그리고 출판계의 관행 등을 참작해서 해석해야 하며, 만일 저작자의 과도한 수정·증감으로 출판권자가 손실을 입은 경우, 반대로 저작자의 정당한 수정 또는 증감 요구를 출판권자가 묵살함으로써 저작자가 입는 정신적 손해에 대해서는 서로 손

---

69) 김기태, 『책—베스트셀러, 향기의 이름 혹은 악취의 이름』(서울: 이채, 1999), pp. 38~40.

70) 원문 생략, 承政院日記, 1882년 8월 23일조. 이종국, "한국의 근대 인쇄출판문화 연구—신서적과 그 인쇄출판 인식을 중심으로", 사단법인 한국출판학회 편, 『인쇄출판문화의 기원과 발달에 관한 연구논문집』(청주: 청주고인쇄박물관, 1996), p. 91에서 재인용.

71) '出版權', 〈漢城旬報〉 제15호, 1884년 3월 18일자 18면. 이종국, "한국의 근대 인쇄출판문화 연구—신서적과 그 인쇄출판 인식을 중심으로", 위의 논문집, p. 92에서 재인용.

72) 안춘근, 『출판개론』(서울: 을유문화사, 1963), p. 105.

해의 배상 또는 저작인격권의 침해에 따른 위자료의 청구가 가능하다.

또한, 특약이 없는 한 저작물에 대한 저작자의 정당한 수정·증감의 권리를 보장하기 위해 출판권자가 저작물을 다시 출판하고자 할 경우에는 그 사실을 미리 저작자에게 알려야 한다. 이는 저작물에 대한 결정적인 오류를 뒤늦게 발견했거나 시간이 지나 저작물의 내용을 바꿔야 하는 중대한 사실이 있는 저작자가 새로운 출판의 시기를 알지 못해서 수정 또는 증감을 할 수 없게 되는 경우에 대비하고자 하는 취지로 보인다. 따라서 저작자가 사망했다거나 특약에 의해 재출판의 시기를 알리지 않기로 했다면 출판권자에게 통지의무는 없다. 어쨌든 출판권자의 통지의무 위반이나 의무이행 태만으로 인해 저작자에게 물질적 또는 정신적 손해가 발생하였다면 그러한 손해에 대한 배상을 별도로 청구할 수 있다.

4. 출판권의 존속기간 등

저작권법에 따르면 출판권은 그 설정행위에 특약이 없는 한 맨 처음 출판한 날로부터 3년간 존속한다. 일반적으로 출판권의 존속기간은 설정행위로 정하는 것이 원칙이지만, 만약 그렇게 하지 않았을 경우와 일방적인 출판권자의 욕심 때문에 출판권 존속기간이 무한대로 설정되었을 경우에 적용된다. 즉, 출판권의 존속기간은 저작물의 성질과 그것을 출판에 이용함으로써 기대되는 실질적인 효용성, 그리고 복제권자와 출판권자의 인간적인 신뢰 정도에 의해 결정되는 것이 합리적이므로 별도의 정함이 없다면 맨 처음 출판한 날로부터 3년간 출판권이 존속하는 것으로 보며, 저작재산권 자체가 길어야 저작자 사후 50년인 점을 감안했을 때 무기한의 출판권이란 있을 수 없으므로 그런 경우에도 맨 처음 출판한 날로부터 3년 동안만 출판권이 존속하는 것으로 보고 그 이후에는 출판권이 소멸된다고 규정한 것이다.

이러한 출판권의 존속기간은 출판권설정계약의 유효기간과 일치하므로 그 계약에서 유효기간이 끝났더라도 일정한 기간 내에 서로의 분명한 의사표시가 없는 한 자동적으로 유효기간이 갱신된다고 정했다면 출판권 존속기간 역시 갱신되는 것이다. 따라서 출판권자는 적당한 기간을 정해서 복제권자와 합의하여 출판권 존속기간을 정해야 하며, 무조건 욕심을 부리다가는 오히려 훨씬 단축된 출판권 존속기간으로 낭패를 볼 수도 있다. 여기서 "맨 처음 출판한 날"이라는 것은 출판권 설정 후에 저작물의 복제물인 출판물이 서점 등에 유통되어 구매가능한 상태에 놓인 것을 말하므로 발행 및 배포가 완전하게 이루어진 날을 뜻하며, 일반적으로는 서적 등의 판권란에 적혀 있는 초판 1쇄의 발행일을 뜻한다.

5. 출판권의 소멸 통고

출판권자가 의무사항을 제대로 이행하지 않았을 때나 그 밖의 사유로 출판이 불가능하다고 판단될 때에 복제권자는 출판권의 소멸을 통고할 수 있다.

먼저, 출판권자가 '9개월 이내의 출판의무' 또는 '계속출판의 의무'를 위반했을 경우에 다시 한 번 6개월 이상의 기간을 정해서 성실히 이행할 것을 알린 다음, 그래도 이행하지 않을 경우에는 출판권의 소멸을 통고할 수 있다. 이는 출판을 목적으로 설정된 출판권의 특성을 감안한 것으로, 정해진 기간 내에 출판이 이루어지지 않거나 품절상태로 인해 저작물의 복제물을 구할 수 없는 상태에 있다면 출판권을 설정한 복제권자의 입장에서 보아 좀더 나은 경제적 이익을 위해 유명무실한 출판권을 소멸시키고 새로운 출판권을 설정하는 것이 바람직할 것이다. 여기서 '9개월 이내 출판'이란 설정행위에서 특약이 없는 경우만을 뜻하므로 설정행위를 정함에 있어서 그 기간을 2년으로 하였다면 2년 이내에 출판하지 않은 경우에 의무위반이 된다. 아울러 계속출판의 의무 역시 설정행위에 별도의 약정이 있다면 그것에 따라서 판단해야 한다.

그런데 출판권자의 사정으로 보아 출판 자체가 불가능하거나 출판권자에게 출판할 의사가 없는 것이 명백한 경우에는 의무의 이행을 촉구할 필요도 없이 즉시 출판권 소멸을 통고할 수 있다. 여기서 출판이 불가능하다거나 출판할 의사가 없다는 것은 출판권자가 아닌 복제권자가 판단하는 것이므로 그 기준이 엄격하게 해석되지 않으면 악용될 소지도 있다. 우선 객관적인 측면에서 "출판권자가 출판이 불가능한" 경우라 함은 출판사가 자금사정이 악화되어 문을 닫을 상황이라거나 그와 비슷한 처지여서 도저히 출판업무를 수행하지 못하는 경우 또는 출판권자가 사망하거나 투옥되어 본의 아니게 출판이 어려워진 경우 등을 말하는 것이다. 또한 "출판권자가 출판할 의사가 없음이 명백한" 경우라 함은 출판권자 스스로 출판을 하지 않겠다는 의사표시를 해온 경우를 포함하여 출판사를 제3자에게 매각하려는 경우, 또는 특정의 저작물에 대하여 고의로 출판하지 않는 것이 역력한 경우 등을 말하는 것으로, 복제권자 자신의 주관적인 판단이라기보다는 일반적인 관행에 비추어봤을 때 분명하다고 여겨지는 판단의 경우를 말한다.

그렇다면 출판권 소멸의 효력은 언제부터 발생하는 것일까? 결론적으로, 복제권자가 출판권의 소멸을 통고한 경우에는 출판권자가 통고를 받은 때에 출판권이 소멸한 것으로 본다. 여기서 우선 문제가 되는 것은 "출판권자가 통고를 받은 때"라는 표현이다. 이는 민법에서 규정하고 있는 '도달주의 원칙'이 적용된 것으로 보이는데, 통고방법에 있어서는 구체적인 규정이 없으므로 만일 복제권자가 출판권의 소멸을 통고했다고 하더라도 출판권자가 그러한 통고를 받은 바가 없다고 한다면 어떻게 해야 하는가의 문제가 생기기 때문이다. 따라서 통고방법에 있어서도 민법상의 일반원칙이 적용되는 것으로 해석하면 무방할 것이다. 즉, 복제권자가 출판권의 소멸을 통고함에 있어서 상대방인 출판권자의 영역 안에 그러한 사실에 대한 통고가 도달되었을 때에는 통고를 받은 것으로 해석하는 것이다. 그러므로 복제권자가 출판권자에게 출판권 소멸을 통고할 때에는 일반적인 '내용증명'의 방식을 사용하면 무방할 것으로 판단된다.

한편, 출판권 소멸 이후에 복제권자는 출판권자를 상대로 '원상회복청구권'과 그로 인해 입은 손실에 대한 '손해배상청구권'을 행사할 수 있다. 여기서 말하는 '원상회복'이란 출판권이 설정되기 이전의 상태로 회복시키는 것을 말하는 것으로, 출판을 위해 제공된 원고를 원래대로 챙겨서 반환하는 것은 물론 출판권설정등록이 되어 있으면 등록을 말소해야 하고, 출판권을 목적으로 하는 질권이 설정되었다면 이를 소멸시켜야 하며, 만일 이미 출판된 복제물이 있다면 제59조의 규정에 해당하지 않는 한 모두 폐기시키는 것을 뜻한다. 또한 출판권의 소멸로 출판이 중지됨에 따라 복제권자가 입을 수 있는 손해, 즉 출판의 기회를 잃음으로써 다른 곳에서 출판하였을 경우 얻을 수 있는 통상의 이익을 놓쳤다든가, 그로 인해 정신적으로 심한 타격을 받았다는 등의 입증 가능한 손해에 대해서는 민사소송을 통해 적절히 손해의 배상을 청구할 수 있다.

〈Tip〉 저작권 보호와 출판의 자유

오늘날 언론의 자유주의 이론에 따르면 언론 및 출판은 주로 개인의 소유이므로 그 소유자는 누구나 원하는 바를 출판할 수 있다. 출판의 급속한 발전을 가져온 활자의 발명이 있었던 시기가 절대군주에 의한 권위주의적 통치시기와 맞물려 있어서 저작권 보호 이전에 언론 및 출판이 권력을 옹호하고 정책을 추진하는 하나의 수단으로 전락했으며, 그 반향으로 계몽주의와 이성주의 이론이 생겨났다. 그리고 천부적 인권론에 바탕을 두고 생겨난 것이 바로 자유주의 이론이었다. 그러나 "누구든지 모두 원하는 바를 출판할 수 있다"는 전제는 어디까지나 출판의 수단을 소유하고 있는 사람, 즉 출판자뿐만 아니라 출판물의 내용을 구성하는 저작물의 창작자, 즉 저작자까지 염두에 둔 것임을 또한 지나쳐서는 안 된다.

결국 천부적 인권론은 이 세상에 태어난 모든 사람에게 평등하게 주어지는 것이며, 저작권 또한 예외가 아니다. 따라서 정신적 노동의 산물로 생겨난 저작물에 대해서 그것에 이바지한 저작자에게 합당한 권리를 보장해 주는 것은 자유주의 이론에 입각해서도 지극히 타당한 것이며, 이러한 관계를 합리적으로 유지하면서 출판에 임하는 정당한 출판권자들에게도 그에 합당한 권리가 주어져야 하는 것은 당연한 일이다.

그러므로 출판의 자유는 저작권자의 권리라는 측면과 합리적인 조화를 이룰 때 문화의 향상과 발전이라는 저작권 보호의 취지를 달성하는 한편, 서로가 추구하는 개인적인 목표에 있어서도 효과의 극대화를 꾀할 수 있는 것이다.

6. 출판권 소멸 이후의 출판물의 배포

출판권 설정행위에 특약이 있는 경우에는 출판권이 소멸되었더라도 남은 출판물을 판매에 의한 방법이든 아니든 계속해서 배포할 수 있다. 여기서 말하는 특약이란, "출판권자는 출판권이 소멸된 이후라도 이전에 만들어진 출판물의 재고를 계속해서 판매에 의한 방법으로 배포할 수 있다"라는 식으로 약정하는 것을 말한다. 따라서 출판권설정계약을 하는 당시에 복제권자와 출판권자가 이와 같은 내용으로 합의했다면 출판권 소멸 이후의 배포가 가능하다.

또, 출판권의 존속기간 중에 복제권자에게 그 저작물의 출판에 따른 대가를 지급한 후에 그에 상응하는 부수의 출판물을 배포하는 것도 가능하다. 즉, 출판권이 소멸하기 이전에 출판권자가 그 저작물의 복제물을 3,000부 제작하기로 하고 그에 따른 인세(印稅) 또는 사용료를 복제권자에게 지급하였을 경우에 출판권이 소멸한 뒤로도 그 중의 1,500부가 남았다면 그것은 계속해서 배포할 수 있다는 것이며, 만일 그 이상을 더 제작해서 배포한다면 복제권자의 복제권은 물론 배포권까지도 침해하는 것이 된다.

7. 출판권의 양도·제한 등

기본적으로 저작권자의 동의가 없으면 출판권의 양도나 출판권을 목적으로 하는 질권의 설정이 불가능하다. 출판권도 하나의 엄연한 재산적 권리임이 분명하므로 그것을 양도하거나 질권의 목적으로 이용하는 것은 가능하지만, 출판권은 어디까지나 저작권자의 권리 중 일부인 복제권과 배포권을 출판과 관련하여 설정받은 것일 뿐만 아니라 출판권자에게는 저작권자에 대한 의무가 있으므로 원권리자인 저작권자의 의사를 무시한 채 출판권자가 마음대로 처분하는 것을 금지한 것이다. 따라서 출판권자가 어느 저작물의 출판권을 제3자에게 양도하거나 질권을 설정하고자 할 때에는 저작권자의 허락을 얻어야 한다. 하지만 출판권자의 사망으로 그 권리가 상속되는 경우에는 저작권자로부터 별도의 허락이 없어도 자동적으로 출판권이 이전된다. 그리고 반대의 경우로서 출판권이 설정되어 있는 저작물의 복제권을 저작권자가 처분하고자 할 때에는 출판권자의 동의가 없어도 가능하다. 왜냐하면 그렇게 하더라도 출판권자의 권리에는 별 영향을 끼치지 않을 것이기 때문이다. 또한 출판권을 세분해서 양도하는 것도 불가능하다. 예컨대, 출판권을 설정받은 사람이 단행본 출판과 문고본 출판을 분리해서 그 중 한쪽은 자신이 갖고 또 한쪽은 제3자에게 양도하는 식의 분리양도는 있을 수 없다. 즉, 출판권에 있어서는 가분성(可分性)을 인정하지 않는 것이다.

한편, 상속이나 기타 일반승계를 제외한 출판권의 양도 또는 처분제한이나 출판권을 목적으로 하는 질권의 설정·이전·변경·소멸 또는 처분제한 등은 등록하지 않으면 제3자에게 대항할 수 없으며, 이러한 등록은 대통령령이 정하는 바에 의해 문화관광부장관이 '출판권등록부'에 기재하여 행한다. 이는 또한 출판권 자체의 등록에도 준용되며, 이때의 출판권 등록은 출판권의 효력발생을 위한 요건이 아니라 단순히 제3자에게 대항하기 위한 수단으로서 거래의 안전을 위한 장치에 불과하다는 점에 주의해야 한다.

〈Tip〉 회복저작물과 출판권 [73]

'갑'이라는 출판사에서 2004년도에 저명한 미국 학자의 저서를 번역출판하기 위해 해당 저작권자와 독점적인 번역출판계약을 맺고 한국에서 번역도서를 출판했는데, 얼마 지나지 않아 이미 1993년도부터 '을'이라는 출판사에서 같은 도서를 번역출판해서 시판중인 사실을 알게 되었다. 원저작권자에 의하면 예전에 한국 내 어느 출판사와도 번역출판계약을 체결한 사실이 없

---

73) 서달주, "회복저작물 이용의 유의사항", 〈저작권문화〉 2004년 6월호(제118호), p. 28 참조.

다고 한다. 그래서 갑이 을에게 해당 도서의 출판중지를 요청했으나 을은 1993년도부터 출판했기 때문에 법률상 아무런 잘못도 없다고 한다. 어떻게 된 일일까?

먼저, '회복저작물'에 대해 이해할 필요가 있다. 우리나라는 1995년도에 WTO/TRIPs협정에 가입한 바 있다. 이에 따르면 WTO(세계무역기구) 회원국은 베른협약 제1조부터 제21조까지 준수할 것을 규정하고 있다. 이 협정에 따라 우리는 1995년 12월 6일 저작권법을 개정하여 1996년 7월 1일부터 외국 저작물을 소급해서 보호하게 되었으며, 그 결과 개정법 시행 이전의 외국 저작물까지 국내에서 보호받게 되었는데, 그러한 저작물을 '회복저작물'이라고 부르게 된 것이다. 이처럼 회복저작물까지 소급해서 보호하게 되자 국내 이용자들에게 부담이 커지자 이를 완화하기 위해 개정 저작권법 부칙에서 몇 가지 특례규정을 두고 있다.

예컨대, 부칙 제4조에서는 '회복저작물 등의 이용에 관한 경과조치'를 규정하면서 "회복저작물 등을 원저작물로 하는 2차적 저작물로서 1995년 1월 1일 이전에 작성된 것은 이 법 시행 후에도 이를 계속하여 이용할 수 있다. 다만, 그 원저작물의 권리자는 1999년 12월 31일 이후의 이용에 대하여 상당한 보상을 청구할 수 있다"라고 명시하고 있다. 여기서 '1995년 1월 1일 이전에 작성된 것'이란 1995년 1월 1일 이전에 번역물 등 2차적 저작물을 작성 완료해서 발행한 것은 물론 그 이전에 2차적 저작물의 작성을 완료하여 원고를 보관하고 있다가 그 이후에 발행(출판)한 것도 포함된다. 이에 따라 어느 시점에서 번역원고(2차적 저작물)의 작성을 완료했느냐 하는 점, 그리고 그것을 어떻게 입증하느냐 하는 점이 매우 중요하다.

앞의 예에서 을이 1993년도에 번역도서를 발행했다는 것은 이미 번역원고의 작성을 그 이전에 완료했다는 것을 의미한다. 따라서 '을' 출판사의 번역본은 1995년 1월 1일 이전에 작성된 것이 분명하므로 개정법 부칙 제4조에서 말하는 회복저작물에 해당한다. 결국 을은 비록 원저작물의 저작권자로부터 이용허락을 얻은 사실은 없지만 그의 번역출판은 정당하며 계속 출판할 수 있다. 그러나 2000년도 이후의 이용에 대해서는 원저작물의 저작권자가 청구하게 되면 을은 그에게 상당한 보상금을 지급해야 한다.

'갑' 출판사는 원저작물의 저작권자가 아니므로 '을' 출판사를 상대로 보상청구권을 행사할 수는 없지만 저작권자의 권리를 위임받아 2000년도 이후의 보상금에 대해 청구권을 행사하는 방법은 있다. 그러나 그 보상금으로 번역출판계약을 맺으면서 원저작권자에게 이미 지급한 저작권사용료를 만회한다거나 손해를 충당하기에는 어려울 것으로 판단된다.

〈Tip〉 발행인(출판권자)이 점검해야 할 저작권 실무사항

• 국내 저자와의 계약시

(1) 저자 선정과 동시에 출판계약의 유형을 결정한다.

　– 독점적 출판계약인가, 독점적·배타적 출판권설정계약인가?

(2) 계약서 초록을 작성하고 내용에 대하여 저자 및 담당 편집자 등과 협의한다.

　– 획일적인 계약서 양식을 피하고, 저작물 및 저작자에 따라 새롭게 계약서를 작성하는 것
이 효과적이다.

　– 계약기간, 저작권사용료(인세) 지불방법, 배포범위, 위임사항(전자책 제작/2차적 저작물
의 이용 등) 등을 꼼꼼히 결정한다.

(3) 계약서에 최종 날인하기 전에 내용에 대하여, 특히 저작권사용료(인세)와 지불방법 및 위
임사항 등에 대하여 다시 한번 저자에게 주지시킨다.

　– 저작권사용료의 경우 선급금, 인세율, 지불방법 등에 있어 발행부수 기준인지, 판매부수
기준인지, 그것의 검증방법은 어떠한지 잘 따져서 추후 분쟁의 소지가 발생하지 않도록
주의해야 한다.

(4) 담당 편집자로 하여금 계약내용을 숙지하도록 강조하고 계약서를 잘 보관한다.

- 계약서는 유형별로 계약기간 만료일을 기준 삼아 분류하여 보관하는 것이 좋다.

(5) 계약 만료일에 즈음하여 계약 갱신 여부를 따져 보고 저자에게 알린다.

• 외국 저자와의 계약시

(1) 출간도서 선정과 동시에 원저작권자 측에서 원하는 계약내용을 확인한다.

- 에이전시를 통하는 경우 계약서 원문과 함께 에이전시 측에 계약내용의 보증된 번역을 요구한다.

- 계약기간, 저작권사용료(인세율), 배포범위, 위임사항(전자책 제작/2차적 저작물의 이용 등) 등을 꼼꼼히 확인한다.

(2) 계약서에 최종 날인하기 전에 저작권사용료(인세율)와 지급방법 및 위임사항 등에 대해 에이전시를 통하여 다시 한번 확인한다.

- 특히 옵션에 관해 철저하게 확인해야 하며, 계약기간 자동갱신 조항이 있는지, 계약기간 갱신에 따른 조건은 없는지 잘 살펴야 한다.

(3) 원저작권자와의 계약이 완료되면 번역자와 체결할 계약서 초록을 작성하고 그 내용에 대하여 번역자 및 담당 편집자 등과 협의한다.

- 계약기간, 배포범위, 위임사항(전자책 제작/2차적 이용 등)을 꼼꼼히 결정한다.

- 원저작권자에게 지불할 저작권사용료를 감안하여 번역자에 대한 저작권사용료를 인세 형태로 지불할지, 아니면 저작재산권 양도형태로 일괄 지불할지 판단하여 결정한다.

(4) 번역계약서에 최종 날인하기 전에 저작권사용료와 지불방법 및 위임사항 등 계약내용에 대하여 다시 한번 번역자에게 주지시킨다.

- 과거 출판관행에 따른 '매절계약'은 저작권법상 보호받지 못하므로 이 경우 반드시 저작재산권 양도계약을 체결하도록 하고, 인세지불 형태로 계약할 경우 선급금, 인세율,

지불방법 등에 있어 발행부수 기준인지, 판매부수 기준인지, 그것의 검증방법은 어떠한 지 잘 따져서 추후 분쟁의 소지가 발생하지 않도록 주의해야 한다.

(5) 담당 편집자로 하여금 계약내용을 숙지하도록 강조하고 계약서를 잘 보관한다.

　– 계약서는 유형별로 계약기간 만료일을 기준 삼아 분류하여 보관하는 것이 좋다.

(6) 계약 만료일에 즈음하여 계약 갱신 여부를 따져 보고 저자/번역자에게 알린다.

　– 무조건 갱신하는 것은 비경제적이다. 과감한 판단이 중요하다.

제4장 _ 저작인접권

저작인접권(著作隣接權, neighbouring rights)은 저작권에 준하는 권리를 말한다. 그런데 권리의 성질로 보아 재산적인 권리인 동시에 배타적인 권리이기는 하지만 저작권에서처럼 인격적인 권리는 주어지지 않는다. 우리 저작권법에서는 실연자, 음반제작자 그리고 방송사업자에게 저작인접권을 부여하고 있는데, 이들은 저작물의 직접적인 창작자는 아니지만 그것을 해석하고 전파함으로써 문화발전에 이바지하는 공로가 크므로 그러한 행위에 일종의 정신적 창작성을 인정하여 저작권에 인접하는 배타적 권리를 인정한 것이다. 특히 저작물의 복제 및 전파수단이 급속도로 발전함에 따라 이들이 입는 경제적 타격도 무시할 수 없는 정도에 이르렀기 때문에 이를 조정한다는 측면에서 저작인접권에 관해서는 국내뿐만 아니라 국제적으로 그 관심도가 증폭되고 있다. 한편, 실연자, 음반제작자 및 방송사업자로 한정되어 있는 저작인접권의 범위를 외국의 예를 들어 타이프페이스(typeface ; 글자꼴)와 판면(版面)에 대한 권리까지로 확대해야 한다는 주장이 국내에서도 일고 있어서 장차 이를 저작인접권의 범주에 포함시킬 것인지 관심이 쏠리고 있다.

1. 저작인접권의 대상과 범위

(1) 실연

실연(實演)이란, 저작물을 연기·무용·연주·가창·연술 그 밖의 예능적 방법으로 표현하는 것을 말하며, 저작물이 아닌 것을 이와 유사한 방법으로 표현하는 것을 포함하는 개념이다. 이 가운데 국적주의 원칙에 따라 우리 국민이 행한 실연은 저작인접권으로 보호된다. 국적주의란 일반적인 저작권 보호의 기준인 행위지주의와는 다른 것으로, 우리나라 국민이 행한 실연은 국내에서 이루어진 것뿐만 아니라 외국에서 이루어진 것도 보호의 대상이 된다는 뜻이다. 따라서 우리 국민에 속하는 자연인은 물론 우리나라 법률에 의해 설립된 법인이나 우리나라 안에 주된 사무소가 있는 외국법인의 실연은 보호되지만, 우리나라 안에서 행해진 실연이라도 그것이 외국인에 의해 행해졌다면 우리 저작권법에 따른 저작인접권 보호의 대상이 되지 않는다. 또, 우리나라가 가입 또는 체결한 조약에 따라 보호되는 실연 역시 저작인접권의 보호대상이다. 아울러 우리 저작권법에 의해 저작인접권으로 보호되는 음반에 고정된 실연, 우리나라가 보호해야 할 외국음반에 수록된 외국인의 실연, 우리 저작권법에 의해 보호되는 방송으로 송신된 실연 등도 저작인접권 보호의 대상이다.

(2) 음반

먼저, 국적주의 원칙에 따라 우리나라 국민이 음반제작자인 음반(音盤)은 저작인접권으로 보호된다. 또한 우리 법률에 의해 설립된 법인이나 우리나라 안에 주된 사무소가 있는 외국법인을 음반제작자로 하는 음반도 저작인접권으로 보호된다. 음을 맨 처음 고정한 곳이 우리나라인 음반 역시 보호의 대상인데, 이는 국적주의와는 달리 고정지주의에 따른 것으로, 최초의 녹음을 행한 곳이 우리나라인 음반이라면 그 음반제작자가 외국인이라도 보호한다는 뜻이다.[74] 아울러 우리나라가 가입 또는 체결한 조약에 따라 보호되는 음반으로서 체약국 내에서 최초로 고정된 음반도 저작인접권의 대상이다. 우리나라가 가입 또는 체결한 조약은 제네바음반협약뿐이므로 이 협약에 따라 보호되는 외국음반은 국내 저작권법에 의해 저작인접권으로 보호된다. 그런데 음반협약에서는 국적주의를 원칙으로 하고 있기 때문에 우리로서는 음반협약 체약국의 국민을 음반제작자로 하는 외국음반만을 보호하면 된다.

(3) 방송

음반에서와 마찬가지로 방송사업자가 우리나라 국민인 경우에 그가 행하는 방송은 저작인접권으로 보호된다. 그리고 방송사업자에 관계없이 그 방송이 우리나라 안에 있는 방송설비로부터 행해진다면 그 방송 역시 저작인접권의 보호대상이다. 그 밖에 우리나라가 가입 또는 체결한 조약에 따라 보호되는 방송이면서 효력이 미치는 나라의 방송사업자가 그 나라 안에 있는 방송설비로 행하는 방송 역시 국내법에 따라 저작인접권으로 보호받을 수 있다.

(4) 저작권과의 관계

저작인접권의 권리주체인 실연자, 음반제작자, 방송사업자에게 부여된 권리는 저작자에게 주어진 저작권과는 별개의 권리이므로 저작권을 행사함에 있어서 저작인접권으로 인한 방해를 받지는 않는 것은 당연하다. 결국, 실연 및 음반·방송의 이용은 반드시 저작물의 이용을 필요로 하므로 저작물의 이용을 위해 저작권자의 허락이 필요한 경우에는 저작인접권자에 의해 그 허락이 좌우되는 것이 아니며, 반대로 저작인접권자의 허락이 필요한 경우에는 저작권자의 허락 유무와는 관계가 없는 것이다. 예컨대, '갑'이라는 가수가 '을'이라는 음

---

74) 로마 인접권협약에서는 제5조에서 국적주의와 고정지주의뿐만 아니라 발행지주의 원칙도 인정하고 있으며, 제네바 음반협약에서는 제2조에서 국적주의만을 취하고 있다.

인접권협약 제5조 제1항

1. 각 체약국은 다음의 조건 중 어느 것이나 충족되는 경우에 음반제작자에게 내국민대우를 부여한다.

   (a) 음반제작자가 다른 체약국의 국민이거나(국적의 기준)

   (b) 최초의 소리의 고정이 다른 체약국에서 이루어지거나(고정의 기준)

   (c) 음반이 최초로 다른 체약국에서 발행된 경우(발행의 기준)

음반협약 제2조

각 체약국은 음반 제작의 동의가 없이 행하여지는 복제물의 공중에 대한 배포로부터 다른 체약국 국민의 음반제작자를 보호한다. 다만, 전술한 복제물의 작성 또는 수입의 경우에는, 동 작성 또는 수입이 공중에 대한 배포를 목적으로 하는 경우에 한한다.

반회사에서 음반에 가요를 취입했는데, '병'이라는 방송사에서 그 음반에 수록된 가요를 방송하고 그 방송을 녹음했다면 저작인접권자인 갑·을·병 등의 권리가 작용하는 것은 당연하지만 그 이전에 음반에 수록된 가요의 작사자와 작곡자의 권리인 저작권 또한 당연히 작용하는 것이다.

2. 실연자의 권리

실연자란 실연의 주체로서 실연을 하는 사람 및 실연을 지휘·연출 또는 감독하는 사람을 포함하는 개념이다. 실연자에게 주어지는 권리는 크게 보아 복제권, 실연방송권, 방송사업자에 대한 보상청구권, 음반의 대여허락권, 전송권 등으로 나눌 수 있다.

(1) 복제권

실연자에게는 그의 실연을 복제할 권리가 있다. 이렇게 실연자가 자신의 실연을 복제하거나 복제하도록 허락함에 있어서 가능한 구체적인 방법을 생각해 보면 녹음, 녹화, 사진촬영 등을 예로 들 수 있다. 녹음(錄音)이란 반복적으로 전달될 수 있도록 내구적인 유형의 형식에 모든 종류의 소리를 담은 것을 말하므로, 여기서는 노래나 말소리 등 실연에 의해 나오는 소리를 음반 또는 카세트 테이프나 CD 등에 청각적으로 고정하는 것을 말한다. 또한 녹화(錄畵)란 반복적으로 전달될 수 있도록 내구적인 유형물에 서로 관련이 있는 변화하는 영상을 시각적 또는 시청각적으로 고정하는 것을 말한다.

그러므로 실연자의 복제권은 "연기, 무용, 연주, 가창, 연술, 묘기, 곡예 등과 같은 실연을 어떤 장치를 이용하여 녹음하거나 녹화할 수 있는 권리"라고 할 수 있다. 아울러 실연을 연속적인 영상이 아닌 낱낱의 사진으로 촬영하는 권리가 포함되어 있으며, 최초 고정뿐만 아니라 이후에 녹음물 또는 녹화물을 더 만들어 내는 것에도 실연자의 권리가 미친다. 또한 실연의 녹음물 또는 녹화물을 사용한 공연이나 방송을 녹음·녹화하는 것도 실연을 녹음 또는 녹화하는 것과 같이 실연자의 권리가 작용한다. 따라서 실연을 녹음 또는 녹화하거나 사진으로 촬영하려는 사람은 실연자의 허락을 얻어야 하며, 만일 방송되는 실연을 녹음 또는 녹화하거나 사진으로 촬영하려는 경우에는 실연자의 허락과 함께 또 다른 저작인접권자인 방송사업자의 허락도 받아야 한다.

한편, 녹음 및 녹화와 관련해서 저작권자에게 주어지는 저작물의 복제권과 실연자에게 주어지는 실연에 대한 복제권을 비교해 보면 본질적으로 차이가 있다. 우선 저작물에 있어서는 그 저작물과 유사한 다른 저작물을 녹음·녹화하는 것에도 권리가 미칠 수 있지만, 실연의 녹음·녹화에 있어서는 실연자가 직접 행한 실연 자체를 녹음·녹화하는 것에만 그 권리가 미칠 뿐 그것과 유사한 다른 실연을 녹음·녹화하는 것에는 권리가 미치지 않는다는 점에서 차이가 난다. 예컨대, 어떤 음악저작물의 저작자로부터 허락을 얻지 않고 편곡을 하여 사용한 사람이 있다면 저작권자는 그 사람을 상대로 저작권 침해를 주장할 수 있지만, 어떤 가수가 부른 노래를 또 다른 가수가 비슷한 음색으로 모창을 했다고 해서 흉내낸 가수를 상대로 권리침해의 주장을 할 수 없으며, 오히려 모창에 따른 실연의 주체는 흉내낸 가수가 되는 것이다. 그 밖에도 실연을 복제하는 방법은 새로운 복제기술의 발달에 따라 다양해질 수 있다.

(2) 실연방송권

실연자에게는 또한 자신의 실연에 대한 방송권이 주어진다. 여기서 실연에 따르는 방송권은 인정하면서 공연에 대한 권리를 언급하지 않은 것은 공연의 특성이 실연자의 직접적인 실연에 있으므로 공연에 출연할 것을 실연자가 허락하지 않는 한 공연 자체가 불가능하기 때문이며, 출연에 따른 계약을 통해 실연자의 권리행사가 가능하기에 별도의 규정을 두지 않은 것으로 보인다. 이러한 실연방송권은 실연자가 행한 실연 자체에만 주어지는 것이므로 다른 사람의 모방실연에까지 미치는 권리가 아니라는 점에서 저작권자에게 주어지는 방송권과는 다르다.

한편, 실연자의 허락을 받아 녹음된 실연을 방송하는 경우에는 실연자의 권리가 미치지 않는다는 점에 주의해야 한다. 이는 영상저작물의 제작에 협력하기로 약정한 실연자의 실연에 대한 권리는 영상제작자에게 양도된 것으로 본다는 저작권법의 규정과 함께 실연자의 실연방송권을 제한한 것으로, 또 다른 저작인접권자인 음반제작자와 방송사업자의 권리도 적절히 보장하기 위한 것이다. 따라서 음반 또는 영상저작물을 제작하기 위한 계약을 함에 있어서 실연자는 이러한 점을 감안하여 이후의 권리행사를 보장받고자 한다면 그 취지를 분명하게 밝혀 둘 필요가 있다고 하겠다. 결국, 실연자의 이 같은 실연방송권이 미치는 범위를 요약하면 다음과 같다.

첫째, 직접 실연을 생방송하는 경우.
둘째, 직접 실연에 의한 방송을 수신하여 재방송하는 경우.
셋째, 실연자의 허락 없이 녹음 또는 녹화한 고정물을 방송에 이용한 경우 등.

(3) 방송사업자의 실연자에 대한 보상

방송사업자가 실연이 녹음된 판매용 음반을 사용해서 방송하는 경우에는 그 실연자에게 일정금액을 보상해야 한다. 여기서 보상 의무가 있는 사람은 방송사업자인데, 만일 그 실연이 실연자의 허락을 받아 녹음물로 만들어진 것이라면 실연자의 방송권이 미치지 않으므로 보상할 필요가 없지만, 그런 경우가 아니고 시중에 발매된 판매용 음반을 사용해서 방송했다면 그에 상당한 보상을 할 의무가 있다. 그런데 이러한 보상청구권이 미치는 범위가 저작인접권자인 실연자에게는 실연이 녹음된 판매용 음반을 방송에 사용한 경우로만 한정되지만 저작재산권자의 경우에는 다르다. 즉, 저작재산권자는 자신의 저작물이 수록된 판매용 음반이 방송에 사용된 경우는 물론이고, 유흥음식점을 포함해서 음악의 감상을 영업의 주요내용으로 하는 영업장소에서 판매용 음반이 사용된 경우에도 저작재산권을 행사할 수 있다. 한편, 저작인접권으로 보호되는 외국인의 실연에 있어서는 그것이 방송에 이용되었더라도 보상할 의무가 없다. 따라서 우리나라 실연자만이 방송에 대한 보상을 청구할 수 있다.

그런데 이러한 방송사업자의 실연자에 대한 보상을 받을 권리를 행사할 수 있는 자는 문화관광부장관이 그 단체의 동의를 받아 지정하는 단체로 제한된다. 실제로 실연이 녹음된 판매용 음반을 방송에 사용함에 있어서 실연자 개개인마다 사용에 따른 보상금을 지급한다면 금액 자체도 얼마 되지 않을 뿐더러 그 번거로움이 이루 말할 수 없을 것이다. 따라서 보상금을 받을 권리를 실연자 전체의 포괄적인 권리로 보아 실연자들로 구성된 단체를 문화관광부장관이 그 단체의 동의 아래 지정하고, 그렇게 지정된 단체를 통해서만 그 권리의 행사가 가능하게 한 것이다. 현재 실연자들의 저작인접권 행사를 위해 지정된 단체로는 "한국예술실연자단체연합회(1988. 10. 14. 지정)"가 있다. 따라서 징수된 보상금은 실연자 개인별로 지급된다기보다는 실연자 전체의 이익을 위하여 쓰여진다고 보면 무방하다.[75]

---

75) 한편, 지정된 실연자 단체의 권리행사 형태에 대한 규정이 별도로 없는데, 일반적으로는 실연자가 그의 권리를 지정단체에 양도하는 형식 또는 신탁하는 형식과 함께 실연자가 그의 권리행사를 지정단체에 위임함으로써 단체가 대리인의 자격으로 권리를 행사하게 하는 방법을 생각할 수 있다. 어쨌든 실연자가 방송사업자로부터 보상금을 받을 권리는 지정단체만이 행사할 수 있다.

한편, 이렇게 지정된 단체가 권리를 행사함에 있어서 그 단체의 구성원이 아닌 실연자의 신청이 있으면 이를 거부할 수 없으며, 신청이 있을 경우 단체는 자기의 명의로 그 권리에 대한 재판상 또는 재판 외의 행위를 할 권한을 가진다. 먼저 지정단체의 구성원이 아닌 실연자의 신청을 거부할 수 없다고 한 것은 만일 그렇지 않을 경우에 그 단체의 구성원이 아닌 실연자들은 권리를 행사할 방법이 없으며, 일률적으로 모든 실연자들로 하여금 지정단체에 구성원으로 가입하도록 강요한다는 것 자체가 더욱 곤란한 일이기 때문이다. 또한 '신청'이라고 한 것은 특별한 방법을 예시한 것이 아니라 그것이 신탁에 의한 것이든 양도에 의한 것이든 아니면 위임에 의한 것이든 가리지 않고 권리자로서의 실연자가 권리 행사를 바란다는 의사 표시가 있으면 된다는 뜻으로 해석할 수 있다. 그리고 "재판상 또는 재판 외의 행위를 할 권한을 가진다"고 한 것은 보상금을 받아 내기 위해 청구권을 행사했음에도 방송사업자로부터 납득할 만한 조치가 이루어지지 않을 경우에 지정단체가 권리의 주체가 되어 보상금을 지급받기 위한 수단으로서 소송을 제기하거나 그 밖의 방법을 취할 수 있다는 것을 말한다.

그 밖에 지정단체가 권리자를 위해 청구할 수 있는 보상금의 금액은 매년 그 단체와 방송사업자가 협의해서 정한다. 그런데 보상금의 금액에 관해 지정단체와 방송사업자 사이에 협의가 성립되지 않은 경우에는 지정단체 또는 방송사업자가 저작권심의조정위원회에 조정을 신청할 수 있다.

(4) 실연자의 음반의 대여허락

실연자에게는 또 판매용 음반에 대한 대여허락권이 있다. 이는 그의 실연이 녹음된 판매용 음반을 발매함으로써 경제적 이익을 추구하려는 실연자의 의사에 반해 판매용 음반을 영리목적으로 대여하려면 실연자의 허락을 얻어야 한다는 것으로, 배포권과는 별도로 대여권을 인정한 것이어서 주목된다. 그리고 이러한 판매용 음반에 대한 대여허락권의 행사는 실연자 개개인이 행하는 것이 아니라 방송사업자에 대한 보상청구권과 마찬가지로 지정단체를 통해서만 행사할 수 있다. 또한, 판매용 음반의 대여허락과 관련해서 지정단체의 구성원이 아닌 실연자의 신청이 있을 때에는 이를 거부할 수 없으며, 이 경우에 그 단체는 자기 명의로 그 권리에 대한 재판상 또는 재판 외의 행위를 할 권한을 가진다.

(5) 공동실연자

공동실연의 대표적인 유형이라고 할 수 있는 합창·합주 또는 연극 등에서는 실연자에게 주어진 권리를 합리적으로 행사하기 위해 대표자를 선출할 수 있다. 즉, 공동실연의 경우에는 그 실연에 참여한 모든 실연자들이 공동의 저작인접권자가 되므로 만일 그 실연을 실연자 중의 누군가가 직접 이용하고자 하거나 다른 사람이 이용에 따른 허락을 얻고자 함에 있어서 공동실연자 전원의 합의에 의해서만 이용해야 한다면 절차가 너무 복잡해질 수 있으므로 대표자를 두는 것이 효율적이다. 그리고 대표자를 선출하지 않은 경우에는 그 실연의 지휘자나 연출자가 대표자로서 권리를 행사할 수 있다.

하지만 공동실연자들이 선출한 대표자 또는 지휘자나 연출자가 전체의 권리를 행사하는 경우라도 공동실연 중에 독창 또는 독주가 들어 있는 경우에는 그 독창자 또는 독주자의 동의를 얻어야 한다. 이는 합창 또는 합주가 여러 사람의 가창이나 연주가 어울려야만 실연이 가능한 것인 반면에 독창이나 독주는 어느 한 실연자의 가창 또는 연주로 이루어진 것이므로 '단독실연'으로 보아도 무방하다는 점에서 비롯된 것이다. 그런데 독주자 또는 독창자의 동의가 없는 상태에서 대표자가 그 권리를 행사했다면 그러한 행위가 효력이 어떻게 되는 것인지에 대해서는 애매하다. 다만, 공동실연의 권리행사에 있어서 대표자를 통하도록 한 취지가 이용편의를 도모하기 위한 것임에 비추어 본다면 설사 독

창자나 독주자의 동의 없이 행사한 대표자의 행위라도 법적 효력이 발생하는
데는 문제가 없으며, 그에 따른 책임의 추궁은 가능한 것으로 보인다.

한편, 공동실연의 대표자에 의해 이루어지는 권리행사라도 단독실연에서와
마찬가지로 문화관광부장관이 지정한 단체를 통해야만 가능하므로 대표자의
권리행사는 제한될 수밖에 없다. 다만, 실연자의 권리로 규정된 복제권, 실연방
송권, 판매용 음반의 사용에 따른 방송사업자에 대한 보상청구권, 판매용 음반
에 대한 대여허락권 등의 행사를 위해 지정단체에 가입하거나 권리행사의 신청
방법을 결정할 권리는 대표자가 행사할 수 있다.

3. 음반제작자의 권리

저작인접권자로서의 음반제작자의 권리에는 복제·배포권과 음반의 거래
제공 및 대여허락권, 판매용 음반의 사용에 따른 방송사업자에 대한 보상청구
권 등이 있다.

(1) 복제·배포권

음반제작자는 그 음반을 복제·배포할 권리를 가진다. 이는 다른 사람이 음
반을 복제와 배포의 방법으로 이용하기 위해서는 음반제작자의 허락을 얻어야
한다는 뜻이다. 여기서 음반제작자란 음을 유형물인 음반에 맨 처음으로 고정
한 사람을 말하며, 복제란 여러 방법으로 새로운 유형물을 제작하는 것을, 배포
란 그 복제물을 일반공중에게 대가를 받거나 받지 않고 양도 또는 대여하는 것
을 각각 말한다. 특히 복제의 개념을 살펴보면, 물리적으로 보아 구체적인 유형
물인 음반에 수록되어 있는 소리를 다른 유형물에 녹음의 방법으로 다시 수록

하는 행위와 최초로 녹음된 유형물인 음반 그 자체를 원본으로 삼아 더 찍어내는 행위로 나눌 수 있다. 따라서 음반제작자가 최초로 음을 고정한 것과 다른 유형물을 제작한다고 해도 그 음이 동일한 이상 음반제작자의 복제권이 작용하는 것이다.

한편, 같은 소리라고 할지라도 '갑'은 음반제작의 용도로 녹음하고, '을'은 방송을 위해 녹음했다면 갑과 을은 모두 음반제작자로서의 권리를 행사할 수 있다는 점에 주의해야 한다. 즉, 갑의 녹음물을 복제하고자 한다면 갑으로부터 허락을 얻어야 하며, 을의 녹음물을 복제하고자 한다면 을로부터 허락을 얻어야 하는 것이다.

(2) 음반의 거래제공 및 대여허락권

저작물의 복제물인 음반이 음반제작자의 허락을 받아 판매의 방법으로 거래에 제공된 경우에는 이용자가 이를 계속해서 배포할 수 있으며, 음반제작자는 판매용 음반의 영리를 목적으로 하는 대여를 허락할 권리를 가진다. 그리고 음반의 거래제공 및 대여허락과 관련해서 그 권리행사는 지정단체를 통해 할 수 있으며, 그 단체는 구성원이 아닌 음반제작자의 신청이 있을 때에는 그를 위한 권리행사를 거부할 수 없다.

(3) 방송사업자의 음반제작자에 대한 보상

판매용 음반을 방송에 사용했을 경우 실연에 있어서와 마찬가지로 방송사업자는 음반제작자에게 그에 상당한 보상을 해야 한다. 아울러 그 보상금의 적절한 책정과 원만한 지급을 위해 문화관광부장관이 그 단체의 동의를 받아 지정한 음반제작자 단체만이 그러한 권리를 행사할 수 있다. 따라서 방송사업자는 판매용 음반을 방송에 사용하는 경우에 그에 대한 보상금을 실연자와 음반제작자에게 모두 지급해야 하며, 그것은 어디까지나 방송에 판매용 음반을 사용함으로써 음반의 매출에 영향을 미친다는 점과 실연 및 음반제작에 투여된 실연자와 음반제작자의 노고에 적절히 보상한다는 차원에서 이루어지는 것이다. 한편, 보상청구권을 비롯한 음반제작자의 저작인접권을 행사하기 위해 지정된 단체로는 "한국음반협회(1988. 10. 14. 지정)"가 있다.

4. 실연자와 음반제작자의 전송권

(1) 실연자와 음반제작자에게 새로 부여된 전송권의 내용

2005년 1월 17일부터 발효된 개정 저작권법은 실연자(가수·연주자 등)와 음반제작자(소리를 최초로 고정한 자, 즉, 마스터음반제작자)에게 새로 전송권을 부여하고 있다. 전송권이란 인터넷 등 정보통신망을 통해 사용자들이 수신하거나 접근해서 이용할 수 있도록 저작물 또는 음반 등을 송신하거나 이용에 제공할 수 있는 배타적 권리를 말한다. 다시 말하면, 실연자와 음반제작자는 그들의 실연 또는 음반에 대해 자신들만이 인터넷망 등을 통해 송신할 수 있다는 것을 뜻한다. 따라서 일반사용자들이 음반을 인터넷 등을 통해 송신하고자 할 때에는 당해 실연자나 음반제작자로부터 사전허락을 받아야 한다. 이와 같이 사전허락을 받아야 하기 때문에 "먼저 이용한 후에 나중에 허락을 받겠다"거나 "나중에 사용료를 지급하면 되겠지"라고 생각하는 것은 금물이다. 이때는 이미 실연자와 음반제작자의 전송권을 침해한 후가 되기 때문에 법적 책임을 피할 수 없다.

한편, 실연자와 음반제작자 같은 저작인접권자가 아닌 저작권자(음악·소설·시·연극·미술·사진·영상 등 저작물의 저작권자)에게는 2000년 7월 1일에 발효된 개정 저작권법에 따라 이미 전송권이 주어졌으므로 각종 저작물들을 인터넷을 통해 송신하고자 할 때 저작권자로부터 전송허락을 받아야 하는 것은 물론이다.

(2) 전송과 관련한 불법행위의 구체적인 내용

첫째, 음악 파일 등을 웹사이트, 미니홈피, 카페, 블로그 등에 올리는 경우.

둘째, 음악 파일 등을 포털사이트나 웹사이트의 게시판, 자료실, 방명록 등에 올리는 경우.

셋째, 음악 파일을 특정 가입자들만 접근할 수 있는 폐쇄적인 웹사이트, 미니홈피, 카페, 블로그 등에 공유목적으로 올리는 경우.

넷째, 여러 경로를 통해 수집한 음악 파일이나 저작물을 다른 사람들과 공유할 목적으로 웹하드에 저장하거나 내려받는 경우.

다섯째, 다른 사용자와 공유할 목적으로 P2P 프로그램을 통해 음악 파일이나 저작물을 올리거나 내려받는 경우.

여섯째, 음반 매장에서 적법하게 구입한 CD를 디지털 파일로 변환하여 홈페이지, 미니홈피, 카페, 블로그, 각종 게시판이나 자료실 등에 올리는 경우.

그 밖에 MP3 파일이 아닌 다른 파일(asf, wma, avi, wav 등)로 변환하여 웹사이트 등에 올리는 경우로, 음악 파일의 확장자명이 무엇이든 상관없이 음악 파일을 웹사이트 등에 무단으로 올리는 행위는 불법행위에 해당한다.

(3) 자유롭게 이용할 수 있는 음악저작물의 범위

기본적으로 보호기간이 끝난 음악저작물은 누구나 자유롭게 이용할 수가 있다.

먼저, 현재 1986년 12월 30일 이전에 발행 또는 공연된 음반으로서 개인이 권리자인 경우, 음악저작권자(작사·작곡자), 실연자 및 음반제작자가 1956년 12월 31일 이전에 모두 사망한 때에는 당해 음반은 자유롭게 이용할 수 있다.

다음으로, 1987년 6월 30일 이전에 발행 또는 공연된 음반으로서 단체나 법인이 저작자인 음반의 경우, 발행 또는 공연한 때로부터 30년이 지난 때에는 누구나 자유롭게 이용할 수 있다. 다만, 이 경우에 음악저작권자, 실연자 및 음반제작자 중 개인이 저작자로 표시되어 있는 때에는 그 개인이 사망한 때로부터 50년이 지나야 자유롭게 이용할 수 있다.

또, 1987년 7월 1일에서 1994년 6월 30일 사이에 고정된 음반의 경우 그 음반에 대한 실연자와 음반제작자의 권리는 음반이 고정된 때로부터 20년이 지났으면 보호기간이 끝난다. 다만, 이 경우에도 당해 음반에 수록된 음악저작물에 대한 작사·작곡자의 권리는 당해 작사·작곡자가 사망한 후 50년이 지나야 소멸된다.

끝으로, 1994년 7월 1일 이후에 고정된 음반의 경우 당해 음반에 대한 실연자 및 음반제작자의 권리는 당해 음반이 고정된 지 50년이 지난 때에 보호기간이 끝나게 된다. 다만, 이 경우에도 당해 음반에 수록된 음악저작물에 대한 작사·작곡자의 권리는 당해 작사·작곡자가 사망한 후 50년이 지나야 소멸된다.

(4) 외국 저작물의 전송행위

외국 저작물 또는 외국 음반을 웹사이트, 미니홈피, 카페, 블로그 등에 무단으로 올리는 것도 불법행위이다. 우리나라는 국내에 상시 거주하는 외국인 또는 우리나라가 가입한 국제조약의 가입국 국민이 만든 저작물 또는 음반 등에 대해 내국민의 저작물 또는 음반 등과 같은 수준으로 보호할 법적 의무가 있다.

2005년 2월 현재, 우리나라가 가입한 저작권 관련 국제조약의 가입국은 157개국에 이르며, 이들 157개국의 국민들이 만든 저작물 또는 음반 등은 우리나라에서 보호를 받는다.

(5) 링크 행위

다른 웹사이트에 있는 음악 파일 등을 개인 홈페이지나 카페 등에 링크한 때에도 불법행위가 될 수 있다. 예컨대, 프레임(frame) 기법에 의한 링크를 한 때에는 저작권을 침해한 것과 유사한 불법행위가 된다. 우리 법원은 저작권자의 허락 없이 전자지도를 프레임 기법으로 링크시킨 것과 관련하여 "프레임 링크 행위는 저작권자의 허락 없이 자신의 컴퓨터 서버에 복제하여 이를 자신의 인터넷 홈페이지 이용자들에게 전송한 행위와 마찬가지이기 때문에 위법행위에 해당한다"고 판시(서울지법, 2001. 12. 7. 선고, 2000가합54067 판결)한 바 있다. 즉, 미니홈피, 카페 또는 블로그 등을 방문하는 순간이나 특정자료를 여는 순간, 또는 특정자료를 클릭하는 순간 음악이 저장된 사이트로 이동함이 없이 방문한 미니홈피, 카페, 블로그 또는 기타 링크를 건 사이트나 웹페이지에서 음악을 들을 수 있도록 한 링크 기법도 프레임 링크와 같은 효과를 가지는 것으로 볼 수 있다.

한편, 딥링크(deep link; 해당자료에 직접 링크하는 것)는 당해 사이트의 영업적 이익을 해친 경우에 불법행위가 될 수 있다는 것이 다수의 견해이다. 하지만 다른 웹사이트를 단순링크(사용자가 클릭하면 링크된 사이트로 완전히 이동되는 것)하는 것은 불법행위가 아니다. 다만, 대상 사이트가 불법복제물을 수록하고 있다는 사실을 알면서 단순링크하는 것은 불법행위를 조장한 것이 되므로 주의해야 한다.

(6) 음악 파일의 합법적인 이용절차

음악 파일을 합법적으로 이용하기 위해서는 저작권자, 실연자, 음반제작자 등 관련 권리자 모두의 허락을 받아야 한다. 다만, 권리자들이 자신들의 권리를 저작권위탁관리단체에게 신탁한 경우에는 신탁관리단체의 허락을 받아야 한다. 음악저작물과 관련이 있는 신탁관리단체로는 (사)한국음악저작권협회, (사)한국예술실연자단체연합회, (사)한국음원제작자협회가 있다.

5. 방송사업자의 권리

저작인접권자로서의 방송사업자의 권리는 '복제권'과 '동시중계방송권'으로 집약된다. 여기서 말하는 방송이란 방송을 통해 전달되는 소리나 영상을 말하는 것으로 저작물적 성격을 띠는 프로그램 그 자체와는 다르다. 즉, 음 또는 영상에 대한 방송사업자의 권리에 대한 규정이라고 할 수 있다.[76]

방송사업자에게는 그의 방송을 녹음 또는 녹화나 사진 등의 방법으로 복제하거나 동시에 중계방송할 수 있는 배타적인 권리가 있다. 여기서 녹음·녹화 또는 사진 등에 의한 복제란 방송의 유형적인 이용형태를 말하고, 동시중계방송이란 방송의 무형적인 이용형태라고 할 수 있다.

첫째로 방송사업자의 복제권에 대해 살펴보면 다음과 같다. 먼저 녹음에 의한 복제란 방송을 청각적으로 고정하는 것을 뜻하고, 녹화에 의한 복제란 방송

---

76) 인접권협약 제13조에 따르면 방송사업자의 권리는 동시중계에 의한 방송물의 재방송, 방송물의 고정, 방송사업자의 동의를 받지 않고 만들어진 방송물의 고정물에의 복제 등, 그리고 입장료를 지급함으로써 공중이 입장할 수 있는 장소에서 텔레비전 방송물이 공중에 전달되는 경우의 그 전달 등에 미치도록 규정되어 있다. 이 중 네 번째 경우는 텔레비전 수상기의 폭발적인 증가로 별 실효성이 없으므로 우리 저작권법에서는 채택하지 않았다.

을 연속되는 영상을 시각 및 시청각적으로 고정하는 것을 뜻한다. 또한 사진에 의한 복제란 방송을 정지한 상태의 시각적 유형물로 고정한 것을 말하며, '그 밖의 이와 유사한 방법'이란 녹음·녹화·사진을 제외한 방법으로 방송을 복제하는 것을 모두 포함한다는 뜻이다. 이러한 복제의 개념 때문에 재방송에 있어서 시간대를 달리하여 이루어지는 재방송에는 방송사업자의 복제권이 작용하면 되므로 동시에 이루어지는 중계방송만을 별도의 권리로 규정한 것이다. 한편, 음 또는 영상 자체는 같은 것이라도 그것이 방송사를 달리하여 방송된다면 그 방송을 송신한 방송사들에게 독립적인 저작인접권이 주어진다는 점과, 만일 실연이 녹음된 음반을 사용해서 방송하는 것을 녹음하는 경우에는 실연자의 복제권 및 음반제작자의 복제권 그리고 방송사업자의 복제권 등 세 가지의 권리가 동시에 작용할 수도 있다는 점에 주의해야 한다.

둘째로 동시중계방송권에 대해서 살펴보면, 다른 시간대에 이루어지는 재방송은 복제권을 적용해도 무방하므로 동시적인 재방송, 즉 동시중계방송에 방송사업자의 권리가 작용한다. 여기서 동시중계방송이란 어떤 방송사업자가 행하는 방송을 다른 방송사업자가 수신하여 동시에 중계하는 재방송형태를 말하므로, 동시중계방송권이란 자기 방송사에서 행하는 방송에 대해 다른 방송사업자가 동시중계방송을 할 수 있도록 허락하거나 허락 없이 행하는 동시중계방송을 금지시킬 수 있는 권리를 말한다. 이러한 동시중계방송에 관한 권리를 방송사업자가 행사할 기회는 거의 없었는데, 최근에 지역마다 민간방송사가 많이 설립됨에 따라 이 권리의 행사가 부쩍 늘어날 전망이다.

예컨대, 예전 같으면 KBS나 MBC가 서울 및 지방에 각각 별도의 방송시설을 갖추어 놓고 있음에도 법률적으로는 하나의 방송사업자에 의한 것이거나 별도의 내부계약에 의해 동시중계방송이 가능하도록 되어 있었는데, 서울방송(SBS)의 경우에는 지방에 네트워크 없이 수도권 위주의 방송만을 하고 있으므로 지방 민영방송들을 상대로 동시중계방송권을 행사할 수 있게 되었기 때문이다. 그 밖에 많은 케이블 텔레비전사가 등장하여 유선방송사업자와 무선방송사업자 사이에 동시중계방송을 둘러싼 논의가 활발해질 수 있을 것이다.

6. 저작인접권의 보호기간

1987년 저작권법 전면개정 당시만 해도 저작인접권의 보호기간은 실연 또는 소리의 맨 처음 고정, 방송 등이 있던 때의 다음 해부터 기산하여 20년간 존속하도록 규정했었으나 1994년의 개정에서는 이를 '50년'으로 대폭 상향조정했다. 다만, 부칙의 경과조치에 따라 1994년 7월 1일 이전에 발생된 저작인접권의 보호기간은 종전대로 20년간 존속하는 것으로 본다.

저작인접권의 효력발생에 있어서는 저작권의 발생과 마찬가지로 어떠한 절차나 형식의 이행에 따른 요건이 필요 없이 저작인접권의 대상이 되는 행위 자체가 있는 때로부터 발생한다. 그리고 저작인접권의 보호기간 역시 저작권 보호기간의 기산과 마찬가지로 역년기산주의를 취해 그러한 행위가 있는 때의 다음 해부터 시작해서 50년간 존속한다.

먼저, 실연의 경우에는 그 실연을 한 때부터 저작인접권이 발생하며 보호기간은 다음 해부터 기산하여 50년간 존속한다.

음반의 경우에는 그 음을 맨 처음 그 음반에 고정한 때부터 저작인접권이 발생하며 보호기간은 다음 해부터 기산하여 50년간 존속한다. 한편, 음반의 보호기간과 관련하여 음반에 수록된 음의 최초 고정이 있던 때부터 기산하는 것이 아니라 음반이 발행된 시점을 기산의 기준으로 삼는 나라도 있다.

그리고 방송의 경우에는 그 방송을 한 때부터 저작인접권이 발생하며 보호기간은 다음 해부터 기산하여 50년간 존속한다. 이러한 방송의 보호기간에 있어서는 특정 방송사의 방송시설을 이용한 소리 또는 영상을 보호하는 것이기 때문에 같은 내용의 방송이 각기 다른 방송사에서 시기를 달리하여 방송되었다면 각각의 방송사에 따라 보호기간이 달라질 수 있다는 점에 주의해야 한다. 따라서 저작재산권으로서의 방송권이 저작자 사망 후 50년이 지나서 만료된 경우라도 그 저작물을 방송에 이용한 방송사업자가 있다면 그 방송사업자의 저작인접권은 새로이 보호대상이 되는 것이다.

7. 데이터베이스제작자의 보호

과거에는 그 소재의 선택과 배열에 창작성이 있는 경우에 한해서 편집저작물로서 그 소재의 선택과 배열을 저작권법으로 보호했던 것이 바로 '데이터베이스'였다. 하지만 이렇게 했을 경우 특정 분야에 해당하는 모든 소재를 빠짐없이, 그리고 가장 일반적인 방법인 '가나다 순'이나 'ABC 순'으로 배열해서 제작한 대규모 전자적 데이터베이스들이 대부분 저작권 보호대상에서 제외되거나 보호되더라도 그 소재의 선택과 배열만 보호되므로 그 소재의 수집과 가공에 소요된 막대한 투자, 그에 따라 보호의 필요성이 매우 높은 소재의 이용 그 자체에는 사실상 아무런 보호가 이루어지지 않는 한계를 지니고 있었다.

이러한 현실 때문에 창작성을 기반으로 한 보호가 아니라 투자를 기반으로 한 보호가 필요하다는 주장이 국내외에서 지속적으로 제기되었고, 마침내 2003년 7월 1일부터 개정발효된 저작권법에서 '데이터베이스제작자의 보호'를 위한 조항들을 신설하기에 이르렀다. 이를 위해 당초 편집저작물의 개념 속에 포함되어 있었던 데이터베이스를 "소재를 체계적으로 배열 또는 구성한 편집물로서 그 소재를 개별적으로 접근 또는 검색할 수 있도록 한 것"으로 별도로 정의하는 한편, 데이터베이스제작자의 권리, 권리 제한, 보호기간 등에 대해 구체적으로 규정하고 있다.

(1) 보호받는 데이터베이스

먼저 "대한민국 국민" 또는 "데이터베이스의 보호와 관련하여 대한민국이 가입 또는 체결한 조약에 따라 보호되는 외국인"이 제작한 데이터베이스는 우리 저작권법에 의해 보호된다. 물론 보호되는 외국인의 데이터베이스라도 그 외국에서 대한민국 국민의 데이터베이스를 보호하지 않는 경우에는 '상호주의 원칙'에 따라 그에 상응하게 조약 및 우리 저작권법에 의한 보호를 제한할 수 있다. 다만, 그것이 "데이터베이스의 제작·갱신 등 또는 운영에 이용되는 컴퓨터프로그램"이거나 "무선 또는 유선통신을 기술적으로 가능하게 하기 위해 제작되거나 갱신 등이 되는 데이터베이스"인 경우에는 보호대상에서 제외된다.

(2) 데이터베이스제작자의 권리와 권리 제한

데이터베이스제작자는 "자신이 제작한 데이터베이스의 전부 또는 상당한 부분을 복제·배포·방송 또는 전송할 권리"를 가진다. 즉, 데이터베이스의 제작 또는 그 소재의 갱신·검증 또는 보충에 인적·물적으로 상당한 투자를 한 데이터베이스제작자에게 그 데이터베이스의 전부 또는 상당한 부분을 복제·배포·방송 또는 전송할 권리를 부여한 것이다. 이는 데이터베이스가 편집저작물에 해당하여 그 소재 및 선택이 저작권으로 보호되는 것과는 별도로 추가 부여된 권리이다.

다만, 데이터베이스의 개별 소재 또는 그 상당한 부분에 이르지 못하는 부분의 복제·배포·방송 또는 전송이라 하더라도 반복적이거나 특정한 목적을 위해 체계적으로 함으로써 그 데이터베이스의 통상적인 이용과 충돌하거나 데이터베이스제작자의 이익을 부당하게 해치는 경우에는 데이터베이스제작자의 권리를 침해한 것으로 본다. 그리고 이러한 보호는 데이터베이스의 구성부분이 되는 소재의 저작권 그 밖에 저작권법에 의해 보호되는 권리에 영향을 미치지 않으며, 데이터베이스의 구성부분이 되는 소재 그 자체에도 미치지 않는다. 즉, 데이터베이스제작자의 정당한 이익을 보호하면서도 정보의 원활한 유통이 저해되지 않도록 하기 위해 데이터베이스의 개별 소재는 보호대상이 되지 않도록 한 것이며, 이러한 보호가 데이터베이스의 구성부분이 되는 소재 그 자체에는 미치지 않도록 함으로써 데이터베이스성(databaseness)과 관계없이 활용되는 소재 그 자체에 대해 새로운 권리가 부여되는 것이 아님을 분명하게 밝히고 있다.

한편, 데이터베이스제작자의 권리 또한 저작재산권에 대한 제한규정을 대부분 준용해서 제한된다. 특히, "비영리적인 교육·학술 또는 연구를 위한 이용"이나 "시사보도를 위한 이용"의 경우에는 그것이 그 데이터베이스의 통상적인 이용에 저촉되지 않는 한 자유롭게 이용할 수 있다.

(3) 보호기간

데이터베이스제작자의 권리는 데이터베이스의 제작을 완료한 때부터 발생하며, 그 다음 해부터 기산하여 5년간 존속한다. 또, 데이터베이스의 갱신 등을 위해 인적 또는 물적으로 상당한 투자가 이루어진 경우에 당해 부분에 대한 데이터베이스제작자의 권리는 그 갱신 등을 한 때부터 발생하며, 그 다음 해부터 기산하여 5년간 존속한다. 즉, 데이터베이스의 갱신 등을 위해 인적·물적 투자가 이루어진 경우에는 그 부분의 보호기간이 별도로 진행된다. 이는 데이터베이스의 경우에 일부분만이 지속적으로 갱신되는 경향이 있으므로 그 일부의 갱신으로 인해 데이터베이스 전체의 보호기간이 연장되지 않도록 하기 위한 것이다.

그 밖에 '데이터베이스제작자의 권리의 양도·행사 등', '데이터베이스 이용의 법정허락', '데이터베이스제작자의 권리의 등록' 등에 관한 규정은 일반적인 저작재산권에 관한 관련 규정에 준용해서 적용된다.

〈Tip〉 데이터베이스제작자의 보호와 온라인디지털콘텐츠제작자의 보호[77)]

저작권법은 데이터베이스를 전자적 형태의 것에만 한정하고 있는 것은 아니므로 온라인디지털콘텐츠산업발전법상의 온라인디지털콘텐츠와 다르다. 그러나 저작권법상의 데이터베이스 중에서 컴퓨터 등 정보처리장치를 통한 검색을 위해서는 디지털화할 필요가 있고, 그 경우 데이터베이스제작자는 디지털콘텐츠제작자의 지위도 겸할 것이므로 저작권법이나 온라인디지털콘텐츠산업발전법의 보호를 받을 수 있다. 그러나 저작권법의 보호내용이 온라인디지털콘텐츠산업발전법의 그것보다 강화되어 있으므로 구태여 온라인디지털콘텐츠산업발전법에 의존할 필요는 없을 것이다. 원래 온라인디지털콘텐츠산업발전법도 창작성 없는 데이터베이스 보호만을 목적으로 한 것은 아니었다. 창작성 없는 데이터베이스 보호가 주로 자료의 수집과 갱신에 대한 노력과 자본투자를 보호하기 위한 것이라면 디지털화권은 디지털화를 장려하기 위해 디지털화한 자의 노력과 기술투자를 보호하기 위한 것이었다.

---

77) 이상정, "데이터베이스제작자의 보호", 〈계간 저작권〉 2003년 가을호(제63호), p. 29.

제5장 _ 영상저작물에 관한 특례

현행 저작권법에 '영상저작물에 관한 특례' 규정이 있는 이유는 영상저작물의 특성 때문이다. 즉, 영상저작물이란 "연속적인 영상이 수록된 창작물로서 그 영상을 기계 또는 전자장치에 의하여 재생하여 볼 수 있거나 보고들을 수 있는 것"으로 영화나 비디오테이프에 수록된 것이 대표적인데, 이는 어문저작물이나 음악저작물 또는 미술저작물 등의 다른 저작물을 이용하는 것은 물론 영상제작자를 비롯한 감독·프로듀서·촬영기사·아트디렉터·연기자 등의 실연자들이 공동으로 참여함으로써 이루어지는 종합저작물이다.

이렇게 하나의 영상저작물에는 다수의 권리자가 복잡하게 얽혀 있는 까닭에 이를 이용하려는 사람에게는 이용허락과 관련해서 매우 복잡한 문제가 발생할 수 있다. 물론 영상저작물의 창작에 관여한 권리자들의 권리행사에도 많은 어려움이 뒤따른다. 따라서 이러한 문제점들을 감안해서 영상저작물의 이용과 영상저작물에 관여한 각종 권리자들의 권리를 합리적으로 조화시키려는 노력이 필요한데, 저작권법에서 규정한 '영상저작물에 관한 특례'가 바로 그런 취지에서 비롯된 것이다.

1. 저작물의 영상화

(1) 저작물의 영상화 허락에 포함되는 권리

저작재산권자가 그 저작물의 영상화를 다른 사람에게 허락한 경우에 특약이 없는 때에는 다음과 같은 권리를 포함해서 허락한 것으로 본다.

첫째, 영상저작물을 제작하기 위하여 저작물을 각색하는 것.

둘째, 영상저작물을 복제·배포하는 것.

셋째, 영상저작물을 공개상영하는 것.

넷째, 방송을 목적으로 한 영상저작물을 방송하는 것.

다섯째, 영상저작물의 번역물을 그 영상저작물과 같은 방법으로 이용하는 것.

여기서 "저작물의 영상화를 다른 사람에게 허락한 경우"란 소설이나 각본 같은 어문저작물을 영상저작물로 제작하려는 사람에게 그 이용을 허락한 경우가 대표적이다. 이는 저작재산권의 일종인 2차적 저작물의 작성권에 해당하는 것인데, 2차적 저작물이란 "원저작물을 번역·편곡·변형·각색·영상제작 그 밖의 방법으로 작성한 창작물"을 말하므로 이 중 영상제작에 해당하는 2차적 저작물의 작성권을 영상제작자에게 행사하는 것이 된다. 이렇게 해서 작성된 영상저작물은 2차적 저작물로서 그것을 제작한 사람은 원저작권과는 별도의 새로운 저작권을 갖게 된다. 하지만 2차적 저작물에 대한 저작권의 행사가 원저작권에 우선하는 것은 아니므로 영상저작물의 이용편의를 위해 영상제작자에게 일정한 권리를 부여한 것이다. 한편, "특약이 없는 때에는"이라고 했으므로 특약이 있으면 그것이 우선된다는 점에 주의해야 한다.

먼저, 영상화의 허락에는 원저작물을 각색하는 권리가 포함된다. 여기서는 어문저작물을 원저작물로 하는 경우에 있어서의 각색만을 규정하고 있지만 넓은 의미에서는 각색을 "영상화에 알맞도록 개작하는 것"이라고 보아 영상화의 허락을 얻은 음악저작물이나 미술저작물을 영상제작에 적합한 형태로 편곡하거나 변형하는 것도 각색의 범주에 든다고 볼 수 있다. 따라서 직접 영상제작에 이용할 수 없는 저작물을 영상화의 기본적인 과정인 각색 또는 변형을 하려면 일단 영상제작에 따른 허락만 얻으면 되는 것으로 해석할 수 있다. 또한 이러한 각색은 어디까지나 영상제작을 위한 목적 때문에 허락된 것이므로 각색 그 자체를 별도의 2차적 저작물에 대한 작성으로 보아 영상화와는 다른 새로운 저작권을 주장하는 것은 있을 수 없는 일이다. 그리고 저작물을 각색함에 있어서 주의할 점은 원저작물의 본질적인 창작성을 발휘하는 방향으로 이루어져야지 그렇지 않고 원저작물을 본질적으로 변경시키거나 훼손해서 원저작자의 명예를 실추시킨다면 오히려 저작인격권의 침해요인이 되며, 여기서 말하는 각색에 해당될 수 없다는 사실이다.

또, 저작재산권자로부터 영상화의 허락이 있었다면 특약이 없는 한 제작된 영상저작물을 복제 및 배포하는 권리도 함께 영상제작자에게 허락된 것으로 본다. 만일 그렇지 않다면 저작물의 영상화를 허락한 저작재산권자가 영상저작물이 제작되어 그 2차적 저작물을 복제 또는 배포하는 것에도 권리주장을 할 수 있게 되어 이용관계가 복잡해질 염려를 안고 있다. 그러므로 저작물의 영상화를 허락함에 있어서 특약이 없는 한 영상저작물의 복제 및 배포에는 저작재산권자의 권리행사가 미칠 수 없도록 함으로써 영상제작자의 원활한 기능수행을 보장한 것이다.

다음으로, 저작재산권자가 그의 저작물에 대한 영상화를 허락한 경우에는 특약이 없는 한 제작된 영상저작물의 공개상영도 허락된 것으로 본다. 여기서 '공개상영'이란 극장 또는 강당 같은 공개된 장소에서 일반공중으로 하여금 영상저작물을 관람할 수 있도록 하는 것을 말하며, 이는 또한 공연에 해당되어 저작재산권의 일종인 공연권의 대상이 된다. 따라서 공개상영이 필수적인 영상저작물에 있어서 공연권에 따른 허락문제가 대두되므로 이를 영상화의 허락에 포함한 것이다.

또, 저작재산권자가 방송을 목적으로 하는 영상저작물에 대해 자신의 저작물을 영상화하도록 허락한 경우에는 특약이 없는 한 제작된 영상저작물을 방송하는 것까지 포함된 것으로 본다. 이는 방송권이 복제권·배포권·공연권과 함께 별도의 권리이므로 이용에 따른 충돌을 없애기 위한 것이다. 다만, "방송을 목적으로 한"이라고 규정하고 있으므로 당초의 목적이 방송이 아닌 경우에는 이 규정이 적용되지 않는다는 점에 주의해야 한다.

마지막으로, 특약이 없는 한 영상화의 허락에는 제작된 영상저작물을 당초의 이용방법에 따라 번역해서 이용하는 권리도 포함된다. 이는 영상저작물의 수입 또는 수출에 있어서 외국어를 우리말로 또는 우리말을 외국어로 번역해서 영상저작물에 더빙하거나 자막으로 처리할 수 있음을 감안한 것이다. 이처럼 번역에 의한 이용을 별도로 규정하고 있는 이유는 번역이 각색·영상제작과 함께 2차적 저작물 작성권의 일종이기 때문에 2차적 저작물인 영상저작물의 번역에도 영향을 미칠 수 있어서 자칫 문제가 생길 것을 감안한 것이다. 아울러 각색에 있어서와 마찬가지로 여기서의 번역 또한 영상저작물의 이용편의를 위해 허락되는 것이므로 영상제작자는 영상제작과는 별도로 번역에 따른 2차적 저작권을 주장할 수 없다는 점에 주의해야 한다.

(2) 영상제작자의 독점기간

저작재산권자는 그 저작물의 영상화를 허락한 경우에 특약이 없는 때에는 허락한 날로부터 5년이 경과한 때에 그 저작물을 다른 영상저작물로 영상화하는 것을 허락할 수 있다. 즉, 일정기간 동안 영상제작자에게는 영상저작물의 이용에 따른 독점권이 인정된다. 따라서 저작재산권자의 입장에서는 특약을 하지 않는 한 영상화의 허락을 한 날로부터 5년 동안은 그 저작물에 관한 영상화의 허락권을 행사할 수 없다는 것이며, 영상제작자의 입장에서는 특별한 약정이 없더라도 5년의 기간 동안에는 영상저작물의 이용에 관해 독점적이고 배타적인 권리를 얻게 되는 것이다. 이는 저작재산권자보다는 영상제작자의 입장을 더 많이 고려한 규정으로 보이는데, 그것은 영상저작물의 제작에 많은 자본이 투입되는 점을 감안해서 투입자본의 회수에 유리하도록 일정기간 독점권을 인정해야 한다는 취지에서 비롯된 것으로 해석할 수 있다. 아울러 일반적인 저작물의 이용허락에 있어서는 저작재산권자와 이용자가 단순이용허락인지 독점이용허락인지를 협의해서 계약사항으로 명시해야 하지만, 저작물의 영상화에 있어서는 특약이 없는 한 영상제작자에게 독점권이 부여된다는 점에 주의해야 한다.

2. 영상저작물에 대한 권리

일반적으로 영상제작에 협력한 사람들의 권리 중에서 영상저작물의 이용권과 저작인접권은 영상제작자에게 양도된 것으로 본다. 하나의 영상저작물이 만들어지기 위해서는 많은 분야에서 많은 사람들이 서로 협력해야 하므로 권리관계가 복잡해질 수밖에 없다. 영상제작에 이용되는 저작물의 저작재산권자뿐만 아니라 통칭 '실연자'로 불리는 감독이나 프로듀서, 촬영 및 미술이나 편집에 관여하는 사람, 조명 및 소품담당, 그리고 배우나 탤런트처럼 연기에 참여하는 사람 등이 영상제작에 관여하기 때문이다. 만일 영상제작자가 법인이나 단체이고 영상제작에 참여하는 모든 사람들이 그 법인이나 단체의 업무에 종사하는 종업원이어서 단체명의저작물이 성립하는 경우라면 그 권리는 법인이나 단체에 있으므로 별 문제가 없다. 하지만, 그렇지 않다면 영상제작에 관여하는 사람 중에서 자신의 창작성을 발휘하여 별도의 저작권을 취득하는 경우도 있을 것이므로 문제가 생기지 않을 수 없다. 즉, 완성된 영상저작물은 일종의 공동저작물과도 같은 것이므로 그 기여한 바에 따라 저작재산권 역시 공유될 수 있고, 실연자들이 획득하게 되는 저작인접권 또한 발생한다. 이러한 문제점을 감안해서 영상저작물에 대한 권리를 특별히 규정하고 있는 것이다.

먼저, 영상제작자와 영상저작물의 제작에 협력할 것을 약정한 자가 그 영상저작물에 대하여 저작권을 취득한 경우 특약이 없는 한 그 영상저작물의 이용을 위하여 필요한 권리는 영상제작자가 이를 양도받은 것으로 추정한다. 따라서 영상저작물에 관여한 저작재산권자라고 하더라도 특약이 없는 한 영상제작이 완성되면 그 영상저작물의 이용에 관한 권리는 영상제작자에게 양도되므로 저작재산권자가 임의로 권리를 행사할 수 없다.

다음으로, 영상저작물의 제작에 사용되는 소설·각본·미술저작물 또는 음악저작물 등의 저작재산권은 영상제작으로 인해 영향을 받지 않는다. 영상저작물의 이용에 관한 권리와 인접권이 영상제작자에게 양도되는 것으로 추정됨에도 불구하고, 그 영상저작물의 제작에 사용되는 원저작물의 저작재산권에는 아무런 문제가 없다. 즉, "영상저작물의 제작에 협력할 것을 약정한" 경우에 "그 영상저작물의 이용을 위하여 필요한 권리"만이 영상제작자에게 양도된 것이므로 영상제작에 사용된 원저작물의 이용권은 당연히 저작재산권자에게 남아 있다. 예컨대, 어느 소설가가 자신의 소설을 영화에 이용해도 좋다고 허락했다면 그 소설을 토대로 해서 만들어진 영화의 이용권만이 영상제작자에게 양도된 것이지 그 소설을 가지고 드라마를 만들거나 출판계약에 의해 책으로 펴내는 등의 권리까지 영상제작자에게 양도된 것이 아니므로 저작재산권자로서의 소설가는 자신의 소설에 따른 저작재산권을 얼마든지 행사할 수 있다.

또한, 영상제작자와 영상저작물의 제작에 협력할 것을 약정한 실연자의 그 영상저작물의 이용에 복제권 및 실연방송권은 특약이 없는 한 영상제작자가 이를 양도받은 것으로 추정한다. 이는 실연자가 영상제작자와 영상제작에 협력하기로 약정함으로써 그에 따른 출연료 등의 대가를 받는 것이 일반적인 관행이므로 영상물 제작 및 이용에 있어서 필수적인 실연의 복제권, 그리고 방송을 목적으로 한 영상제작의 경우 실연방송권 등은 영상제작자에게 양도된 것으로 보아야만 영상저작물의 원활한 이용이 가능하다는 취지에서 실연자의 권리를 제한한 것이다.

3. 영상제작자의 권리

먼저, 영상제작자는 영상제작물의 제작에 협력할 것을 약정한 자로부터 영상저작물을 복제·배포·공개상영·방송·전송 그 밖의 방법으로 이용할 권리를 양도받으며, 이를 다시 양도하거나 질권의 목적으로 할 수 있다. 또, 실연자로부터는 그 영상저작물을 복제 또는 방송할 권리를 양도받으며, 마찬가지로 이를 양도하거나 질권의 목적으로 할 수 있다.

즉, 영상제작자는 영상저작물이 수록된 녹화물을 복제하는 것은 물론 배포할 수 있으며, 그것이 영화 같은 영상저작물이라면 공개상영의 방법으로, 그것이 방송을 목적으로 한 영상저작물이라면 방송의 방법으로 이용할 수 있으며, 전송이나 그 밖의 방법으로 영상저작물을 이용하는 것도 가능하다. 물론 이 경우 이용에 따른 저작재산권자의 허락은 필요 없다. 또, 영상저작물에서 파생되는 저작인접권, 즉 실연자의 권리도 양도받은 것으로 본다.

한편, 영상제작에 따른 이용권도 하나의 저작재산권이므로 이러한 권리를 가진 영상제작자는 영상저작물에 대한 일체의 권리를 제3자에게 양도하거나 질권의 목적으로 이용할 수 있다. 이때에 영상저작물의 제작에 관여한 많은 권리자들로부터 동의를 얻을 필요는 없다. 일반적인 저작물 이용허락에 있어서는 이용에 따른 권리를 양도하거나 질권을 설정하고자 할 때에는 저작재산권자의 동의가 필요하지만, 저작권법에서는 영상저작물의 특수성을 감안해서 이를 적용하지 않은 것으로 보인다.

4. 온라인서비스제공자의 책임 제한

2003년 개정 저작권법에서 신설된 것으로 '온라인서비스제공자의 책임 제한' 규정이 있다. 곧, 인터넷 등 온라인을 통한 저작물의 유통이 증가하면서 이를 통한 저작권 침해 가능성도 높아진 상황에서 온라인서비스제공자의 책임 소재를 둘러싼 공방이 날로 거세지고 있기 때문에 법적 규정이 필요했던 것이다. 이러한 제도는 1998년 미국의 '디지털밀레니엄저작권법'에 의해 처음 도입된 이래 전 세계에서 고루 채택되고 있는 중이다.

(1) 온라인서비스제공자의 책임 제한

먼저, 온라인서비스제공자가 저작물이나 실연·음반·방송 또는 데이터베이스의 복제·전송과 관련된 서비스를 제공하는 것과 관련하여 다른 사람에 의한 저작물 등의 복제·전송으로 인해 그 저작권이 침해된다는 사실을 알고 이를 방지하거나 중단시킨 경우에는 그 책임을 경감 또는 면제할 수 있다. 또, 이를 방지하거나 중단시키고자 했으나 그것이 기술적으로 불가능한 경우에는 그 책임이 전부 면제된다.

(2) 복제·전송의 중단

온라인서비스제공자의 서비스를 이용한 저작물 등의 복제·전송에 의해 자신의 저작권 등 권리가 침해되었다고 판단하는 사람은 그 사실을 소명하여 일정한 절차에 따라 온라인서비스제공자에게 그 저작물 등의 복제·전송을 중단시킬 것을 요구할 수 있다. 그리고 온라인서비스제공자는 이러한 중단요구가 있는 경우에는 지체 없이 그 저작물 등의 복제·전송을 중단시키고 그 사실을 복제·전송자에게 통보해야 한다.

또, 이러한 통보를 받은 복제·전송자가 자신의 복제·전송이 정당한 권리에 의한 것임을 소명하여 그 복제·전송의 재개를 요구하는 경우 온라인서비스제공자는 재개요구사실 및 재개예정일을 권리주장자에게 지체 없이 통보하고 그 예정일에 복제·전송을 재개시켜야 한다. 그리고 온라인서비스제공자는 이러한 복제·전송의 중단 및 그 재개의 요구를 받을 자(수령인)를 지정해서 자신의 설비 또는 서비스를 이용하는 자들이 쉽게 알 수 있도록 공지해야 한다. 아울러 온라인서비스제공자가 이러한 절차에 따른 경우에는 역시 자신의 서비스를 이용한 다른 사람에 의한 저작권 침해에 대한 책임이 경감 또는 면제된다.

한편, 정당한 권리 없이 저작물 등의 복제·전송의 중단이나 재개를 요구하는 자는 그로 인해 발생하는 손해를 배상해야 하므로 관련자들에게는 신중한 판단이 필요하다. 그 밖에 복제·전송의 중단이나 재개 요구 등과 관련한 세부적인 절차와 요건은 대통령령인 저작권법 시행령으로 규정되어 있다.

참고

저작권법 시행령 제28조의2 (권리주장자의 소명 등)

① 법 제77조의2제1항의 규정에 따라 자신의 저작권 그 밖에 이 법에 의하여 보호되는 권리(이하 "저작권 등"이라 한다)가 침해됨을 주장하는 자(이하 "권리주장자"라 한다)가 그 사실을 소명하고자 하는 때에는 다음 각호의 1에 해당하는 자료를 온라인서비스제공자에게 제출하여야 한다.

1. 자신이 그 저작물의 권리자로 표시된 저작권 등의 등록증 사본 또는 그에 상당하는 자료

2. 자신의 성명이나 명칭(이하 "성명 등"이라 한다) 또는 예명·아호·약칭 등(이하 "이명"이라 한다)으로서 널리 알려진 것이 표시되어 있는 저작물의 사본 또는 그에 상당하는 자료

3. 권리주장자가 법 제78조의 규정에 의한 저작권신탁관리업자인 경우에는 그 저작물이 신탁관리의 대상임을 증명하는 자료

② 권리주장자는 그 저작물의 복제·전송의 중단을 요구하고자 하는 때에는 제1항의 규정에 의한 자료와 함께 다음 각호의 사항을 기재한 문서를 온라인서비스제공자에게 제출하여야 한다.

1. 그 복제·전송이 저작권 등을 침해한다는 취지의 진술

2. 그 복제·전송의 중단요구대상이 된 저작물의 제호 또는 그에 상당하는 문자나 부호(이하 "제호 등"이라 한다)

3. 그 복제·전송의 중단요구대상이 된 저작물이 소재하는 온라인서비스상의 위치를 충분히 확인할 수 있는 정보

4. 권리주장자의 성명 등 및 주소·전화번호·전자우편주소 등 연락처(이하 "연락처"라 한다)

5. 권리주장자나 그의 대리인의 서명 또는 날인

6. 정당한 권리 없이 복제·전송의 중단을 요구하는 경우 그로 인하여 발생하는 손해를 배상한다는 취지

저작권법 시행령 제28조의3 (복제·전송자에 대한 중단의 통보)

① 법 제77조의2제2항의 규정에 따라 저작물의 복제·전송의 중단요구를 받은 온라인서비스제공자는 복제·전송을 중단한 날부터 3일 이내에 다음 각호의 사항을 기재한 문서를 첨부하여 그 저작물을 복제·전송하는 자(이하 "복제·전송자"라 한다)에게 서면으로 통보하여야 한다.

1. 그 복제·전송이 중단된 일시

2. 그 복제·전송이 중단된 저작물의 제호 등

3. 권리주장자가 제출한 소명자료의 내용

4. 권리주장자의 성명 등 및 연락처

② 온라인서비스제공자는 제1항의 규정에 의한 통보를 하는 경우에는 복제·전송자가 자신의 복제·전송이 정당한 권리에 의한 것임을 소명하여 복제·전송의 재개를 요구할 수 있음을 복제·전송자에게 알려야 한다.

저작권법 시행령 제28조의4 (복제·전송자의 소명 등)

① 복제·전송자는 법 제77조의2제3항의 규정에 따라 자신의 복제·전송이 정당한 권리에 의한 것임을 소명하는 때에는 다음 각호의 1에 해당하는 문서를 온라인서비스제공자에게 제출하여야 한다.

  1. 자신이 그 저작물의 권리자로 표시된 저작권 등의 등록증 사본 또는 그에 상당하는 자료

  2. 자신의 성명 등 또는 널리 알려진 이명이 표시되어 있는 그 저작물의 사본 또는 그에 상당하는 자료

  3. 저작권 등을 가지고 있는 자로부터 적법하게 복제·전송의 허락을 받은 사실을 증명하는 계약서 사본 또는 그에 상당하는 자료

  4. 그 저작물의 저작재산권의 보호기간이 종료된 경우 그 사실을 확인할 수 있는 자료

② 복제·전송자는 그 복제·전송의 재개를 요구하는 때에는 제1항의 규정에 의한 소명자료와 함께 다음 각호의 사항을 기재한 문서를 온라인서비스제공자에게 제출하여야 한다.

  1. 그 복제·전송의 재개를 요구하는 취지의 진술

  2. 그 복제·전송의 재개를 요구하는 대상이 된 저작물의 제호 등

  3. 그 복제·전송의 재개를 요구하는 대상이 된 저작물이 소재하였던 온라인서비스상의 위치를 충분히 확인할 수 있는 정보

  4. 복제·전송자의 성명 등 및 연락처

  5. 복제전송자나 그의 대리인의 서명 또는 날인

  6. 정당한 권리 없이 복제·전송의 재개를 요구하는 경우 그로 인하여 발생하는 손해를 배상한다는 취지

저작권법 시행령 제28조의5 (복제·전송의 재개통보 등)

① 온라인서비스제공자는 법 제77조의2제3항의 규정에 따라 복제·전송의 재개를 요구받은 때에는 다음 각호의 사항을 기재한 문서를 첨부하여 서면으로 권리주장자에게 통보하여야 한다.

  1. 그 복제·전송을 재개할 저작물의 제호 등

  2. 복제·전송자가 제출한 소명자료의 내용

3. 복제·전송자의 성명 등 및 연락처

4. 그 복제·전송의 재개예정일

② 제1항제4호의 규정에 의한 재개예정일은 그 복제·전송의 재개를 요구받은 날부터 7일 이후 14일 이내로 하여야 한다.

저작권법 시행령 제28조의6 (수령인의 공지)

온라인서비스제공자는 법 제77조의2제4항의 규정에 의한 수령인을 지정하거나 변경한 때에는 그 복제·전송과 관련된 서비스를 제공하는 자신의 인터넷 홈페이지에 수령인의 성명 등 및 연락처를 표시하여야 한다.

제6장 _ 저작권위탁관리업

저작권은 저작권자 자신에 의해 직접 관리되는 것이 가장 이상적이다. 그러나 엄청나게 다양해지고 있는 저작물과 그것을 이용하려는 사람들의 폭발적인 증가에 따라 적절한 저작물 또는 이용자를 선별하기가 사실상 어려워지는 추세에 있다. 우선 저작권자의 측면에서 보면, 저작권에 관한 전문지식이 부족하여 자신의 권리를 적절히 행사하지 못하는 경우가 많고, 누군가에 의해 자신의 저작물이 이용되고 있는지 파악하기 어려우며, 따라서 저작물에 대한 권리자의 직접적인 관리가 거의 불가능한 경우가 많다. 또한 이용자의 측면에서 보면, 이용허락을 얻기 위해 저작권자와 개별적으로 접촉하는 일이 쉽지 않은 경우가 많고, 허락을 받아내는 절차에 있어서도 전문지식이 부족한 경우에는 어려움이 많을 수밖에 없다. 특히 그것이 국제적인 경우에는 어려움이 훨씬 더 커지는 것이 현실적인 문제라고 할 수 있다.

따라서 저작권에 관한 전문적인 지식과 계약관계의 절차 등에 관한 이해를 갖춘 개인이나 단체가 저작권을 집중적으로 관리할 수 있도록 하여 저작권자가 그 저작물을 특정의 단체에 관리를 위탁함으로써 저작물의 이용에 따른 수익을 얻게 함은 물론 이용자 역시 이용하고자 하는 저작물에 대한 정보를 입수하거나 선별하기 쉽고, 계약에 있어서도 모든 면에서 편리를 추구할 수 있도록 하는 것은 합리적인 방법이 될 수 있다. 아울러 저작물의 국제적인 교류에 있어서도 각국의 저작권관리단체끼리 협의함으로써 개인간의 교류에서 파생되는 문제점들을 극복할 수 있다는 이점도 있다. 그런 취지에 따라 현행 저작권법에서는 3개조에 걸쳐 저작권위탁관리업에 관해 규정하고 있다.[78]

이러한 저작권위탁관리업에는 대리·중개·신탁이 있으며, 이 중에 하나 또

---

78) 저작권위탁관리의 시초는 1847년 프랑스에서 음악저작물의 저작자들이 'SACEM'이라는 저작권관리단체를 결성한 것이며, 오늘날에는 다른 저작물에 대해서도 집중관리제도가 정착되고 있다. 우리나라에서도 일반적인 허가 또는 신고에 따라 저작권위탁관리업을 하는 단체나 업체가 많이 생겨나고 있다.

는 여러 분야를 동시에 업으로 삼을 수도 있도록 규정하고 있다.

1. 저작권위탁관리업의 내용

저작권법에서 규정하고 있는 저작권위탁관리업의 내용과 요건에 대해 살펴보면 다음과 같다. 먼저, 저작권위탁관리업을 '저작권신탁관리업'과 '저작권대리중개업'으로 구분하고 있다. 이때 저작권신탁관리업의 경우에는 문화관광부장관으로부터 허가를 받아야 하며, 대리중개업의 경우에는 신고만 하면 된다. 여기서 대리중개업의 경우에는 신고만을 요건으로 규정하고, 신탁관리업의 경우에는 허가를 요건으로 규정한 것은 그만큼 신탁업무가 전문적이며 이해관계에 얽힐 우려가 높기 때문에 일정요건을 강화한 것으로 볼 수 있다.[79]

한편, 저작권위탁관리업, 즉 대리·중개·신탁의 내용을 상세히 살펴보면 다음과 같다.

첫째, '대리(代理)'란 권리자인 본인을 대신한 다른 사람(대리인)이 저작물의 이용허락 등의 법률행위를 수행하고 그 법률행위의 효과는 본인에게 귀속되는 것을 말한다. 즉, 법률행위는 다른 사람이 하지만 그에 따른 효과는 권리자

---

79) 먼저 저작권신탁관리업의 허가를 받기 위해서는 1. 업무의 구분, 2. 취급할 저작물의 종류, 신탁관리의 인수에 관한 계약약관 및 저작물의 이용에 관한 계약약관, 4. 저작물 사용료율 또는 금액에 관한 사항, 5. 저작재산권자 또는 그 밖의 관계자로부터 받을 수수료의 요율 또는 금액에 관한 사항을 정한 '저작권신탁관리업무에 관한 규정'을 작성하여 '저작권신탁관리업허가신청서'와 함께 문화관광부장관에게 제출해야 한다. 아울러 허가를 받은 신탁관리업자는 매년 전년도의 사업실적 및 당해연도의 사업계획을 보고해야 한다. 저작권대리중개업의 신고에는 신탁관리업과 마찬가지로 위의 5가지 사항이 포함된 '저작권대리중개업무에 관한 규정'을 작성하여 '저작권대리중개업신고서'와 함께 문화관광부장관에게 제출하면 된다. 이때 신청서 및 신고서에 첨부해야 할 구비서류가 있으므로 이를 확인한 후 함께 준비하는 것이 좋다.

에게 귀속되므로 대리인에게는 아무런 직접적인 권리가 주어지지 않는 셈이다.[80]

둘째, '중개(仲介)'란 권리자와 저작물 이용자 사이에 저작물의 이용에 관한 계약이 성립되도록 노력하는 사실행위를 업무로 하는 것을 말한다. 예컨대, 부동산이나 상품 판매에 있어서의 주선(周旋) 또는 거간(居間) 등의 중개업무와 같은 것이다. 이는 권리자를 위한 행위이기는 하지만 권리자를 대리하여 법률행위를 하는 것이 아니므로 앞의 대리와 다르며, 처음부터 자기 명의로 계약을 체결하는 것이 아니므로 다음에서 언급하는 신탁과도 다르다.

셋째, '신탁(信託)'에 의한 저작권위탁관리란 신탁업무를 설정하는 자인 저작권자(위탁자)와 그러한 신탁을 인수하는 자(저작권위탁관리업자인 수탁자)가 서로의 신뢰를 바탕으로 위탁자가 저작재산권 등을 수탁자에게 이전하거나 기타의 처분을 하고, 수탁자는 위탁자의 이익을 위해 그 재산권을 관리하거나 처분할 수 있도록 하는 것을 말한다. 따라서 신탁업무를 수행하는 수탁자는 권리자인 위탁자의 수익을 고려해서 저작물을 관리할 의무를 부담하며, 관리의 결과로 생기는 이익이나 손실은 위탁자인 저작권자에게 귀속하므로 대리나 중개업무와는 확실히 구별되나 결과적으로는 신탁에 의한 관리를 해주고 그에 대한 일정액의 수수료를 받을 수 있을 뿐이다. 그러므로 신탁의 방법으로 위임된 권리는 법률상으로는 수탁자인 위탁관리업자에 속하지만 경제적인 면에서는 위탁자인 저작권자에게 속한다.[81]

만일, 주무 관청의 허가를 받지 않고 신탁관리업을 하다 적발되면 1년 이하

---

80) 민법에서 규정하고 있는 대리에는 직접 본인에게 법률행위의 효과를 귀속시키는 '직접대리'와 1차적으로 간접 대리인에게 귀속한 법률행위의 효과가 본인에게 이전되는 '간접대리'가 있으며, 외국 저작물의 경우 그 외국에서 대리업무를 수행하는 자가 국내의 대리인에게 또다시 대리업무를 수행하게 하는 것처럼 대리인이 자기의 권한 내에서 또 다른 대리인을 선임하는 형태의 '복대리(復代理)'가 있다. 하지만 법률행위의 효과가 전부 권리자인 본인에게 돌아간다는 점에서는 모두 같다고 할 수 있다.

의 징역 또는 1천만 원 이하의 벌금형에 처해질 수 있으며, 신고를 하지 않고 대리중개업을 하는 자는 500만 원 이하의 벌금형에 처해질 수 있다.

2. 저작권위탁관리업을 할 수 없는 자

먼저, 금치산자(禁治産者) 또는 한정치산자(限定治産者)는 민법상 행위무능력자로서 저작권위탁관리업을 할 수 없다. 금치산자란 성년이면서도 정신상의 능력에 고도의 결함이 있기 때문에 정상적인 재산상의 행위를 할 수 없는 사람으로서 가정법원에서 금치산 선고를 받은 사람을 말한다. 즉, 정신이상자가 대표적인 경우이다. 또한 한정치산자란 금치산자와 마찬가지로 정신상의 능력에 결함이 있기 때문에 정상적인 재산상의 행위를 할 수 없는 사람 중에서 심신이 박약하거나 재산의 낭비로 인해 자기나 가족의 생활을 궁핍하게 할 염려가 있는 사람으로서 가정법원에서 한정치산 선고를 받은 사람을 말한다. 즉, 알코올 중독자 또는 도박에 빠진 사람이 대표적인 경우이다.[82]

또, 파산선고를 받고 복권되지 않은 사람도 저작권위탁관리업을 할 수 없다. 파산선고란 자연인으로서의 개인에 있어서는 금전적 지급이 불가능한 상태인 경우에, 그리고 법인에 있어서는 채무가 자산에 비해 월등히 초과되어 법원이 선고로써 공사권(公私權)을 제한한 것을 말한다. 아울러 그러한 파산선고를 받고 복권되지 않은 사람이란 권리의 능력이 회복되지 않은 사람을 말한다.

다음으로, 저작권법을 위반하여 벌금 이상의 유죄판결을 선고받고 그 집행

---

81) 한편, 신탁법이 규정한 일반적인 신탁업무는 재정경제부장관의 허가사항이지만, 저작권법에서 규정하고 있는 위탁관리업의 신탁업무는 문화관광부장관의 허가사항이라는 점에 주의해야 한다.

82) 민법 제9조에 의하면, 금치산 또는 한정치산에 관한 선고를 가정법원에 청구할 수 있는 사람은 본인·배우자·4촌 이내의 친족·호주·금치산자의 후견인 또는 검사 등이다.

이 끝나지 않은 사람이나 집행을 받지 않기로 확정된 후 최소한의 신뢰회복기간인 1년이 지나지 않은 사람, 그리고 집행유예를 선고받고 그 기간 중에 있는 사람은 저작권위탁관리업을 할 수 없다. 다른 죄과에 대해서는 그 책임을 묻지 않으면서 유독 저작권법 위반죄에 대해서만 제한을 둔 것은 관리업무의 대상이 저작권임을 감안해서 당사자의 투명성을 강조한 까닭이다.

아울러 대한민국 내에 주소를 두지 않은 사람은 저작권위탁관리업을 할 수 없다. 여기서 주소란 민법상 생활의 근거지를 말하는 것으로 일반적인 주민등록에 기재된 것을 가리키므로 주로 외국인이 이에 해당하겠지만 대한민국 국민이라도 해당자가 있을 수 있다. 마지막으로, 지금까지 열거한 경우에 해당하는 자연인으로서의 개인이 대표자 또는 임원으로 되어 있는 법인 또는 단체 역시 저작권위탁관리업을 할 수 없다.

3. 수수료의 요율과 금액

저작권위탁관리업의 허가를 받거나 신고를 한 업자는 그 업무에 관해 저작재산권자 그 밖의 관계자로부터 일정의 수수료를 받을 수 있다. 대리위임계약이나 중개의뢰계약 또는 신탁관리계약을 맺으면서 당사자끼리의 합의에 의해 정해진 수수료는 곧 다른 사람을 위해 일정한 업무를 수행한 저작권위탁관리업자의 보수라고 볼 수 있다. 그러나 저작권법에서는 신탁관리업의 경우에 있어서 수수료를 임의로 정하지 못한다고 규정하고 있다. 즉, 저작권신탁관리업자가 받을 수 있는 수수료의 요율과 금액은 문화관광부장관의 승인을 받아 정해야 한다.

일반적인 관행에 의하면 어떤 업무를 직접 수행하지 않고 다른 사람에게 의뢰하는 경우에 그 이행에 따른 대가나 보수는 당사자끼리의 합의에 따르는 것이 원칙이라고 할 수 있다. 이는 상대방으로서의 당사자가 모든 면에서 서로 대등한 경우라고 보아 합리적일 것이라는 판단에 다른 것이다. 하지만 그렇지 못할 경우, 즉 어느 한쪽이 다른 쪽에 비해 열세의 위치에 있다면 일방적인 지급으로 인한 폐해를 염려할 수밖에 없다. 특히 저작권신탁관리업에서의 수수료는 저작물 등의 이용에 따른 대가로서 권리자에게 지급되는 사용료에서 공제되는 것인바, 어느 한쪽의 강압에 의해 수수료가 너무 많게 책정된다면 저작물 권리자의 창작의욕이 꺾일 것이며, 반대로 너무 적게 책정된다면 정상적인 위탁관리업의 유지가 힘들어져 변태 또는 탈법에 의한 운영을 염려하지 않을 수 없다. 따라서 건전한 저작권신탁관리업의 정착을 위해 저작권신탁관리업자가 수수료의 요율이나 금액을 결정함에 있어서 문화관광부장관의 승인을 받도록 한 것이며, 문화관광부장관은 이를 승인함에 있어서 저작권관련 전문기관인 저작권심의조정위원회의 심의를 받도록 규정하고 있다.[83] 하지만 신탁관리업이 아닌 대리중개업의 경우에는 자율적으로 그 요율을 결정할 수 있다는 점에 유의해야 한다.

4. 감독 및 허가의 취소 등

저작권위탁관리업의 감독기관인 문화관광부장관은 저작권위탁관리업자에게 업무에 관해서 필요한 보고를 하게 할 수 있다. 다만, 보고의무가 있는 사업

---

83) 적정한 수수료에 대해서는 저작물의 종류 또는 이용형태에 따라 다르게 생각할 수 있다. 다만, 저작재산권자 등이 저작물의 사용료로서 받게 되는 인세 또는 로열티에서 일정의 요율에 따라 수수료가 공제되므로 저작권신탁관리업자의 입장에서는 사용료 자체가 많아야 수수료의 금액 또한 많아진다는 생각을 떨쳐버리기 힘들어서 그에 따른 사용료의 인상이라는 부작용이 우려된다고 할 수 있다.

자는 '저작권신탁관리업자'이므로 대리중개업자에게는 보고의무가 없다.

또한 문화관광부장관은 저작권위탁관리업자에게 제재를 가할 수도 있다.

먼저, 다음과 같은 경우에는 6개월 이내의 기간을 정해서 사업의 정지를 명할 수 있다.

첫째, 승인된 수수료 외의 수수료를 받은 경우.

둘째, 보고를 정당한 사유 없이 하지 않은 경우나 허위로 한 경우.

셋째, 법적 절차에 의한 명령을 정당한 사유 없이 이행하지 않은 경우.

다음으로, 사업정지보다 더 강력한 제재로서 허가의 취소 또는 영업의 폐쇄명령을 할 수 있는데, 이에 해당하는 경우에는 두 가지가 있다.

첫째, 허위 기타 부정한 방법으로 허가를 받거나 신고를 한 경우.

둘째, 업무의 정지명령을 받고 그 업무를 계속한 경우.

만일 영업의 폐쇄명령을 받고도 계속해서 그 영업을 하다 적발되면 500만원 이하의 벌금형에 처해질 수 있다.

〈Tip〉출판저작권 중개실태와 개선방안[84]

저작권은 저작권자 자신에 의해 직접 관리되는 것이 가장 이상적이다. 그러나 엄청나게 다양해지고 있는 저작물과 그것을 이용하려는 사람들의 폭발적인 증가에 따라 적절한 저작물 또는 이용자를 선별하기가 사실상 어려워지는 추세에 있다. 따라서 저작권에 관한 전문적인 지식과 계약관계의 절차 등에 관한 이해를 갖춘 개인이나 단체가 저작권을 집중적으로 관리할 수 있도록 하여 저작권자가 그 저작물을 특정의 단체에 관리를 위탁함으로써 저작물의 이용에 따른 수익을 얻게 함은 물론 이용자 역시 이용하고자 하는 저작물에 대한 정보를 입수하거나 선별하기 쉽고, 계약에 있어서도 모든 면에서 편리를 추구할 수 있도록 하는 것은 합리적인 방법이 될 수 있다. 아울러 저작물의 국제적인 교류에 있어서도 각국의 저작권관리단체끼리 협의함으로써 개인간의 교류에서 파생되는 문제점들을 극복할 수 있다는 이점도 있다. 한편, 국내 신간도서 중에서 번역서가 차지하는 비중이 큰 이유는 "아무래도 국내 필자를 키워 책을 펴내는 단행본 기획의 어려움 때문에 쉬운 길을 가는 것이 좋다는 출판사들의 심리 때문"이라는 지적[85] 속에 고스란히 담겨 있다.

대한출판문화협회 발행 2003년도 『한국출판연감』에 따르면 2002년도 번역도서 발행종수 규모는 초판을 기준으로 무려 10,444종에 이른다(만화 포함). 2000년에 8,839종, 2001년에 9,680종 등으로 최근 들어 꾸준히 늘어나고 있으며, 통계수치가 나오기 시작한 1970년도에 495종에 불과했던 것을 보면 괄목할 만한 성장이 아닐 수 없다. 따라서 2002년도 출판시장 전체 규모로만 보더라도 전체 발행종수 36,186종 대비 28.8%라는 매우 높은 비중을 차지하고 있는 분야가 바로 번역도서 시장임을 알 수 있다. 하지만 비교적 활발한 활동을 보여주는 중개업체는 30여 곳에 불과하며, 1년간 단 한 건의 중개 실적도 없는 업체들이 대부분이라는 점에서 보면 중개업체 사이의 부익부 빈익빈 현상 역시 클 것으로 예상된다. 아울러 '중개'란 "권리자와 저작물 이용자 사이에 저작물의 이용에 관한 계약이 성립되도록 노력하는 사실행위를 업무로 하는 것"으로서의 저작권 중개업체와 그 고객인 출판사 사이에 과연 원만하고도 상호신뢰에 기반한 관계가 형성되어 있는가 하는 의문이 제기되고 있다.

〈출판저작권 중개실태에 따른 문제점〉

(1) 중개업체에 의한 비합리적 경쟁 유도

통상적으로 '에이전시'라고 불리는 중개업체들이 의도적으로 로열티를 높인다거나 특정 출판사에 이미 소개한 도서의 내용을 다른 출판사에 흘려 경쟁을 유도한다는 등의 말은 출판가에 널리 퍼져 있는 사실이다. 개연성이 매우 높지만 구체적으로 어떤 도서가 그랬는지 파고들려고 하면 더는 알 길이 없다. 아마 거기에 직접 관련된 출판사들이 함구하고 있을 것이라는 정도로만 또한 추측할 뿐이다.

그렇다면 어떤 방식으로 비합리적인 경쟁 또는 과당 경쟁이 유도되고 있을까?

첫째, 이른바 '대박'의 조짐이 보이는 원서를 확보하는 중개업체에서는 몇몇 출판사에만 정보를 독점제공하고 거래를 종결짓는 경우가 있다. 예컨대, "에이전시들이 일부 메이저 출판사들에만 고급정보를 제공하고, 영세 출판사들에는 쓰레기 같은 책들만 준다"는 주장이 대두되기도 한다. 더구나 자본력 있는 출판사들은 입도선매로 '좋은 책'들을 싹쓸이하기 때문에 작은 출판사들은 이삭줍기나 기대할 수밖에 없다는 것이다. 최근 출판계에 '부익부 빈익빈' 현상이 심화되고 있는 이유도 여기에 있다는 분석이다.

둘째, 다른 출판사보다 빠르게 중개업체의 제안서나 원고 상태의 원서를 검토하고 나서 관심을 표명해도 그 이후의 진행 상황이 더뎌지는 경우가 있다. 특히, 출간 이후에 더 크게 주목을 끌겠다 싶으면 정식 오퍼조차 받아주지 않는다. 거래 시점을 늦추면서 더 좋은 오퍼가 들어오기를 기다리는 것임에 틀림없는데도 심지어는 어떤 출판사가 다른 채널을 통해 꼭 출간하고 싶은 책을 찾아내더라도 "그 책은 이미 여러 출판사가 관심을 보여 조만간 입찰에 부칠 것"이라는 답변이 돌아오면, 확인할 방법도 없고 난감해지기도 한다. 출판사의 오퍼에 아무런 답변 없이 한동안 책을 붙들고 있다가 갑자기 그 책을 경매에 부친다는 사실을 통보받는 경우도 종종 있다고 한다.

결국 부지런하게 앞장서서 상품감을 물색해 내더라도 정식으로 판권을 확보하기가 쉽지 않은 셈이다. 이처럼 일선 출판사의 의사표명과는 상관없이 또 다른 경쟁이 기다리고 있는 경우가 많은 실정이다.

셋째, 특정 출판사에만 제공된 원서 정보에 대한 보안이 잘 지켜지지 않는 경우도 있다. 예컨대,

A라는 책을 낼 예정이니까 후속작을 찾아달라고 요청하면 B, C를 소개해 주는 것이 아니라 비슷한 A를 시장에 또 소개하는 경우가 있다.

넷째, 중개업체에서 책의 상품성을 너무 높게 평가하는 경우가 있다. 예컨대, "나오기만 하면 무조건 1만 부는 기본적으로 나간다"거나 선금에 있어 '1,500달러 내지 2,000달러'면 되는 책을 '4,000달러 또는 5,000달러' 내라고 하는 경우에 출판사들로서는 과당경쟁인 줄 알면서도 심한 속앓이 끝에 수락할 수밖에 없는 처지이다. 이른바 경쟁입찰 등의 방식으로 출판사들 간의 경쟁을 은근히 부채질해서 로열티를 터무니없이 올려놓는 일이 너무 잦다는 지적인 셈이다. 또 다른 문제는 에이전시들이 낙찰가를 포함한 일체의 정보를 사후에도 비밀에 부친다는 데 있다. 경쟁자가 누구인지, 낙찰가가 얼마였는지, 아무것도 알 수 없다는 것이다. 그저 에이전시가 하라는 날짜에 응찰을 하고 결과를 기다리는 수밖에 다른 방법이 없다는 것이다. 그러니 경쟁에서 탈락한 출판사로서는 답답한 노릇이 아닐 수 없으며, 입찰을 둘러싸고 잡음이 끊이지 않는 것도 이 때문이라는 지적이 있다.

다섯째, 저작권료의 형평상 문제를 들 수 있다.

현재 대부분의 중개업체들은 국내에서 번역 출간하게 될 도서 정가의 6~7%를 해외의 원저작권자에게 로열티로 지불하는 조건으로 번역계약을 맺고 있다. 그렇다 보니 도서정가 대비 10% 이상 저작권료로 지불하기 어려운 국내 출판사로서는 원저작권자에 비해 상대적으로 낮은 3~4%의 비율 내에서 번역자에게 저작권료를 지불하고 있는 실정이다. 국내 저작자들이 10% 내외의 저작권료를 받고 있는 현실을 감안할 때, 아무리 2차적 저작자라고는 하지만 그래도 제2의 창작, 경우에 따라서는 창작보다 더 어려운 과정을 거쳐야 하는 번역자들에게 너무 적은 저작권료를 줄 수밖에 없는 것이 아닌가 한다.[86]

여섯째, 중개업무란 굳이 수입에만 국한되는 것이 아님에도 수출을 위한 나름대로의 전략을 구사하는 중개업체가 거의 없다는 점이다. 국내도서의 시장성을 파악해서 수출전략을 수립하고,

외국 중개업체 또는 외국 출판사를 상대로 팔아보려는 노력을 어떻게 하고 있는지 알 수 없다.

(2) 출판사에 의한 문제들

출판사 또한 과당경쟁으로 대표되는 번역서 시장의 난맥상이라는 책임으로부터 자유로울 수는 없다. 우선 우리 출판사들의 기획 역량이 날로 커지고 있는 시점에서 유독 외국도서 선택에 있어서만큼은 중개업체 의존성향이 강하다는 점으로부터 모든 문제가 파생한다. 독자적으로 해외 유수의 국제도서전에 참가하기도 하지만 거기서 해외시장을 개척하거나 자체적으로 외국 판권을 확보할 수 있는 출판사가 거의 없는 실정이다.

첫째, 국내 출판사들의 외국 도서에 대한 안목과 선택에 일정기준이 없다.

도서의 주제와 성향, 그리고 자사의 이미지까지 고려한 정교한 선택이 아니라 도서 제목과 표지, 그리고 해외에서의 명성을 감안한 '느낌에 의한 찍기'로 흐르는 경향이 적지 않다는 것이다. 좋은 번역서 '찾아내기'가 아니라 '찍기'로 가는 행태 속에서 에디터십은 실종되고 복권처럼 당첨을 바라는 요행심리가 작용하는 것이다.

둘째, 부정경쟁을 부추기거나 스스로 부정하게 경쟁하려는 데 문제가 있다.

원저작권자에 대한 저작권료에서 일정 비율을 수수료로 챙기는 것이 곧 수익의 대부분인 중개업체이다 보니 과다한 저작권료를 조장할 수밖에 없다면 이를 스스로 조정하고 각각의 도서에 걸맞는 출판사에 양보하는 자세가 필요한데, 그것이 잘 지켜지지 않는다는 점이다.

셋째, 출판사 입장에서 모든 중개업체들이 무조건 거품만 조장한다고 생각하다 보니 함께 발전해 나갈 비즈니스 동반자로 여기지 않는다는 점이다. 깊숙이 관련되어 함께 일해보지 않은 출판사일수록 그런 선입견이 더하다는 게 중개업체들의 주장이다. 함께 일해보고, 느껴본 후에 비판하는 것이야 이해할 수 있지만, 그저 들은 것으로만 중개업체를 판단한다는 것이다. 중개업체 입장에서는 해외 출판사들과의 관계(비즈니스 룰)가 있기 때문에 신뢰를 잃은 출판사에게 좋은 책을 소개시키기가 곤란하다는 반응이다.

예를 들면 다음과 같은 점들이 중개업체들이 국내 출판사들로부터 느끼는 답답함의 사례들이라고 한다.

1) 출판 담당자들이 마켓 밸류와 브랜드 밸류를 모른다는 것.

2) 해외저작권 업무에 대해 잘 모르고 있다는 것.

3) 국내 작가들은 애지중지하면서 해외 작가들은 자신의 출판사 작가로 생각하지 않고, 그저 계약에 따라 돈을 벌게 해주는 수단이라고 생각하고 있다는 점.

현재 저작물의 국제적 거래와 이용실태에 있어 가장 큰 문제점으로 지적되고 있는 것은 뭐니뭐니 해도 '에이전시와 출판사와의 신뢰 구축'이 제대로 이루어지지 않았다는 점이다. 묘하게도 출판사는 중개업체를 그냥 거간꾼으로 생각하고, 중개업체들은 저작권료 정산문제 등을 이유로 출판사를 신뢰하지 못하는 경우가 많다. 문화산업의 근간으로서 국제교역 무대에서 날로 그 비중이 커지고 있는 지적재산권의 인프라를 내포하고 있는 출판산업의 긍정적인 팽창을 위해서라도 저작권 중개업체와 출판사의 상생적 협조관계 구축은 필수적인 조건이 아닐 수 없다.

따라서 위에서 열거한 여러 가지 문제점들에 대해 서로 이해하고 고쳐나감으로써 서로 협조하려는 열린 자세와 더불어 출판계 전체, 나아가 우리나라 문화산업계 전체를 위해서라도 합리적이고 도의적인 저작권 질서가 확립되어야 함을 인식하려는 자세가 반드시 필요하다. 법적·제도적 개선과 지원은 어쩌면 부차적인 문제일지도 모른다.

---

84) 이 부분은 지난 2003년 5월 16일에 (재)한국출판연구소 주최로 출판문화회관 강당에서 "해외 저작권 이용, 이대로 좋은가"라는 주제로 열린 제31회 출판포럼에서 발제한 내용을 수정·보완한 것임.

85) 2003년 4월 26일자 〈중앙일보〉 '행복한 책읽기' B1, 조우석 기자의 "'로또' 하듯 感으로 찍는 해외 번역서" 참조.

86) 실제로 다른 산업 분야에서의 로열티는 3~5%가 일반적이다.

제7장 _ 저작권에 관한 심의 및 분쟁의 조정

저작권법의 규정에 따라 저작권에 관한 심의 및 분쟁의 조정을 담당하는 전문기관으로 설치된 것이 바로 '저작권심의조정위원회'이다. 그렇다면 저작권심의조정위원회의 심의기능이 필요한 까닭은 무엇일까?

첫째, 전문가들에 의한 의견집약의 필요성에서 찾아볼 수 있다.

오늘날 발생하고 있는 저작물의 종류와 양은 가히 다양하다 못해 폭발적으로 늘어나고 있다고 해도 과언이 아니다. 따라서 어떤 저작물을 어떻게 보호해야 할 것인지는 물론 우리나라가 국제적인 저작권 협약에 속속 가입함으로써 새로운 저작권 환경이 구축되고 있는 상황에서 국제적인 관례와 외국의 제도를 조사하고 연구하여 이를 국내에 유리하도록 적용하는 방안 등을 모색해야 하는데, 이를 위해서는 전문가 집단이 서로가 판단한 의견을 집약하는 일이 시급하다고 하겠다.

둘째, 국제적인 저작물 교류에 있어서 국내 전문가들의 대응책 마련이 시급하다는 점이다.

저작물의 이용형태 또한 국내외적으로 고도화하는 시점에서 국내 저작자들의 보호와 외국 저작물을 들여오는 국내 이용자들의 효율적인 이용을 돕기 위해서는 전문지식의 습득이 필수적이라고 할 수 있다. 따라서 외국의 저작권 관련 분쟁사례와 이용방법의 다양성 등을 집중적으로 조사해서 이를 국내에 적용하려는 노력을 할 만한 기관이 필요하다는 것은 두말할 필요도 없다고 하겠다.

셋째, 저작권에 관한 국내외적인 제도의 개선이나 애매한 법조항에 대한 합리적인 판단 또는 해석을 내려 줄 만한 전문기관이 필요하다는 점이다.

권리자와 이용자로서의 당사자 사이에서 견해의 차이 때문에 합의에 이르지 못하는 사항들은 누군가가 나서서 적정선을 제시해 줄 필요가 있다. 아울러 모든 분야에 있어 그 발전속도가 빨라지고 있는 현대사회의 특성에 비추어 볼 때 저작권에 관한 법제 역시 수시로 개정될 수밖에 없는데, 이를 일방의 견해만으로 개폐할 수는 없으므로 전문가들이 모여 연구하고 검토한 사항들을 정리해서 적용시킴으로써 일관성 있는 제도를 유지할 수 있도록 해야 한다는 점에서도 저작권심의조정위원회의 존재가 필요한 것이다.

또한, 저작권심의조정위원회의 조정기능이 무엇인지 알기 위해서는 먼저 저작권 관련 분쟁의 특성을 살펴볼 필요가 있다. 저작권 관련 분쟁은 다른 분쟁에 비해 대개 소액을 둘러싼 경우가 많아서 이를 해결하기 위해 모두 소송에 의존하기에는 시간과 비용 면에서 무리가 많은 까닭에 당사자끼리의 화해에 의한 방법으로 해결하려는 경향이 강하다. 아울러 국내의 저작자나 이용자들은 대개 문화의식이 강한 반면에 저작권에 관한 의식은 낮은 편이며, 금전적인 문제에 앞서 자신의 체면을 먼저 생각하는 경향이 강해서 드러나는 분쟁해결보다는 은밀하고 간단한 해결방법을 원하는 사람들이 많은 실정이다.

따라서 분쟁을 소송에 의존하기에는 시간과 비용이 너무 많이 들고, 소송이 공개를 원칙으로 하는 데 비해 조정은 비공개 상태에서 화해로 종결된다는 점에서 유용한 제도라는 인식이 높아지는 추세에 있다. 게다가 저작권 침해에 대한 구제에 적극적으로 나서려는 저작자가 있다 하더라도 분쟁의 해결을 위해 필요한 전문지식이 없어서 난감해 하는 경우 또한 많은데, 조정을 통하게 되면 전문가들의 조언을 얻을 수 있다는 점도 장점이 아닐 수 없다. 이러한 점들을 감안할 때 정식재판에 앞서 전문기관이 화해에 의한 방법으로 분쟁이 해결되도록 중재에 나선다면 훨씬 효율적인 처리가 가능할 것이다. 바로 그런 취지에서 저작권 전문가들로 하여금 저작권법에서 규정한 각종 권리에 대해 법원의 판결과 같은 효력을 갖는 '조정'이 유용할 수도 있다.

결국, 다양하게 파생하는 저작권 관련 문제들을 심의하고 저작권 관련 분쟁들을 조정을 통해 해결하기 위한 목적으로 저작권심의조정위원회가 설치되었다고 할 수 있다.[87]

1. 저작권심의조정위원회

(1) 설치목적과 구성

저작권심의조정위원회를 설치한 목적은 "저작권에 관한 사항을 심의하고 저작권법에 의해 보호되는 권리에 관한 분쟁을 조정"하는 데 있다. 따라서 저작권심의조정위원회의 주요기능은 '심의'와 '조정'에 있다.

이러한 저작권심의조정위원회는 임기 3년에 연임이 가능한 위원장 1인과 부위원장 2인을 포함해서 15인 이상 20인 이하의 심의조정위원으로 구성하며, 이들은 저작권 관련 문제에 대한 의견을 모아 심의기능과 함께 분쟁해결을 위한 조정기능을 수행한다. 아울러 분과위원회를 두어 각 분야별 특수성을 조사하고 연구하고 있는데, 현재 저작권심의조정위원회 안에는 출판분과위원회, 방송분과위원회, 공연·전시분과위원회의 3개 분과가 설치되어 있다. 또한 각 분과위원회에서는 상근 연구위원들이 해당 분야의 조사와 연구를 담당하고 있다.

(2) 조정부

저작권심의조정위원회에서는 위원회의 분쟁조정업무를 효율적으로 수행하기 위해 3인의 위원으로 구성된 조정부를 두되, 그 중 1인은 변호사의 자격이 있는 자이어야 한다. 즉, 그 업무를 효율적으로 수행하기 위해 위원회 안에 3인의 위원으로 구성된 조정부를 두도록 했으며, 당사자 사이의 합의에 따라 작성된 조정조서는 재판상의 '화해'와 같은 효력을 갖는다는 점을 고려할 때 조정부 위원 중에 법률전문가가 있어야 한다는 판단에 따라 3인의 위원 중에 한 사

---

87) 이와 비슷한 외국의 기관을 살펴보면, 미국은 입법부 산하에 저작권사용료심판소(Copyright Royalty Tribunal)를, 영국은 독립기관인 실연권심판소(Performing Right Tribunal)를, 독일은 특허청 산하에 중재소(Arbitration Board)를, 일본은 일반법원에 저작권을 전담하는 특별부를 각각 설치하여 운영하고 있다.

람은 반드시 변호사의 자격이 있어야 한다고 규정한 것이다.

여기서 조정(調停)이란 "법관 등 해당분야의 특별한 지식과 경험이 있는 사람으로 구성되는 조정위원회가 분쟁의 당사자 사이를 알선하여 그 주장을 서로 양보하게 하고, 필요하다면 위원들이 중재의견을 제안하여 당사자를 설득함으로써 그 합의에 따라 분쟁을 원만한 해결로 이끄는 절차"를 말한다.[88] 이러한 조정제도는 당사자끼리의 양보를 바탕으로 법규 차원의 구속을 떠나서 조리에 맞고 실정에 맞는 해결을 도모하려는 취지에서 비롯된 것이며, 재판에 의한 소송이 시간과 비용 면에서 적당하지 않고 계속적인 관계에 있는 당사자라면 더욱이 꺼림칙하기 때문에 문제를 서로의 합의에 의해 원만하게 해결하고자 할 때 적합한 제도이다.

한편, 현재 우리나라 저작권심의조정위원회에는 모두 3개의 조정부가 구성되어 있으며, 각 조정부는 현직(現職)에 있는 법관 또는 변호사를 조정부장으로 하고, 법률에 능통한 대학교수 1인과 저작권 관련 전문가 1인 등 3인으로 구성되어 특별한 일이 없는 한 순차적으로 조정업무를 담당하고 있다.

---

88) 반면에 '재판'은 권리자로부터 권리보호의 청구를 받은 법원이 우선 구체적인 사건의 내용을 확정하고, 다음에 당해 사건에 관한 법규의 내용을 명확히 한 후 추상적인 법규를 대전제로 하고 구체적 사실을 소전제로 하여 판단을 내리는 절차를 말한다. 이렇게 해서 나온 법적 판단을 '판결'이라고 하며, 의무자가 이를 이행하지 않을 경우에는 판결에 기초해서 국가의 강제력에 의해 권리의 내용을 실현시킬 수 있다. 이것을 강제집행이라고 하며, 장래의 강제집행을 보전하거나 혹은 권리관계에 가해지는 현재의 위험을 방지하여 그 현상을 유지하기 위해 '가압류' 또는 '가처분' 제도가 있다. 하지만 재판 이전에 '조정'에 의해 합의된 사항은 재판상의 판결과 똑같은 효력을 갖는 것이 일반적이다.

2. 조정의 신청

분쟁의 조정을 받고자 하는 사람은 신청취지와 원인을 명확히 하여 위원회에 그 분쟁의 조정을 신청할 수 있다. 이렇게 조정이 신청되면 그 조정은 조정부가 담당하는데, 위원회는 조정신청이 있는 날로부터 3월 이내에 조정해야 하며, 그 기간이 경과한 경우에는 조정이 성립되지 않은 것으로 본다. 즉, 저작권 관련 분쟁을 조정에 의해 해결하고자 하는 분쟁당사자라면 누구나 조정을 신청할 수 있는데, 신청서와 비용을 위원회 사무국에 제출하면 된다.

여기서 '신청의 취지'라는 것은 일반적인 소송에 있어서는 소장(訴狀)에 적는 청구의 취지와 같은 것으로, 신청자가 원하는 결론―예컨대, "피신청인은 신청인에게 일금 1천만 원을 지급하라"거나 "피신청인은 신청인에게 사과한다는 뜻을 밝힌 광고를 주요 일간신문에 게재하라"고 하는 것―을 말한다. 그리고 '신청의 원인'이란 신청자가 조정을 신청하게 된 원인을 구체적으로 밝히는 것을 말하므로 자세하고도 일목요연하게 적을 필요가 있다.

한편, 조정신청이 있었던 날로부터 3개월이 지나도록 조정이 성립되지 않았다면 조정에 의한 분쟁의 해결은 기대할 수 없으므로 조정을 신청했던 사람은 재판 또는 그 밖의 방법을 택해서 자신의 주장을 관철하려고 노력하거나 포기할 수밖에 없다.

3. 조정의 성립 또는 불성립

조정당사자들이 조정내용에 합의하고 그 합의된 사항을 조서(調書)에 기재하면 조정이 성립된 것으로 본다. 여기서는 우선 "둘 이상의 당사자의 의사가 합치하는 일"로서의 '합의(合意)'라는 표현을 쓰지 않고, "어떠한 사실을 토의하여 의견을 종합하는 일"이라는 뜻의 '합의(合議)'라는 표현을 쓰고 있다는 점에 주의할 필요가 있다. 이는 신청인과 피신청인이라는 당사자만의 의견뿐만 아니라 조정부의 의견 또한 검토의 대상이 될 수 있기 때문이다. 그러므로 당사자끼리의 합의에 의하든지 아니면 조정부의 조정안을 당사자들이 수락하든지 작성된 조서에 그러한 사항을 기재하고 당사자들이 서명과 날인을 하게 되면 합의가 원만하게 끝난 것으로 볼 수 있다.[89] 한편, 판매용 음반이 방송에 사용된 경우에 그 음반에 관계된 실연자와 음반제작자가 각각 단체를 구성해서 방송사업자에게 일정한 보상금을 청구함에 있어서 보상 금액에 대한 협의가 성립되지 않는다면 당사자인 단체는 저작권심의조정위원회에 조정을 신청할 수 있다.

이렇게 조정이 성립됨으로써 당사자가 서로 합의해서 작성한 조서는 "재판상의 화해와 같은 효력"을 갖는다. '재판상의 화해'란 민사소송법에 의한 소송절차의 한 형태로서 판결에 의하지 않고 소송당사자끼리의 합의로써 소송을 종결시키는 것을 말하며, 이러한 재판상의 화해는 '확정판결'과 동일한 효력을 갖게 된다. 이와 같은 재판상의 화해가 지니는 민사소송법상의 효력은 다음과 같다.

첫째, 확정판결과 동일한 효력이 인정되므로 그 내용에 따라 기판력(旣判

---

89) 일반적으로 '조서'란 소송절차의 경과와 내용 등을 공증하기 위해 법원이나 기타 기관에서 작성하는 공문서를 말하며, 이와 같은 조서는 소송절차가 방식을 준수했는지, 또한 그 내용은 어떤 것인지에 대해 나중에 증거가 된다. 따라서 조서의 작성자, 기재사항 및 방식 등은 법으로 정해져 있다. 그러므로 저작권법에서 말하는 조정이란 조정부를 재판부에 준한 것으로, 조정절차를 소송절차에 준한 것으로 보고 여기서도 조서라는 용어를 사용한 것이며, 조정조서의 작성방법은 저작권법 제89조의 규정과 저작권법 시행령 제38조 제1항의 규정에 따라 저작권심의조정위원회의 '조정규칙'으로 정하고 있다. 따라서 조정의 완전한 성립은 당사자들의 합의(合議)만으로 이루어지는 것이 아니라 그 내용을 조정조서에 기재함으로써 이루어지는 것이지만, 실제에 있어서는 당사자들의 합의가 중요한 것이지 조서에 기재하는 것은 시간적인 문제일 뿐이다.

力)[90]과 집행력(執行力),[91] 또는 형성력(形成力)[92]이 발생할 수 있다.

둘째, 화해조서의 내용에 구체적인 의무이행사항이 기재되어 있다면 그 화해조서를 채무로 삼아 강제집행을 할 수 있다. 아울러 강제집행에 대한 이의는 화해성립 이후에 발생한 사유에만 허용되므로 화해성립 이전의 사유를 가지고는 어떠한 이의도 제기할 수 없다.

셋째, 화해조서가 성립되었다고 하더라도 화해의 내용을 이행하지 않는 당사자가 있다면 그 상대방은 그러한 불이행을 원인으로 삼아 화해를 해제하거나 새로운 소송절차 또는 기타의 방식으로써 손해배상을 청구할 수 있다.

한편, 우선 조정에 있어서 당사자끼리의 합의가 이루어지지 않는 경우, 3개월의 조정기간이 경과한 경우, 당사자의 출석요구에 정당한 사유 없이 응하지 않은 경우에는 조정이 성립되지 않은 것으로 본다. 아울러 이와 같이 조정이 성립되지 않은 것으로 보는 때에는 그 사유를 조서에 기재해야 한다. 이는 앞에서 살핀 대로, 성립된 조정조서가 재판상의 화해와 같은 효력을 지니면서 그에 따른 소송 또한 종결된 것으로 보는 증거로서의 역할을 하는 것과 마찬가지로, 만일 조정이 성립되지 않은 경우에도 조서에 그 사유를 기재해야만 나중에 새로운 소송절차를 진행함에 있어서 조정이 성립되지 않은 사실을 입증하는 자료로 삼을 수 있기 때문이다. 그러므로 같은 분쟁내용을 가지고 소송을 제기하려는 당사자는 조정이 성립되지 않았음을 증명하기 위해 조정의 불성립 사유가 기재된 조서의 등본을 제시하면 된다.

---

90) 판결의 구속력. 즉, 확정된 재판의 판단내용이 소송당사자 및 같은 사항을 다루는 다른 법원을 구속하여 그 판단내용에 어긋나는 주장이나 판단을 할 수 없게 하는 소송법상의 효력을 말한다.
91) 판결에 따라 강제집행할 수 있는 효력을 말한다.
92) 권리자의 일방적인 의사표시에 의해 일정한 법률효과가 일어나게 하는 효력을 말한다. 취소권·추인권·해제권 또는 인지권 등의 효력에서 볼 수 있다.

제8장 _ 권리의 침해에 대한 구제

일반적으로 권리의 침해란 "정당한 권리자의 승낙이나 동의 또는 권리의 양도 없이 그 권리의 목적물을 이용함으로써 권리자의 권익(權益)을 해치는 행위"라고 정의할 수 있다. 따라서 저작권의 침해 역시 저작물을 이용함에 있어서 위와 같은 사유에 해당하는 것을 뜻하며, 저작권법에서는 그러한 침해사유가 발생했을 경우에 대응할 수 있는 방법으로 민사상의 구제와 형사상의 처벌을 규정하고 있다.

한편, 저작물을 이용함에 있어서 정당한 법률상의 근거가 없으면 행위자의 고의 또는 과실로서의 주관적 요인이 없는 경우에도 저작권 침해의 책임이 발생할 수 있다. 즉, 행위자에게 아무런 과실이 없는 경우라고 하더라도 권리자는 그 침해행위의 정지를 청구할 수 있는 것이다. 그런 점에서 저작권 침해는 과실책임주의를 원칙으로 삼는 민법상의 불법행위와 크게 다르다. 그러나 권리침해를 원인으로 해서 손해배상, 명예회복 등의 조치나 부당이득의 반환 등을 청구할 때에는 일반 불법행위와 마찬가지로 고의 또는 과실이 입증되어야 한다.

1. 침해의 정지 등 청구

저작권법의 보호를 받을 수 있는 권리자의 유형으로는 저작자는 물론 저작자로부터 일체의 권리를 양도받은 저작권자, 출판권을 설정받은 출판권자, 그리고 저작인접권자 등이 있는데, 이들의 권리를 충분히 보호하자면 과거에 발생한 손해의 배상조치뿐만 아니라 장래에 발생할지도 모르는 침해행위까지도 미리 방지할 수 있는 제도적 장치가 필요하다. 따라서 저작권법에서는 저작자 등 권리자들로 하여금 각기 자기의 권리를 현재 침해하고 있거나 장래에 침해할 우려가 있는 자에 대하여 그 침해의 정지 또는 예방을 청구할 수 있도록 규정하고 있다.

구체적으로, 저작권법에 의해 보호되는 권리자들에게는 권리를 침해한 자를 상대로 한 침해의 정지는 물론 침해할 우려가 있는 자를 상대로 한 침해의 예방 또는 손해배상의 담보를 청구할 수 있는 권리가 있다. 다만, 실연자의 방송사업자에 대한 보상청구 및 음반에 대한 대여허락과 음반제작자의 방송사업자에 대한 보상청구에 있어서는 개인이 아닌 단체를 통해서만 권리를 행사할 수 있다는 점과 협의가 이루어지지 않았을 경우에는 저작권심의조정위원회의 조정을 받을 수 있으므로 침해의 정지 및 예방 청구권자가 될 수 없다.

(1) 침해정지청구권

침해정지청구권의 경우 침해사실만 있으면 행사할 수 있으며, 고의나 과실 등의 주관적 요인은 필요하지 않다. 그리고 일반적으로는 저작권 침해의 경우 침해를 당한 저작권자 자신이 본래의 청구권자이지만, 저작권의 일부인 복제권 또는 전송권을 양도받은 사람도 양도받은 권리의 범위 안에서 청구권자가 될 수 있고, 무명 또는 이명저작물의 경우에는 발행인이 청구권자가 될 수 있다. 아울러 저작자 사망 후의 저작인격권 침해에 해당하는 경우에는 그의 유족이나 유언집행자가, 공동저작물의 저작인격권이 침해된 경우에는 각 저작자가 단독으로 침해의 정지를 청구할 수 있다. 그리고 출판권이 침해되었다면 당연히 출판권자가 청구권을 행사할 수 있다. 그런데 침해행위의 정지를 청구할 수 있는 상대방은 현재 침해행위를 하고 있는 자이어야 하므로 과거에 침해행위를 한 자일지라도 청구권을 행사하는 당시에 침해행위가 없으면 청구의 상대방이 될 수 없다는 점에 주의해야 한다.

(2) 침해예방청구권과 손해배상담보청구권

침해예방청구권과 손해배상담보청구권의 경우에는 저작권을 침해할 우려
가 있다고 판단되는 자를 상대로 침해의 예방을 위한 청구를 할 수 있다는 취지
에서 주어지는 권리로, 민사소송법상의 가처분 또는 가압류 신청을 하는 것이
대표적이라고 할 수 있다. '가처분제도'는 확정판결이 있기까지 상당한 시간이
필요하다는 점을 감안해서 가해자가 집행을 면탈할 기회를 봉쇄하려는 데 의의
가 있는 것으로 '처분금지 가처분', '배포금지 가처분', '출판금지 가처분' 등이
그 예이다. 이러한 가처분제도는 신속성과 상당한 구속력을 갖는다는 특징이
있으나, 침해자의 고의 또는 과실이 필요하지 않고 침해의 우려만 있으면 된다
는 점에서 권리의 남용문제와 함께 당사자의 신문(訊問) 및 일정한 소명절차를
요구하고 있어서 사실상 본안소송(本案訴訟)의 절차나 다름없이 변해가는 추세
에 있다.[93]

한편, 침해정지 및 예방청구권을 행사함에 있어서 동시에 침해행위로 만들
어진 물건의 폐기나 그 밖의 필요한 조치를 취할 수 있다. 실제로 침해정지를
청구하는 경우에는 대부분 그 물건의 폐기까지 청구하는 것이 일반적이다. 곧
무단복제된 서적·음반·테이프·디스켓은 물론 제작에 필요한 필름이나 인쇄
판까지도 폐기의 대상이 된다. 여기서 "그 밖의 조치"라고 한 것은 물건의 폐기
뿐만 아니라 권리를 침해할 우려가 있는 자로 하여금 담보로서 일정의 금액을
예치하게 하고 만일 침해행위가 발생할 경우에는 그 금액을 손해배상에 갈음하

---

93) 가처분신청에 있어 신청취지 주문(注文)의 예를 들면 다음과 같다.
　　1. 피신청인 임꺽정은 "21세기최신학생백과대사전"이라는 제호의 출판물(전집 16권)을, 피신청인 홍길동
　　　 은 "봉봉학생대백과사전"이라는 제호의 출판물(전집 16권)을 인쇄·제본·발매·배포를 하여서는 아니
　　　 된다.
　　2. 신청인이 위임하는 집달관은 위 학생백과사전이라는 제호의 출판물(전집 16권) 및 그 출판물의 인쇄에
　　　 쓰일 오프셋용 필름, 그 출판물의 제본에 쓰일 인쇄물을 수거하여야 한다.
　　3. 집달관은 적당한 방법으로 그 취지를 공시하여야 한다.

는 방법, 또는 침해행위를 수행할지도 모르는 기계나 장소의 사용을 금지하는 등의 방법을 생각해 볼 수 있다. 하지만 경우에 따라서는 권리의 남용문제가 제기될 수 있으므로 신중하게 판단할 문제라고 하겠다.

(3) 임시조치의 청구

법원에서는 이상과 같은 청구권을 더욱 효과적으로 행사할 수 있도록 임시조치를 취할 수 있다. 즉, 저작재산권자에 의한 침해의 정지 또는 예방의 청구가 있는 경우 또는 저작권법에 의한 형사의 기소가 있는 때에는 법원은 "원고 또는 고소인의 신청에 의하여 보증을 세우거나 세우지 않게 하고 임시로 침해행위의 정지 혹은 침해행위에 의하여 만들어진 물건의 압류 기타 필요한 조치를 명할 수 있다"고 하여 민사소송법상의 가압류나 가처분에서와는 다른 예외를 인정하고 있다. 민사소송법에 따르면 가압류 또는 가처분 명령을 받기 위해서는 법원이 정한 담보를 제공해야만 하므로, 만약 이러한 예외규정이 없다면 침해정지의 청구나 침해예방의 청구 역시 담보를 제공하거나 보증을 세워야만 가능하게 된다. 물론 이를 적용하는 것은 어디까지나 전적으로 법원이 판단할 문제이지만, 우리나라의 경우 특히 저작권과 관련한 권리자들의 기반이 약해서 담보제공이나 보증을 세우는 일이 여의치 못한 경우가 많다는 점을 감안한다면 법원의 판단에 따라 담보 및 보증이 없이도 침해행위의 정지나 침해물의 압류 및 기타 필요한 조치를 임시로 명할 수 있게 한 것은 권리자의 권리보전에 크게 기여할 것임에 틀림없다.

아울러 저작권법에 의한 형사상의 기소가 있는 때에도 원고인 검사나 피해자인 고소인의 신청에 의해서도 그러한 임시조치가 가능하도록 규정한 것은 민사상의 구제와 형사상의 처벌에 있어서 그 목적과 방법이 다르다는 점에서 예외적인 규정이라고 할 수 있다. 다만, 권리자가 형사상의 고소를 제기한 것만으로는 부족하고 검사의 기소, 즉 공소의 제기가 있어야 하므로 고소가 있었다 하더라도 검사가 그 고소사실에 대해 불기소 처분을 내리거나 기소유예 처분을 내린 경우에는 이러한 임시조치의 신청은 불가능하다는 점에 주의해야 한다.

(4) 손해의 역배상

법원으로부터 침해의 정지 및 침해물 압류, 그 밖의 임시조치를 명령받아 이행했는데, 이후 최종판결에 의해 권리의 침해가 없다는 판결이 확정된 때에 신청인은 그로 인해 피신청인이 입은 손해를 배상해야 한다. 이는 권리자로 하여금 임시조치의 신청을 남용하지 못하게 하고 선의의 이용자가 그로 인해 입을 수 있는 손해를 보상하기 위한 것이다. 여기서 "그 신청으로 인하여 발생한 손해"란 침해행위의 정지명령에 따라 업무가 정지되거나 침해물의 압류에 따라 이용 및 판매가 불가능한 까닭에 발생한 손해를 말한다. 그리고 이러한 임시조치의 남용을 방지하는 데 근본 취지가 있다고 보아, 이에 따른 손해배상은 민법상의 일반적인 의미, 즉 신청자의 고의나 과실을 요건으로 하는 것이라기보다는 신청자의 선의 또는 무과실이 인정되는 경우라도 피신청인의 손해만 입증된다면 신청인에게는 배상책임이 있다.

〈Tip〉 저작재산권 침해의 성립요건—실질적 유사성[94]

저작재산권의 침해가 성립하기 위해서는 세 가지 요건이 충족되어야 한다.[95]

첫째, 창작적인 표현을 복제[96]해야 한다. 저작권법에서는 오직 창작적인 표현만을 보호하기 때문이다.

둘째, 어떤 기존의 저작물에 의거[97]하여 작성했거나 혹은 작성된 복제물이 실질적으로 기존의 저작물과 유사해야 한다. 그런데 의거와 실질적 유사성의 관계는, 의거를 했으나 실질적 유사성이 없으면 2차적 저작물이 되는 것이며, 의거를 하고 실질적 유사성도 있으면 저작재산권의 침해물이 되는 것이고, 실질적 유사성은 있으나 의거를 하지 않았으면 우연의 일치로서 별개의 독립 저작물이 된다.

셋째, 불법적인 복제라야 한다. 저작권법에서는 저작재산권의 제한과 법정허락 등을 규정하고 있으므로 이러한 규정에 해당하여 불법복제가 아니라면 저작재산권의 침해문제가 있을 수 없기 때문이다.

---

94) 허희성, "음악저작물의 창작성과 실질적 유사성", 〈계간 저작권〉 2004년 겨울호(제68호), p. 48.

95) 저작인격권은 공표권, 성명표시권 및 동일성유지권이 각각 독특한 구성요건으로 규정되어 있으므로 일반적 또는 공통적인 침해요건이 있을 수 없다. 따라서 저작재산권의 침해에 저작인격권의 침해가 수반될 수도 있고, 저작재산권의 침해가 없어도 저작인격권의 침해가 있을 수 있다.

96) 여기서 '복제'의 개념은 저작권법상의 복제권만을 의미하는 유형복제가 아니라, 공연·방송·전송 등 무형복제도 포함하는 넓은 개념이다.

97) '의거(依據)'라는 말을 저작권 관련 소송에서 처음 공식적으로 사용한 것은 1978년 일본최고재판소의 판례이며, 미국에서는 의거가 아닌 접근(access)이란 용어를 사용하고 있다. 우리나라에서는 저작재산권 침해의 주관적 요건을 '의거'라 하고 '접근'은 소송의 입증방법으로 구분하기도 한다. 오승종·이해완, 『저작권법(제3판)』(서울: 박영사, 2004), p. 470.

〈Tip〉'행복은 성적순이 아니잖아요' 사건[98]

A는 무용극을 창작하는 안무가로서 그가 창작한 '행복은 성적순이 아니잖아요'라는 제명(題名)의 무용극이 널리 알려지게 되었다. 한편, B는 영화제작자로서 A의 승낙을 얻어 같은 제명의 영화를 제작해서 흥행에 성공했을 뿐만 아니라, C로 하여금 이 영화의 시나리오를 소설로 집필하게 하여 많은 판매부수를 기록하게 되었다. 이에 A는 위 영화 및 소설의 원작자로서 자신의 성명을 표시하지 않은 것은 저작인격권을 침해한 것이라고 주장하며, 이에 따른 위자료의 지급과 사과광고의 게재는 물론 영화제작 허락계약상의 저작권사용료 및 소설의 무단발행에 따른 손해배상을 청구하기에 이르렀다. 그러나 B는 A로부터 위 무용극의 제명만을 정당하게 사들여 영화를 만들었을 뿐 영화를 제작함에 있어서 A의 무용극 자체는 전혀 고려의 대상이 되지 않았으므로 원작사용을 전제로 그 대가를 지불하는 것은 부당하다고 맞섰다.

법원에서는 A의 승낙은 무용극 자체를 영화화하는 것이 아니라 제명만을 영화에 사용하는 것에 한정되므로 B가 A에게 영화제작에 따른 저작권사용료를 지급할 이유는 없다고 판시하였다. 또한 제명은 사상이나 감정의 표현이라고 볼 수 없어서 저작권 보호대상이 아니므로 같은 제명을 사용한 영화 및 소설의 제작이 저작권 침해라고 볼 수 없다고 했다. 아울러 어떤 저작물이 원작에 대한 2차적 저작물이 되기 위해서는 단순히 사상이나 주제, 소재 등이 같거나 비슷한 것만으로는 부족하고, 두 저작물 사이에 '실질적 유사성(substantial similarity)', 즉 내용의 구성과 전개과정 그리고 등장인물의 교차 등에 있어서 공통점이 있어야 한다. 그러므로 재판부에서는 실질적 구성에 있어서 현저한 차이를 보이고 있는 위의 무용극과 영화는 2차적 저작물의 관계를 구성할 만한 사유가 없으므로 B의 영화와 소설은 독창적인 저작물로 인정된다고 판시하면서 A의 원작사용을 전제로 한 청구부분과 동일성 유지를 침해했다는 주장은 모두 이유 없다고 기각했다.

---

98) 서울민사지방법원 1990. 9. 20. 선고, 89가합62247 판결.

2. 침해로 보는 행위

여기서 '침해로 보는 행위'란, 저작인격권 및 저작재산권, 출판권, 저작인접권 등의 권리를 직접 침해한 것은 아니지만, 각종 권리자들의 경제적 이익은 물론 저작자의 정신적 이익을 해치는 행위가 분명한 행위를 말한다.

먼저, "수입시에 대한민국 내에서 만들어졌다면 저작권 등의 침해로 될 물건을 대한민국 내에서 배포할 목적으로 수입하는 행위"는 권리의 침해로 본다. 여기서 "수입시에 대한민국 내에서 만들어졌다면 저작권 등의 침해로 될 물건"이 뜻하는 것은 국내법이 미치지 않는 외국에서 만들어지기는 했지만 그것이 국내에서 만들어졌다면 침해가 되는 행위에 의해서 만들어진 것을 말하며, 그러한 물건을 국내에서 배포할 목적으로 수입하는 행위는 곧 권리의 침해사유가 된다는 뜻이다. 수입이라는 말은 국내법이 미칠 수 없는 영역에서 국내법이 미치는 영역 안으로 물건을 들여오는 것을 뜻하므로 그것의 운송방법은 어떤 것이든 상관이 없다. 그리고 수입한 때를 기준으로 침해 여부를 따지므로 수입 이전에는 위법의 상태에 있었지만 수입과 동시에 권리자로부터 허락 또는 양도에 의한 적법절차를 거쳤다면 침해가 아니다. 이때의 수입물건은 국내 저작물뿐만 아니라 협약에 의해 국내법에 따라 보호되는 외국인의 저작물에도 적용된다. 예컨대, 외국에서 무단복제된 국내 저작물은 그 외국에서는 위법이 아닐지 모르지만 일단 그것이 국내에 수입되면 국내에서 작성된 불법복제물이 유통되는 것과 같은 상황이므로 침해행위가 되며, 국내에서 보호되는 외국의 복제물을 무단으로 수입하는 행위도 권리의 침해가 된다.

결국, 물건을 수입하는 시점에서 국내법에 따라 침해 여부가 평가된다는 점에 주의해야 한다. 따라서 그 외국에서는 위법이 아닌 것이 국내에 들어오는 순간 위법이 될 수 있고, 또 외국에서는 위법인 것이 국내법에 따르면 적법한 것이 될 수도 있다. 그리고 침해행위를 한 것으로 보는 자는 수출을 한 사람이 아닌 수입하는 사람이며, 수입자의 고의 또는 과실 여부에 관계없이 권리를 침해한 자로 된다는 점에 주의해야 한다.

둘째, "저작권 등을 침해하는 수입물건을 포함하여 저작권 및 관련 권리를 침해하는 행위에 의해 만들어진 물건을 그 사실을 알고 배포할 목적으로 소지하는 행위" 역시 침해행위가 된다. 여기서 주의할 점은 직접침해행위라고 할 수 있는 배포행위가 이루어지지 않았다고 하더라도 배포할 목적으로 소지하는 행위만으로도 침해행위가 된다는 점, 즉 '배포목적소지죄'가 성립된다는 사실이다. 예컨대, 무단으로 복제한 서적 또는 음반 따위를 미처 배포하지는 못했지만 창고에 보관하고 있는 상태에서 적발되었다면 그것만으로도 침해행위가 성립된다. 다만, "그 사실을 알고"라고 하여 누군가의 권리를 침해해서 만들어진 불법의 산물임을 인지하는 등의 고의나 과실이 인정되는 경우로 한정했다는 점과 "국내에서"라는 지역적 제한을 두지 않았으므로 외국으로 배포하는 것까지 포함된다는 점에도 주의해야 한다.

셋째, "정당한 권리 없이 저작권 등의 기술적 보호조치를 제거·변경·우회하는 등 무력화하는 것을 주된 목적으로 하는 기술·서비스·제품·장치 또는 그 주요부품을 제공·제조·수입·양도·대여 또는 전송하는 행위"는 저작권 등의 침해로 본다. 여기서 기술적 보호조치란, "저작권 등에 대한 침해를 효과적으로 방지하기 위해 그 권리자나 권리자의 동의를 얻은 자가 적용하는 기술적 조치"를 말하며, 정당한 권리 없이 이러한 기술적 보호조치를 무력화하는 것을 주된 목적으로 하는 장치나 서비스 등을 제조하거나 제공하는 등의 행위를 저작권 침해행위로 보고 있다.

넷째, "저작권 등의 침해를 유발 또는 은닉한다는 사실을 알거나 과실로 알지 못하고 정당한 권리 없이 하는 행위"로서 다음에 해당하는 경우에는 저작권 등의 침해로 본다. 다만, 기술적으로 불가피하거나 저작물이나 실연·음반·방송 또는 데이터베이스의 성질이나 그 이용의 목적 및 형태에 비추어 부득이하다고 인정되는 경우에는 형사처벌의 대상에서 제외된다.

　－전자적 형태의 권리관리정보를 고의로 제거 또는 변경하는 행위.

　－전자적 형태의 권리관리정보가 제거 또는 변경된 사실을 알고 당해 저작물이나 실연·음반·방송 또는 데이터베이스의 원작품이나 그 복제물을 배포·공연·방송 또는 전송하거나 배포의 목적으로 수입하는 행위.

　다섯째, "저작자의 명예를 훼손하는 방법으로 그 저작물을 이용하는 행위"는 곧 저작인격권의 침해가 된다. 이는 공표권·성명표시권·동일성유지권으로 대표되는 저작인격권에다 '명예를 훼손당하지 않을 권리'가 추가된 것으로 볼 수 있는데, 저작물을 창작한 저작자의 창작의도에서 어긋나는 이용으로 인해 저작자의 본래 의도를 의심하게 하거나 저작물에 표현된 예술적 가치를 손상시키는 것을 방지하자는 취지를 반영하고 있다. 예컨대, 예술작품으로서의 누드를 복제해서 성인영화의 포스터에 사용하는 행위, 순수 문예작품을 상업적인 광고나 전단의 문안으로 사용하는 행위, 예술성이 높은 회화를 복제해서 상품포장지에 이용하는 행위, 다른 사람의 저작물을 인용하면서 잘못된 부분만을 집중적으로 이용하는 행위 등이 있다. 이러한 것들은 모두 저작자가 바라지 않는 방법으로 저작물을 이용함으로써 저작물의 품위를 떨어뜨리거나 저작자의 명예를 손상시키는 행위로 간주해서 저작인격권의 침해로 보는 것이다. 이와 같이 저작자의 명예를 훼손하는 행위란 구체적으로 저작자의 명예가 훼손되었다는 것을 입증할 필요는 없고 사회통념으로 보아 저작자의 명예가 훼손되었거나 훼손될 위험이 있다고 인정되기만 하면 충분하다. 그리고 이는 저작자 사후의 저작인격권의 침해가 될 행위와 일맥상통한다.

3. 손해배상의 청구

손해배상(損害賠償)이란, "법률의 규정에 따라 남이 입은 손해를 메워주는 것"을 말하며, 저작권법에서는 다른 사람의 저작권을 침해하여 그 권리자에게 끼친 손해를 배상하는 것에 대해 규정하고 있다.

(1) 침해행위에 의한 이익을 기준으로 한 손해배상의 청구

저작재산권 등 저작권법에 의해 보호되는 권리를 가진 사람이 그 권리를 침해한 사람을 상대로 손해배상을 청구할 수 있으며, 그때의 손해금액은 침해자가 침해행위로 인해 얻은 이익의 정도로 추정할 수 있다. 이때의 손해배상의 청구는 저작권 등의 침해를 그 원인으로 하며, 침해의 정지 및 예방의 청구와는 달리 이미 발생된 손해의 회복을 목적으로 한다.

이러한 손해배상청구권의 발생요건을 살펴보면 다음과 같다.

첫째, 침해행위 당시에 피해자에게 저작권이 존재할 것.

둘째, 가해자의 고의 또는 과실이 있을 것.[99]

셋째, 권리침해에 따른 위법성이 있을 것.

넷째, 권리침해로 인한 손해가 발생했을 것.

다섯째, 권리침해와 손해발생 사이에 인과관계가 있고, 이를 피해자 측이 입증할 수 있을 것.

이러한 요건이 충족된 다음에 가해자의 침해행위와 상당한 인과관계가 있

---

99) 이는 법률상의 불이익을 부과하기 위해 필요로 하는 주관적 요건, 곧 의사능력 또는 책임능력이 있고, 고의 또는 과실이 있어야 한다는 '귀책사유(歸責事由)'의 원칙에 근거를 두고 있다.

는 손해를 기준으로 손해배상의 범위가 산정된다.

한편, 저작인격권은 그 대상에서 제외되는데, 정신적인 피해를 뜻하는 저작인격권의 침해를 금전적으로 환산하기가 어려울 뿐만 아니라, 그것을 손해의 배상이라는 차원으로 다룰 수 없기 때문이다. 다만, 저작인격권을 침해한 자에 대해 손해배상에 갈음하는 조치를 취할 수는 있는데, 이를 가리켜 '위자료(慰藉料)'의 청구라고 한다.

다음으로, 저작재산권 등의 권리를 침해한 자가 침해행위를 통해 얻은 이익을 저작재산권자 등이 입은 손해액으로 추정할 수 있는데, 이는 저작인격권 이외의 권리를 고의 또는 과실로 침해한 자에 대해 저작재산권자 등이 손해배상을 청구하는 경우에 침해자가 그 침해행위에 의해서 이익을 얻었다면 그 이익에 해당하는 금액을 저작재산권자 등이 입은 손해의 금액으로 추정한다는 뜻이다. 실제에 있어서 이익액과 손해액이 있기는 하지만 손해배상을 청구하는 권리자측이 그것을 입증해야 하므로 어느 쪽이든지 쉽지가 않은 것이 사실이다. 다만, 일반적으로 손해액의 입증보다는 이익액을 입증하는 것이 훨씬 쉬울 수가 있기 때문에 이러한 규정의 유용성을 기대할 수 있다. 즉, 저작물의 무단이용 이후 늘어난 자본 또는 외형상의 성장을 근거로 침해자의 이익을 추정할 수 있으며, 그 금액을 권리자의 손해액으로 판단해서 손해배상을 청구할 수 있다는 것이다. 그러므로 일반적인 영리 수준을 초과해서 이익을 얻고 있는 침해자를 상대로 손해배상을 청구할 때에는 통상적인 손해액의 기준이 아닌 침해자의 이익액을 기준으로 손해액을 추정하는 것이 유리할 수 있다. 다만, 이 규정은 '추정'에 불과하므로 침해자가 다른 증거에 입각해서 이익액을 입증하게 되면 손해배상액은 달라질 수도 있다는 점에 주의해야 한다.

(2) 통상 받을 수 있는 금액을 기준으로 한 손해배상의 청구

저작재산권 등을 침해당한 사람은 손해액뿐만 아니라 그 권리의 행사로 통상 받을 수 있는 금액을 손해액으로 삼아 배상을 청구할 수 있다. 여기서 "그 권리의 행사로 통상 받을 수 있는 금액"이란 무단이용에 따른 통상의 산출에 근거한 것으로, 일반적인 관행으로서 존재하는 저작물·실연·음반·방송 등의 이용에 따른 사용료로서의 인세나 원고료, 출연료 등의 수준을 적용하는 것을 말한다. 예컨대, 만일 인세가 10% 수준인 단행본 1만 부를 5천 원의 가격으로 무단출판한 사람에게는 그 인세액인 500만 원을 손해액으로 삼아 배상청구를 할 수 있다.

한편, 자칫 잘못하면 침해자의 이익액에다 권리자가 통상 받을 수 있는 금액을 합산한 금액이 손해배상액이라고 오해할 수 있겠으나, 실제적인 소송절차에 있어서는 먼저 침해자의 이익액을 기준으로 손해액을 청구하고, 그것의 입증이 곤란할 경우에 권리자가 통상 받을 수 있는 금액을 기준으로 손해배상을 청구함으로써 최저한의 손해배상을 보장받을 수 있도록 보완한 것으로 해석해야 한다. 즉, 무단복제물을 무상으로 배포하는 경우에는 침해행위로 인한 이익이 생기지 않을 수 있고, 또한 이익이 생기는 경우에도 권리를 직접 행사했을 경우에 권리자가 얻을 수 있는 이익에 미치지 못할 수도 있으므로 이런 경우에는 침해자가 얻은 이익을 손해액으로 추정하기보다는 사용료 상당액을 손해액으로 보아야 할 것이다.

(3) 초과 손해에 대한 손해배상의 청구와 과실의 추정

저작재산권자 등이 받은 손해의 액이 앞서 살핀 경우에 의한 금액보다 초과한다면, 그 초과액에 대해서도 손해배상을 청구할 수 있다. 즉, 침해자의 이익액을 추정할 수 없고 다만 통상 받을 수 있는 금액의 산출만이 가능한 경우라 하더라도 침해자가 아닌 다른 이용자로 하여금 저작재산권을 활용하도록 했더라면 훨씬 나은 결과를 가져올 수 있음을 입증한다면 그것이 곧 초과액이 될 수 있다. 예컨대, 출판권의 경우 침해자가 '갑'이라는 출판사라고 했을 때, 만일 훨씬 규모가 크고 유통망이 잘 갖추어진 '을'이라는 출판사에서 당해 저작물을 출판했더라면 과거의 전례로 보아 2만 부는 팔 수 있었을 것을 '갑'은 상대적으로 열악한 환경으로 인해 5천 부밖에 판매하지 못하는 경우가 있다. 이때 차이가 나는 1만5천 부만큼의 저작권사용료가 곧 초과액이 될 수 있다는 것이다. 하지만 그것을 입증하기란 쉽지 않을 것으로 보인다.

한편, 등록된 저작권 또는 출판권 등을 침해한 사람에게는 그 침해행위에 과실이 있는 것으로 추정한다. 즉, 등록된 저작권 또는 출판권이나 저작인접권의 경우에는 침해행위가 적발되었을 때 별도의 과실입증이 필요 없다. 따라서 저작재산권자 등은 자신의 권리내용을 반드시 등록하는 것이 향후 원만한 권리행사에 도움이 된다는 점을 잊지 말아야 하겠다.

(4) 부당이득 반환의 청구

이상에서 살펴본 손해배상의 청구 외에도 '부당이득의 반환'을 청구하는 방법이 있다. 여기서 부당이득이란, 민법(제741조)에 의하면, "법률상 정당한 원인이 없는 이득"을 말하며, 이런 경우에 손실자에게는 그 이득의 반환을 청구할 권리가 있다. 또, 민법 제748조에 따르면, 이득자가 그 이득에 관해 법률상의 원인이 없음을 알지 못한 경우, 즉 선의의 경우에는 얻은 이익이 현존하는 범위 안에서 반환할 책임이 있지만, 그 이득에 관해 법률상의 원인이 없음을 알고 있었던 악의의 수익자는 그 이득의 현존 여부에 관계없이 그가 받은 이익에 이자를 붙여 반환해야 하고, 손해가 있으면 그것까지 배상해야 한다. 따라서 부당이득반환청구권은 상대방에게 고의 또는 과실이 없는 경우에도 행사할 수 있으므로, 만일 동일한 사실이 두루 요건을 갖춘 경우에는 손해배상과 부당이득의 반환을 동시에 청구할 수 있다.

한편, 민법 제766조의 규정에 따라 손해배상청구권의 소멸시효는 권리침해 사실을 알게 된 날로부터 3년, 권리침해의 사실이 있었던 때로부터 10년이다. 그리고 부당이득반환청구권의 소멸시효는 10년이므로(민법 제162조 제1항), 3년의 소멸시효기간이 지나 손해배상청구권을 행사할 수 없는 경우에 부당이득반환청구권을 행사할 수 있는지 적극적으로 검토해 볼 필요가 있다.

(5) 손해액의 인정

경우에 따라서는 피해자가 아무리 입증하려 해도 자신의 손해액을 산정하기 어려운 경우가 있다. 그래서 과거에는 비교적 무단복제가 손쉬운 출판물과 음반에 있어서 저작재산권자의 허락 없이 저작물을 복제한 경우에 그 부정복제물의 부수를 산정하기 어렵다면 출판물은 5천 부, 음반은 1만 매로 추정해서 손해배상의 근거로 삼을 수 있도록 했었다. 하지만 이는 출판물이나 음반 이외의 저작물에는 적용될 수 없을 뿐만 아니라 그 숫자도 자의적이라는 비판을 피할 수 없는 등 별반 효과를 기대하기 어려웠다. 이에 2003년도 개정법에서는 관련 규정을 전면 개정해서 '손해액의 인정'이라고 하여 "법원은 손해가 발생한 사실은 인정되나 그 손해액을 산정하기 어려운 때에는 변론의 취지 및 증거조사의 결과를 참작하여 상당한 손해액을 인정할 수 있다"고 규정하였다.

(6) 명예회복 등의 청구

저작자는 고의 또는 과실로 저작인격권을 침해한 자에 대해서는 손해배상에 갈음하거나 손해배상과 함께 명예회복을 위해 필요한 조치를 청구할 수 있다. 즉, 재산권의 침해와 마찬가지로 저작인격권에 손상을 입은 권리자는 제일 먼저 생각할 수 있는 것이 침해자를 상대로 손해배상과 유사한 금전적 배상을 생각할 수 있다. 다만, 그 액수를 산정하는 것은 정황을 통한 법관의 판단에 따를 수밖에 없으며, 청구한 액수대로 배상을 받아내는 것도 쉬운 일이 아니다. 그리고 "명예회복을 위해 필요한 조치"란 신문이나 잡지 등에 정정 또는 사과 광고를 게재하도록 청구하는 것이 대표적이며, 정기간행물을 통해서 인격적 권리가 침해된 경우에는 같은 간행물의 다음 호에서 정정기사 또는 사과문을 게재하도록 청구하는 것이 일반적이다. 이러한 조치는 침해자에게 고의 또는 과실이 인정되는 경우에만 청구할 수 있으며, 본안소송 이전에 가처분신청을 통해 신속하게 그 목적을 달성할 수도 있고, 이것 역시 꼭 필요한 조치인지의 여부는 어디까지나 법원이 판단할 문제이다.

(7) 저작자의 사망 후 저작인격권의 보호

저작자가 사망한 후에 그 유족(사망한 저작자의 배우자·자·부모·손·조부모 또는 형제자매 등)이나 유언집행자는 당해 저작물에 대해 저작권법 제14조 제2항의 규정[100]에 위반해서 명예를 훼손하는 방법으로 이용했거나 이용할 가능성이 있는 자를 상대로 침해의 정지 및 예방과 손해배상의 담보를 청구할 수 있으며, 고의 또는 과실로 저작인격권을 침해하거나 제14조 제2항의 규정에 위반한 자에 대해서는 명예회복의 청구를 할 수 있다. 여기서 유족이란 사망한 저작자의 배우자·자(子)·부모·손(孫)·조부모 또는 형제자매를 말하며, 유언집행인은 사망 후에 저작지의 권리를 대신해서 행사하도록 유언에 명시되어 있는 사람을 말한다.

---

100) 저작자의 사망 후에 그의 저작물을 이용하는 자는 저작자가 생존하였더라면 그 저작인격권의 침해가 될 행위를 하여서는 아니 된다. 다만 그 행위의 성질 및 정도에 비추어 사회통념상 그 저작자의 명예를 훼손하는 것이 아니라고 인정되는 경우에는 그러하지 아니하다.

원래 저작인격권은 저작자 일신에 전속되므로 저작자가 사망한다면 그 권리 또한 소멸하는 것이 원칙이지만, 만일 그렇게만 규정한다면 저작자의 인격적 이익이 침해된다고 해도 그가 사망하고 없는 한 현실적인 구제가 불가능해서 저작권법 존재의 가치를 부정하는 결과가 생길 수도 있으므로, 저작자가 사망했더라도 그의 의향을 가장 잘 대변할 수 있는 사람들로 하여금 인격적 침해를 방지하고 훼손된 명예의 회복을 위한 노력을 할 수 있도록 배려한 것이다. 여기서 주의할 점은 유족 또는 유언집행인에게 사망한 저작자의 명예를 훼손하는 방법으로 그 저작물을 이용한 사람을 상대로 침해의 정지 또는 예방에 필요한 청구를 하거나 명예회복의 청구를 할 수 있다고 했을 뿐 그로 인한 손해배상을 청구할 수 있다고 규정하지는 않았다는 사실이다. 아울러 여기서의 저작자는 자연인에 한정되는 것이며, 유족이나 유언집행인이 존재하지 않는 법인으로서의 저작자를 가리키는 것은 아니라는 점에도 주의해야 한다.

한편, "저작자가 사망한 후에"라는 전제가 있으므로 저작자가 생존한 상태에서의 저작인격권 침해는 저작자 자신이 알아서 할 문제이며, 간혹 저작인격권 침해부분에 대한 소송이나 기타 절차가 진행되는 중에 저작자가 사망한다면 그 부분에 대한 원고(原告)로서의 권리행사는 민사소송법 규정(제211조)에 따라 상속인이 대신할 수 있음은 물론이다.

(8) 공동저작물의 권리침해

공동저작물의 각 저작자 또는 각 저작재산권자는 다른 저작자 또는 다른 저작재산권자의 동의 없이 "권리침해의 정지 및 예방과 손해배상의 담보"를 청구할 수 있으며, 그 저작재산권의 침해에 관해서 자신의 지분에 관한 '손해배상'을 청구할 수 있다.

앞서 살핀 것처럼 공동저작물이란, "2인 이상이 공동으로 창작한 저작물로서 각자의 이바지한 부분을 분리하여 이용할 수 없는 것"을 말하며, 이러한 공동저작물의 저작인격권과 저작재산권은 저작자 전원의 합의에 의하지 않고서는 이를 행사할 수 없다. 하지만 "권리침해의 정지 및 예방과 손해배상의 담보를 청구할 수 있는 권리"와 "고의 또는 과실로 권리를 침해한 자를 상대로 손해배상을 청구할 수 있는 권리"만큼은 다른 저작자 또는 저작재산권자의 동의 없이도 행사할 수 있다. 다만, 손해배상의 청구에 있어서는 공동저작물 전체에 대한 손해배상이 아닌 자신의 지분에 해당하는 범위 안에서의 청구만 가능하다. 따라서 공동저작물의 저작자 및 저작재산권자에게는 지분에 따라 각자 별도의 손해배상청구권이 주어지는 것이며, 아울러 각자가 청구권을 행사할 수 있을 뿐만 아니라 전체 권리자가 공동으로 그러한 권리를 행사할 수도 있음은 물론이다. 그리고 부당이득반환청구권의 행사 또한 이에 준하는 것으로 해석할 수 있다.

4. 서류열람의 청구 및 권한의 위탁

(1) 서류열람의 청구

저작권신탁관리업의 허가를 받은 자는 그가 신탁관리하는 저작물 등을 영리목적으로 이용하는 자에 대해 당해 저작물 등의 사용료 산정에 필요한 서류의 열람을 청구할 수 있다. 이 경우 이용자는 정당한 이유가 없는 한 이에 응해야 한다. 여기서 '서류열람의 청구'를 할 수 있는 '저작권신탁관리업의 허가를 받은 자'란 "저작재산권자·출판권자 또는 저작인접권자를 위해 저작재산권·출판권·저작인접권 또는 그 이용권을 신탁받아 이를 지속적으로 관리하는 업"을 하기 위해 문화관광부장관으로부터 허가를 받은 사람을 가리킨다.

즉, 저작재산권자 등으로부터 저작물 이용에 관한 모든 것을 신탁받아 이를 영리목적으로 이용하려는 사람에게 저작재산권 등의 이용권을 부여했다면 당연히 이용자로부터 저작권사용료를 징수하게 되는데, 이 경우 정확한 사용료 산정을 위해 이용자에게 관련서류의 열람을 청구할 수 있고, 이용자는 "정당한 사유가 없는 한" 서류를 보여주어야 하는 것이다. 이렇게 함으로써 저작물에 관한 권리를 신탁한 저작재산권자 등에게 사용료 징수의 투명성을 입증할 수 있으며, 사용료를 둘러싼 잡음을 미연에 방지하는 효과도 얻을 수 있을 것이다.

(2) 권한의 위탁

한편, 문화관광부장관은 저작권 관련 업무에 관한 권한을 일부 저작권심의조정위원회에 위탁할 수 있다.

먼저, 문화관광부장관은 학교교육목적 등에 이용되는 저작물에 대한 보상금의 기준, 저작재산권자 불명인 저작물 이용에 따른 법정허락시 공탁금의 기준, 공표된 저작물의 방송 및 판매용 음반의 제작에 따른 법정허락시 이용승인 및 보상금의 기준 등의 업무를 저작권심의조정위원회에 위탁할 수 있다. 이때 보상금이 지급될 수 있는 경우를 구체적으로 살펴보면 다음과 같이 다섯 가지로 나눌 수 있다.

첫째, 학교교육목적 등에 이용되는 저작물에 지급하거나 공탁해야 할 보상금의 경우.

둘째, 거소불명 등의 이유로 공표된 저작물의 저작재산권자를 알 수 없어 법정허락의 방법으로 저작물을 이용하고자 할 때 공탁해야 할 보상금의 경우.

셋째, 공표된 저작물을 공익상 필요에 의해 방송하려는 방송사업자가 법정허락의 방법으로 저작물을 이용하고자 할 때 지급하거나 공탁해야 할 보상금의 경우.

넷째, 우리나라에서 처음으로 판매되어 3년이 지난 판매용 음반에 수록된 저작물을
　　　녹음하여 다른 판매용 음반을 제작하고자 하는 자가 법정허락의 방법을 이용
　　　할 때 지급하거나 공탁해야 할 보상금의 경우.
다섯째, 실연·음반 및 방송이용의 법정허락에 따라 지급하거나 공탁해야 할 보상금
　　　의 경우.

따라서 이상과 같은 경우의 보상금의 기준은 문화관광부장관의 권한위탁으
로 저작권심의조정위원회에서 심의 후 결정하게 된다.

또, 각종 등록업무 또한 저작권심의조정위원회에 위탁된다. 따라서 저작권
의 등록, 권리변동 등의 등록, 출판권의 등록, 저작인접권의 등록 등에 관한 업
무는 저작권심의조정위원회에서 수행한다. 여기서 저작권과 관련해서 등록할
수 있는 내용들을 살펴보면 다음과 같다.

- 저작자 또는 저작재산권자의 성명·이명·국적·주소 또는 거소

- 저작물의 제호·종류·창작년월일

- 공표의 여부 및 맨처음 공표된 국가·공표년월일

- 2차적 저작물의 경우 원저작물의 제호 및 저작자

- 저작물이 공표된 경우에는 그 저작물이 공표된 매체에 관한 정보

- 상속 및 기타 일반승계를 제외한 저작재산권의 양도 또는 처분제한

- 저작재산권을 목적으로 하는 질권의 설정·이전·변경·소멸 또는 처분제한

- 출판권자의 성명·이명·국적·주소 또는 거소

- 상속 및 기타 일반승계를 제외한 출판권의 양도 또는 처분제한

- 출판권을 목적으로 하는 질권의 설정·이전·변경·소멸 또는 처분제한

- 저작인접권자의 성명·이명·국적·주소 또는 거소

– 상속 및 기타 일반승계를 제외한 저작인접권의 양도 또는 처분제한

– 저작인접권을 목적으로 하는 질권의 설정·이전·변경·소멸 또는 처분제한

그 밖에 현행 저작권법에서는 '벌칙적용에 있어서의 공무원 의제'라고 해서 저작권심의조정위원회의 위원과 직원에 대해 업무상 잘못이 있을 경우 공무원에 준해서 처벌할 수 있음을 규정하고 있다. 즉, 저작권심의조정위원회 관계자가 형법에 명시된 수뢰(收賂) 및 사전수뢰, 제3자 뇌물제공, 수뢰 후 부정처사 및 사후수뢰, 알선수뢰 등에 해당하는 행위를 했을 경우 각각 해당조의 규정에 따라 처벌된다는 뜻이다.[101] 따라서 저작권심의조정위원회에 근무하는 사람들은 문화관광부장관으로부터 위탁받은 업무뿐만 아니라 저작권 분쟁에 관한 조정업무에 있어서도 업무상 지위를 이용한 불법행위를 해서는 안 된다.

---

101) 제129조〈수뢰, 사전수뢰〉 ① 공무원 또는 중재인이 그 직무에 관하여 뇌물을 수수, 요구 또는 약속한 때에는 5년 이하의 징역 또는 10년 이하의 자격정지에 처한다.
② 공무원 또는 중재인이 될 자가 그 담당할 직무에 관하여 청탁을 받고 뇌물을 수수, 요구 또는 약속한 후 공무원 또는 중재인이 된 때에는 3년 이하의 징역 또는 7년 이하의 자격정지에 처한다.
제130조〈제3자뇌물제공〉 공무원 또는 중재인이 그 직무에 관하여 부정한 청탁을 받고 제3자에게 뇌물을 공여하게 하거나 공여를 요구 또는 약속한 때에는 5년 이하의 징역 또는 10년 이하의 자격정지에 처한다.
제131조〈수뢰후 부정처사, 사후수뢰〉 ① 공무원 또는 중재인이 전2조의 죄를 범하여 부정한 행위를 한 때에는 1년 이상의 유기징역에 처한다.
② 공무원 또는 중재인이 그 직무상 부정한 행위를 한 후 뇌물을 수수, 요구 또는 약속하거나 제3자에게 이를 공여하게 하거나 공여를 요구 또는 약속한 때에도 전항의 형과 같다.
③ 공무원 또는 중재인이었던 자가 그 재직중에 청탁을 받고 직무상 부정한 행위를 한 후 뇌물을 수수, 요구 또는 약속한 때에는 5년 이하의 징역 또는 10년 이하의 자격정지에 처한다.
④ 전3항의 경우에는 10년 이하의 자격정지를 병과할 수 있다.
제132조〈알선수뢰〉 공무원이 그 지위를 이용하여 다른 공무원의 직무에 속한 사항의 알선에 관하여 뇌물을 수수, 요구 또는 약속한 때에는 3년 이하의 징역 또는 7년 이하의 자격정지에 처한다.

〈Tip〉 북한저작물의 이용방법[102]

1. 기본원칙

우리나라 헌법 제3조의 규정과 이에 입각한 일관된 법원의 태도에 비추어 볼 때 현재 북한의 저작자도 대한민국의 국민이다. 따라서 북한 저작자의 저작권은 우리나라 저작권법이 규정하고 있는 저작권과 동일하게 보호된다. 아울러 북한의 저작자는 북한이 베른협약 동맹국의 일원이 되었으므로 베른협약이 규정하고 있는 내국민대우원칙에 따라 우리나라 국민과 동등하게 보호를 해주어야 한다. 결국 북한의 저작물은 그 저작권자의 허락을 얻어 이용해야 하는 것이 기본원칙인 셈이다.

실제로 북한의 저작물을 이용할 경우에 북한의 저작권자와 접촉할 수 있는 방법은 남북교류협력에관한법률(1990년 8월 1일 제정, 법률 제4239호)에 의하는 것밖에 없다. 동법 제1조(목적)는 "이 법은 군사분계선 이남지역(이하 '남한'이라 한다)과 그 이북지역(이하 '북한'이라 한다)간의 상호교류와 협력을 촉진하기 위하여 필요한 사항을 규정함을 목적으로 한다"고 함으로써 남한과 북한 사이의 상호교류 등에 관한 사항을 규정함을 목적으로 하고 있다. 동법은 이러한 목적 달성을 위해 제9조에서 남·북한의 합법적인 왕래에 관해 규정하고 있다. 따라서 북한의 저작물을 이용하기 위해서는 이 법에 의하여 북한의 저작권자와 접촉할 수 있다. 구체적으로 동법 제9조는, ① 남한과 북한의 주민이 남한과 북한을 왕래하고자 할 때에는 대통령령이 정하는 바에 의하여 통일원장관이 발급한 증명서를 소지해야 하며(제1항), ② 재외국민이 외국에서 북한을 왕래하는 때에는 재외공관의 장에게 신고해야 하고(제2항), ③ 남한의 주민이 북한의 주민 등과 회합·통신 기타의 방법으로 접촉하고자 할 때에는 통일원장관의 승인을 얻어야 하며(제3항), ④ 제1항의 규정에 의한 증명서의 발급절차, 제2항의 규정에 의한 재외국민의 범위와 신고

---

102) 이호흥, "북한저작물의 저작권 보호", 서울북인스티튜트 엮음, 출판저작권실무과정 교재(2005), pp. 185~198 참조.

절차 및 제3항의 규정에 의한 승인절차 등에 관해 필요한 사항은 대통령령으로 정하도록 규정하고 있다. 남한의 주민이 북한을 왕래하거나 북한의 주민 등과 회합 등을 하는 경우에는 통일원장관의 승인을 얻어 합법적으로 접촉할 수 있다는 것이다.

이렇듯 북한의 저작물은 남북교류협력에관한법률에 의해 북한의 저작권자와 접촉하여 이용하는 것이 기본원칙이다. 그러나 이러한 접촉이 쉬운 것은 아니며, 더욱이 북한의 저작물에 대한 소재정보나 관리정보를 알 수 없는 현재의 상황에서 그 이용은 결코 용이하다고 할 수 없다. 한편, 다음과 같이 납·월북 저작자의 저작물을 이용할 경우에는 남한 자체에서도 적법한 이용이 가능한 때가 있다.

2. 남한에 가족이 있는 경우

(1) 북한 저작자가 생존해 있는 경우

납·월북된 북한의 저작자가 생존한 경우에는 부재자 재산관리제도에 따라 저작물의 이용이 가능하다. 부재자 재산관리제도란 부재자가 재산관리인을 선임하지 않은 경우 법원이 부재자의 신분적 또는 경제적 이해관계인(주로 그의 가족) 또는 검사의 청구에 의해 관리인을 선임하고 그 관리인으로 하여금 부재자의 잔류재산을 관리할 수 있게 하는 제도다. 우리나라 민법은 종래의 주소나 거소를 떠나 조만간 돌아올 가망이 없어서 재산을 관리해야 할 필요가 있는 자(부재자)를 위해 재산관리제도를 규정하고 있다(민법 제22조 내지 제27조). 북한에 생존중인 북한의 저작자는 종래 남한에 주소나 거소를 가졌으나 용이하게 돌아올 가망이 없는 부재자에 해당된다. 또한 그의 남한에서의 잔류재산에는 저작재산권도 포함된다.

이렇듯 납·월북된 북한의 저작자가 생존하고 있더라도 납·월북 이전에 창작된 저작물의 저작재산권은 부재자 재산관리제도에 포함될 수 있으며, 그 경우 저작물의 이용이 가능하게 된다. 부재자 재산관리인은 일종의 법정대리인으로서 그 재산의 보존행위와 그 물건이나 권리의 성질을 변하지 않는 범위에서 이용 또는 개량하는 행위를 할 수 있기 때문이다(민법 제 118조 참조). 즉, 처분행위는 불가능하나 그 이용과 보존관리를 위한 행위는 가능한 것이다. 예컨대, 저작재산권의 양도 등은 처분행위에 속하기 때문에 불가능하나 저작물의 이용허락 이나 침해구제 등의 행위는 이용 또는 개량하는 행위에 해당한다. 따라서 부재자 재산관리 가 되어 있는 납·월북 저작자의 남한에서의 저작물에 대해서는 부재자 재산관리인에 의해 저작물 이용이 적법하게 이루어질 수 있다.

그러나 납·월북된 저작자가 북한에서 창작한 저작물의 경우에는 이에 의할 수 없다. 그 저 작물이 남한에서의 잔류재산에 속할 수 없기 때문인데, 이 점에서 부재자 재산관리제도의 경우에는 한계를 지닌다. 현실적으로 부재자 재산관리제도에 의해 납·월북 저작자의 저작 재산권이 관리되고 있는 경우도 그리 많지 않을 것으로 보인다.

(2) 북한 저작자가 사망한 경우

납·월북된 저작자가 사망한 경우에는 그 저작자가 갖고 있는 모든 저작재산권은 상속된다. 이 경우 상속인이 없는 때에는 우리나라 저작권법에 따라 저작재산권은 소멸되나, 상속인이 있는 때에는 그에게 저작재산권이 상속한다. 따라서 사망한 납·월북 저작자의 저작물을 이 용하고자 할 때에는 그 상속 여부를 확인할 필요가 있다.

그러나 실제로는 다음과 같은 이유로 이를 알기는 매우 어렵다.

첫째, 사망사실을 아는 데 따른 어려움이 크다. 납·월북된 저작자의 사망사실을 증명하려면 사망사실을 알 수 있는 확정적인 증거 즉, 사체검안서나 사망진단서 등이 있어야 하는데, 이 를 확보하기가 어려운 것이다. 특정의 경우 사망이 인정된 예는 있다. 월북 저작자 '이기영' 의 사망사실과 관련해서 법원은 "월북작가의 묘에 대한 사진으로 인정되는 잡지의 영상과 국가안전기획부장에 대한 위 작가에 대한 사실조회 결과 및 심문"을 가지고 그가 사망한 사실을 인정했던 것이다(서울민사지법 1989. 7. 26. 선고, 89카13962 결정). 그러나 이러한 경우

는 그야말로 특정의 경우다. 사망사실을 입증하지 못하면 호적법상 생존한 것으로 추정되고

상속은 당연히 이루어지지 않게 된다. 물론, 이 경우 호적법의 규정에 따른 인정사망(동법 제

90조), 실종선고제도(민법 제27조 제2항 및 제12항)에 의한 장치를 통해 사망을 의제할 수는

있다.

둘째, 사망한 것이 인정되더라도 상속인과 관련된 문제가 있다. 상속인이 남한에만 있는 경

우에는 간단하지만, 남북한 모두에 걸쳐 있는 경우에는 쉽지 않다. 상속인은 남북한 사람이

라고 해서 달리 취급하지 않기 때문이다. 그러나 북한유족의 경우에는 북한에서 살고 있다

는 사실이 인정되어야만 남한유족과 함께 상속을 받을 수 있다. 북한유족이 밝혀지지 않는

이상에는 남한유족만이 저작재산권을 상속받는다. 그렇기 때문에 의외로 저작물 이용이 간

편할 수 있다. 그에 반해 북한의 상속인이 인정되는 경우에는 남한의 상속인과 함께 상속된

저작재산권의 준공동소유관계에 있게 된다(민법 제278조). 그에 따라 공유물의 처분에 속하

는 저작재산권의 양도는 북한 상속인의 동의를 필요로 하며(민법 제264조), 공유물의 사용·

수익에 속한다고 볼 수 있는 이용허락은 자신의 지분비율에 한해서 가능하다(민법 제263조).

또한 저작재산권 침해의 구제와 같은 보존행위는 공유물의 보존과 같이 상속인 각자가 할

수 있다(민법 제265조). 즉, 이 경우에도 남한의 상속인이 단독으로 저작재산권을 처분할 수

는 없으나 이용허락은 가능하다고 할 수 있다. 따라서 이 경우에도 사실상 남한의 상속인을

통해 납·월북 저작자의 저작물 이용이 가능하다.

이와 관련해서 차후 북한의 상속인이 자신의 상속권을 주장하는 경우에는 어떻게 되는지 의

문이 생긴다. 북한의 상속인이 탈북하거나 통일이 이루어지는 경우에 이러한 문제가 발생할

수 있는데, 이 경우 북한의 상속인은 남한의 민법 제999조에 따라 상속회복청구의 소송을

제기해서 자신의 상속분을 회복할 수 있다. 북한의 상속인이 자신의 상속분을 회복한다는

것은 남한의 상속인이 저작재산권의 지분을 반환해야 하며, 또한 만일 남한의 상속인이 저작재산권의 이용행위로서 취득한 이익이 있는 경우에는 북한 상속인의 지분을 반환해야 한다는 것을 의미한다. 달리 남한의 상속인이 저작재산권을 제3자에게 양도한 경우도 예상될 수 있다. 이 경우에는 거래안전을 위해 유효한 행위로 보아야 할 것이다. 다만, 북한의 상속인은 남한의 상속인에 대해 부당이득반환청구가 가능할 것이다. 그러나 이와 같은 효과를 발휘할 수 있는 상속회복청구권과 부당이득반환청구권은 제척기간(각각 침해가 있음을 안 날로부터 3년 또는 상속이 개시된 날로부터 10년)과 소멸시효기간(10년)이 있는 것에 유의해야 하는데, 이 기간이 만료되면 남한 상속인에게 상속이 확정되기 때문이다.

이렇듯 납·월북 저작자가 사망해서 남한의 상속인이 그 저작재산권을 상속받은 경우에는 사실상 저작물 이용이 가능하게 되고, 그 대상 저작물은 납·월북 저작자의 저작물 모두에게 미친다. 그러나 이 경우에는 현실상 사망사실의 입증에 어려움이 있으며, 남한의 상속인이 없거나 북한의 상속인이 다수일 때에는 그 행사에서 제한이 따를 수 있다.

(3) 북한 저작자가 생사불명인 경우

납·월북된 저작자가 증명자료의 부족 등으로 사망이 인정되지 않는 경우에는 생사불명의 자로서 실종선고제도에 의해 남한의 유족이 저작재산권을 상속받을 수 있다. 실종선고는 종전의 주소나 거소를 떠난 자가 일정기간 동안 생사불명 상태가 계속되고 생존의 가능성이 희박한 때에 그를 사망한 것으로 보고, 그 사람을 중심으로 하는 법률관계를 확정·종결하게 함으로써 그의 이해관계인에게 불이익이 없도록 하는 제도이다. 따라서 납·월북된 저작자가 남한에서 활동하다가 북한으로 넘어가 전혀 생사를 알 수 없을 때에는 실종선고가 가능하다. 실종선고는 신청인이 법원에 신청하고 법원이 이를 결정해야 한다. 여기에서 신청인은 법률상 이해관계인으로 경제적 또는 신분적 이해관계인 또는 검사 등으로, 남한의 배우자나 상속인 또는 채권자 등이 여기에 속하며 검사는 공익상 필요한 경우에 한정된다(실제 검사가 이를 신청한 예는 없는 것으로 보인다). 또한 납·월북된 저작자의 가족이 월남하여 그 잔류자를 호적에 올렸으나 그의 생사를 알 수 없는 경우에는 호주 또는 가족이나 검사가 부재선고를 신청할 수 있다.

법원이 실종선고나 부재선고를 결정함으로써 일정한 시기에 사망효과가 발생하는데, 그 효과는 종래의 주소를 중심으로 한 사법적 법률관계다. 납·월북된 저작자가 종래의 주소를 중심으로 맺었던 법률관계나 잔류자의 가족이 월남하기 전에 형성된 법률관계에 한해서 확정·종결되는 것이 실종선고나 부재선고의 효과이다. 그에 따라 상속인은 상속법에 따라 저작재산권을 상속받게 되며, 저작재산권을 상속받은 자는 저작재산권자의 지위에서 저작재산권의 처분을 비롯한 이용허락 등을 행할 수 있다.

이렇듯 납·월북된 저작자가 생사불명인 경우에는 남한의 유족 등이 실종선고나 부재선고를 통해 저작재산권을 상속받을 수 있으며, 그에 따라 저작물의 이용이 가능하다. 그러나 실종선고나 부재선고는 그 효과가 종래의 주소를 중심으로 맺었던 법률관계 등에만 미치므로, 그 이후 납·월북된 저작자가 북한에서의 창작활동으로 인해 발생한 법률관계에 대해서는 효과가 미치지 않는다. 따라서 이때에 창작된 저작물에 대해서는 기본원칙으로 돌아갈 수밖에 없다.

3. 남한에 가족이 없는 경우

납·월북된 저작자의 가족이 남한에 없는 경우에는 저작권이 북한의 저작자에게 있더라도 실제 이를 보호받기는 쉽지 않다. 현재로서는 북한의 저작자가 자유롭게 남한사람에게 이용을 허락하기가 어렵고, 아울러 저작권 침해에 대해 민사적·형사적 구제를 행하기도 어렵기 때문이다. 그렇다 보니 바로 이 부분이 납·월북 저작자의 저작권 보호에서 사각지대로 지목되어 왔던 것이다. 물론 북한이 독자적인 저작권법을 제정하고 베른협약에도 가입했기 때문에 향후 북한 저작자의 자유로운 저작권 행사에 진척이 있을 것으로 예상되기는 하지만 아직까지는 별다른 진전이 없는 것으로 보인다.

남한사람이 납·월북 저작자의 저작물을 이용하는 적법한 길은 물론 기본원칙에 입각한 것이 있으나, 그와 별개로 저작권법 제47조 제1항이 규정하고 있는 법정허락을 통한 방법을 생각할 수 있다. 동 조항은 누구든지 상당한 노력을 기울였어도 공표된 저작물의 저작재산권자나 그의 거소를 알 수 없어 그 저작물의 이용허락을 받을 수 없는 경우에는 대통령이 정하는 바에 의하여 문화부장관의 승인을 얻고, 문화부장관이 제82조 제1호에 의한 보상금의 기준에 의하여 정한 보상금을 공탁하고 이용할 수 있도록 규정하고 있기 때문이다. 그러나 여기에는 문제되는 부분이 있다. 법정허락에 의한 이용은 위에서 규정하고 있는 일정의 요건을 충족해야 하는데, 그 중에서 상당한 노력과 관련된 요건의 충족 여부에 대한 문제가 그것이다. 납·월북 저작자가 남한에 가족이 없는 경우에는 남한에서 저작재산권자를 찾을 수는 없다. 결국 북한에서 저작재산권자를 찾아야 하는바, 이 경우에도 전제되는 요건인 상당한 노력을 기울여야 한다. 즉, 이 경우에 상당한 노력이 무엇인지가 문제되는 것이다.

상당한 노력이 무엇을 의미하는지에 대한 명확한 기준은 저작권법에 규정되어 있지 않다. 따라서 이에 대한 해석을 통해 접근할 수도 있겠으나, 뚜렷한 견해를 찾아볼 수 없다. 그 점에서 저작권심의조정위원회가 승인한 실제사례에서 이를 찾아보는 것이 유력하고 보다 실질적이다. 극히 희소한 실제사례에서 보면 일정기간 동안 관련되는 여러 곳에 문서 등으로 문의한 사실이 상당한 노력으로 평가되었음을 알 수 있다. 다시 말해 일정기간에 걸친 일종의 조회라는 형태로 상당한 노력이 나타나고 있음을 알 수 있는 것이다. 이에 입각한다면 납·월북 저작자를 찾는 상당한 노력도 결국 북한의 관련되는 여러 곳에 일정기간에 걸쳐 조회해야 한다는 것을 의미한다. 그렇다면 법정허락 신청자는 현재 시행되고 있는 남북교류협력에관한법률의 규정에 따라 조회를 할 수밖에 없다. 동법 제9조 제3항은 남한의 주민이 북한의 주민 등과 통신 등의 방법으로 접촉할 때 통일원장관의 승인을 얻도록 하고 있기 때문이다. 이렇게 볼 때 법정허락을 얻어 이용하는 방법은 기본원칙에서의 이용방법과 별다른 차이가 없을 것이다.

이렇듯 납·월북 저작자의 가족이 남한에 없는 경우에는 법정허락을 통해 그의 저작물을 이용할 수 있다. 그러나 법정허락을 통한 경우는 그 조건충족을 위한 과정을 살필 때 기본원칙과 별다른 차이가 없다. 다만, 법정허락의 경우는 납·월북 저작자의 특정 시기의 저작물에 한정되지 않는다는 점과 북한에서도 저작재산권자나 그 거소를 알 수 없는 때에도 이용이 가능하다는 점에서 다소 유리하다.

제9장 _ 벌칙

제8장에서는 민사상의 각종 구제제도에 대해서 살펴보았다면 이번에는 저작권 등을 침해한 자와 저작권법의 규정에 위반한 자, 저작권법에 규정한 권리에 준하는 권리를 침해한 자 등에 대한 형사상(刑事上)의 처벌에 관해 알아보기로 한다. 현행 저작권법에서는 이러한 벌칙이 부과되는 죄목으로 '권리의 침해죄', '부정발행 등의 죄', '출처명시 위반의 죄' 등을 열거하면서 아울러 몰수, 양벌규정 등에 대해 규정하고 있다. 그리고 형량에 대해서는 최고 5년 이하의 징역과 5천만 원 이하의 벌금형을 병과할 수 있도록 규정하고 있다.

여기서 민사상의 구제와는 다른 형사적인 처벌의 특성을 살펴보면 다음과 같다.

첫째, 민사상의 권리침해자는 침해의 법률적·경제적 효과가 미치는 주체이지만 형사상의 범죄행위자는 원칙적으로 구체적 행위를 행한 자연인으로서의 개인을 반사회적인 행위를 한 자로 판단해서 처벌한다. 다만, 저작권법 제103조의 양벌규정에서는 예외적으로 행위자의 고용주까지도 해당조의 벌금형으로 처벌한다고 규정했을 뿐이다.

둘째, 민사상의 침해정지 또는 예방의 청구에서처럼 고의나 과실이 없어도 처벌이 가능한 것이 아니라 어떤 행위가 범죄로서 성립하기 위해서는 어디까지나 행위자의 고의를 필요로 한다. 즉, 행위자가 범죄행위를 할 의사가 있었던 경우에만 처벌되며 과실에 의한 행위는 처벌되지 않는다. 여기서 말하는 '고의'란 벌칙에서 규정한 권리침해 등의 구성요건에 해당하는 구체적 사실을 인식하고 있음을 뜻하므로 다른 사람의 권리를 침해하고 있다는 사실만 인식하면 되고 저작권법의 존재를 알고 있는지의 여부와는 관계가 없다.

셋째, 민사상의 권리침해에 대한 법률의 적용은 국내에서 행한 행위만을 대상으로 하지만 형사상의 처벌은 국외에서 행한 행위에도 미친다. 따라서 우리나라 국민이 외국에서 국내 저작권법의 벌칙에 규정된 죄를 범한 경우에는 공소시효가 끝나기 전에 국내로 들어왔다면 권리자의 고소에 따라 처벌하는 것이 가능하다. 한편, 저작권법에서 규정하고 있는 처벌조항의 공소시효는 형사소송법의 규정에 따라 "범죄행위가 종료한 때로부터 최장 3년"으로 되어 있다.

1. 권리의 침해죄

저작재산권 그 밖의 저작권법에 의해 보호되는 재산적 권리를 복제·공연·방송·전시·전송·배포·2차적 저작물 작성의 방법으로 침해한 자는 5년 이하의 징역 또는 5천만 원 이하의 벌금에 처하거나 이를 병과할 수 있다. 따라서 저작물 이용자들은 특히 저작재산권의 침해행위가 일어나지 않도록 주의할 필요가 있다.

또, 다음에 해당하는 자는 3년 이하의 징역 또는 3천만 원 이하의 벌금에 처하거나 이를 병과할 수 있다.

첫째, 저작인격권을 침해하여 저작자의 명예를 훼손한 자. 여기서 주의할 점은 저작인격권의 침해행위만으로는 이 죄가 성립되지 않으며 그러한 행위로 인해서 저작자의 명예가 훼손되어야만 한다는 것이다. 따라서 단순한 저작인격권의 침해로 저작자의 명예가 훼손되지 않았다면, 즉 저작자의 명예를 훼손하지 않은 서작인격권의 침해라면 처벌의 대상이 되지 않는다. 예컨대, 저작물의 내용을 일부러 변경한 것만으로는 명예를 훼손했다고 볼 수 없고, 그 변경의 내용이 잘못되어 그로 말미암아 저작자의 명예가 훼손되었음이 분명한 경우에만 처벌의 대상이 되는 것이다.

둘째, 저작권법의 규정에 의한 등록을 허위로 한 자. 원래 저작권등록부·출판권등록부·저작인접권등록부 등은 일종의 공부(公簿)로서 등록에 의한 공시력(公示力)에 따라 등록된 사항은 일단 진실한 것으로 추정되는 효과를 발휘하게 된다. 그런 점을 감안할 때, 만일 등록사항에 거짓이 있다면 그로 인해 선의의 제3자가 손해를 입거나 거래의 안전이 깨질 우려가 있으므로, 등록의 진실성을 보장하고 저작권 관계자들의 각성을 촉구하기 위해서 허위등록에 대한 처벌조항을 마련하고 있는 것이다.

셋째, 데이터베이스제작자의 권리를 복제·배포·방송 또는 전송의 방법으로 침해한 자.

넷째, 업으로 또는 영리를 목적으로 저작권법 제92조 제2항의 규정[103]에 의해 침해행위로 보는 행위를 한 자.

다섯째, 업으로 또는 영리를 목적으로 제92조 제3항의 규정[104]에 의해 침해행위로 보는 행위를 한 자. 다만, 과실로 저작권 또는 이 법에 의하여 보호되는 권리침해를 유발 또는 은닉한다는 사실을 알지 못한 자를 제외한다.

---

103) 정당한 권리 없이 저작권 그 밖에 이 법에 의하여 보호되는 권리의 기술적 보호조치를 제거·변경·우회하는 등 무력화하는 것을 주된 목적으로 하는 기술·서비스·제품·장치 또는 그 주요부품을 제공·제조·수입·양도·대여 또는 전송하는 행위는 저작권 그 밖에 이 법에 의해 보호되는 권리의 침해로 본다.

104) 저작권 그 밖에 이 법에 의하여 보호되는 권리의 침해를 유발 또는 은닉한다는 사실을 알거나 과실로 알지 못하고 정당한 권리 없이 하는 행위로서 다음 각호의 1에 해당하는 경우에는 저작권 그 밖에 이 법에 의하여 보호되는 권리의 침해로 본다. 다만, 기술적으로 불가피하거나 저작물이나 실연·음반·방송 또는 데이터베이스의 성질이나 그 이용의 목적 및 형태에 비추어 부득이하다고 인정되는 경우에는 그러하지 아니하다.

   1. 전자적 형태의 권리관리정보를 고의로 제거 또는 변경하는 행위
   2. 전자적 형태의 권리관리정보가 제거 또는 변경된 사실을 알고 당해 저작물이나 실연·음반·방송 또는 데이터베이스의 원작품이나 그 복제물을 배포·공연·방송 또는 전송하거나 배포의 목적으로 수입하는 행위

2. 부정발행 등의 죄

다음에 해당하는 자는 1년 이하의 징역 또는 1천만 원 이하의 벌금에 처한다. 그리고 이는 병과규정이 아닌 선택규정이다.

첫째, 저작자가 아닌 자를 저작자로 하여 실명 또는 이명을 표시한 다음에 그 저작물을 공표한 자. 이는 일종의 저작인격권을 침해한 경우뿐만 아니라 저작자의 표시를 허위로 함으로써 사람들을 속이는 행위에 대해서 처벌한다는 취지를 띠고 있다. 즉, 실질적인 저작인격권의 침해라면 저작권법에 따라 처벌하면 되므로 여기서 말하는 '저작자 허위표시 후 공표의 경우'는 그 저작물의 복제물을 구매하거나 이용하는 대중들을 속여서 이득을 극대화하려는 자를 처벌하려는 것이다. 이에 해당하는 경우로는 공표권과 관련해서 미공표 저작물에 대한 저작재산권을 양도받았거나 저작물의 이용허락을 받은 경우에 저작자가 아닌 자를 저작자로 표시하여 공표했을 때, 또는 미공표의 미술저작물·건축저작물·사진저작물의 원작품을 양도받은 자가 그 원작품을 전시의 방법으로 공표함에 있어서 저작자 아닌 자를 저작자로 표시했을 때, 그리고 저작자의 동의를 얻어 2차적 저작물 또는 편집저작물을 작성한 자가 그 2차적 저작물 등을 공표함에 있어서 원저작물의 저작자가 아닌 자를 원저작자로 표시하여 공표했을 때 등이 있다. 따라서 실제의 저작자가 아님에도 유명세를 타려는 의도 혹은 대중을 속이려는 의도에서 허위로 저작자를 표시하여 공표한다면 그 권리자의 고소에 관계없이 처벌이 가능하도록 비친고죄로 규정하고 있다. 그러므로 복제물에 표시된 저작자의 이름을 신뢰하여 구입했는데 그 내용을 통해 허위임을 알았다거나 어느 저작물의 복제물에 자기 이름이 무단으로 표시된 것을 발견한 사람은 피해자로서 고발을 통해 형사적 처벌을 요구할 수 있다.

둘째, 저작자의 사망 후에 그의 명예를 훼손하는 방법으로 저작물을 이용한

자. 형법 제308조에서는 사자(死者)의 명예를 훼손하는 행위를 범죄로 규정하고 있는데, 같은 취지에서 사망한 저작자의 저작물을 이용함에 있어서 저작자의 명예를 훼손하는 방법으로 저작물을 이용한 사람은 살아 있는 저작자의 저작인격권 침해보다는 미약하게나마 국가가 나서서 처벌함으로써 문화유산으로서의 저작물을 남긴 저작자의 인격적 이익을 공공적 차원에서 보호한다는 뜻으로 해석할 수 있다. 이 규정 역시 비친고죄에 해당하기 때문에 유족 등의 의향보다는 검사(檢事)의 주관적 판단이 기소(起訴)에 영향을 미친다고 하겠다.

셋째, 허가를 받지 않고 저작권신탁관리업을 한 자. 대리 또는 중개의 경우에는 신고만을 하면 되지만 저작물을 신탁의 방법으로 위임받아 이용자로 하여금 이용하게 하는 등 저작물에 따른 일체의 권리를 대신 수행하고 수수료를 받아 이익을 도모하는 신탁관리업은 그 전문성을 고려해서 문화관광부장관의 허가를 받도록 규정하고 있다. 그런데 저작권신탁관리업을 수행하는 자가 허가를 받지 않고 영업을 했다면 이는 일반적으로 말하는 무허가 영업에 다름아니며, 그런 것을 용인할 경우에 공권력의 부실함을 얕잡아 보는 세력을 방치하는 결과가 되므로 1년 이하의 징역 또는 1천만 원 이하의 벌금으로 다스린다는 의지를 표명한 것이다.

넷째, 수입시에 대한민국 내에서 만들어졌다면 저작권 등의 침해로 될 물건을 대한민국 내에서 배포할 목적으로 수입하는 행위 또는 저작권 등을 침해하는 행위에 의해 만들어진 물건을 그 정을 알고 배포할 목적으로 소지하는 행위 등을 한 자. 이는 저작권법이 보호하는 권리를 직접적으로 침해한 것은 아니지만 결과적으로는 그와 같은 권리가 침해된 것과 같다고 보아 민사적 구제의 대상이 되게 함과 동시에 형사적인 처벌도 가능하게 함으로써 그러한 행위에 의한 침해를 방지하고자 한 것이다. 다만, 이는 권리자 개인의 권리보호라는 측면이 강하다는 점을 감안해서 친고죄로 제한하고 있음에 주의해야 한다.

다섯째, 자신에게 정당한 권리가 없음을 알면서 고의로 제77조의2 제1항 또는 제3항의 규정에 의한 복제·전송의 중단 또는 재개요구를 하여 온라인서비스제공자의 업무를 방해한 자.[105]

---

105) 저작권법 제77조의2 (복제·전송의 중단)
① 온라인서비스제공자의 서비스를 이용한 저작물 등의 복제·전송에 의하여 저작권 그 밖에 이 법에 의하여 보호되는 자신의 권리가 침해됨을 주장하는 자(이하 이 조에서 "권리주장자"라 한다)는 그 사실을 소명하여 온라인서비스제공자에게 그 저작물 등의 복제·전송을 중단시킬 것을 요구할 수 있다.
② 온라인서비스제공자는 제1항의 규정에 의한 복제·전송의 중단요구가 있는 경우에는 지체 없이 그 저작물 등의 복제·전송을 중단시키고 당해 저작물 등을 복제·전송하는 자(이하 "복제·전송자"라 한다)에게 그 사실을 통보하여야 한다.
③ 제2항의 규정에 의한 통보를 받은 복제·전송자가 자신의 복제·전송이 정당한 권리에 의한 것임을 소명하여 그 복제·전송의 재개를 요구하는 경우 온라인서비스제공자는 재개요구사실 및 재개예정일을 권리주장자에게 지체 없이 통보하고 그 예정일에 복제·전송을 재개시켜야 한다.
④ 온라인서비스제공자는 제1항 및 제3항의 규정에 의한 복제·전송의 중단 및 그 재개의 요구를 받을 자(이하 이 조에서 "수령인"이라 한다)를 지정하여 자신의 설비 또는 서비스를 이용하는 자들이 쉽게 알 수 있도록 공지하여야 한다.
⑤ 온라인서비스제공자가 제4항의 규정에 의한 공지를 하고, 제2항 및 제3항의 규정에 의하여 그 저작물 등의 복제·전송을 중단시키거나 재개시킨 경우에는 다른 사람에 의한 저작권 그 밖에 이 법에 의하여 보호되는 권리의 침해에 대한 온라인서비스제공자의 책임 및 복제·전송자에게 발생하는 손해에 대한 온라인서비스제공자의 책임을 감경 또는 면제할 수 있다. 다만, 이 항의 규정은 온라인서비스제공자가 다른 사람에 의한 저작물 등의 복제·전송으로 인하여 그 저작권 그 밖에 이 법에 의하여 보호되는 권리가 침해된다는 사실을 안 때부터 제1항의 규정에 의한 중단을 요구하기 전까지 발생한 책임에는 적용하지 아니한다.
⑥ 정당한 권리 없이 제1항 및 제3항의 규정에 의한 그 저작물 등의 복제·전송의 중단이나 재개를 요구하는 자는 그로 인하여 발생하는 손해를 배상하여야 한다.
⑦ 제1항 내지 제4항의 규정에 의한 소명, 중단, 통보, 복제·전송의 재개, 수령인의 지정 및 공지 등에 관하여 필요한 사항은 대통령령으로 정한다. 이 경우 문화관광부장관은 관계중앙행정기관의 장과 미리 협의하여야 한다.

3. 출처명시 위반의 죄 등

다음에 해당하는 자는 500만 원 이하의 벌금에 처한다.

첫째, "촉탁에 의한 초상화 또는 이와 유사한 사진저작물의 경우에는 촉탁자의 동의가 없는 때에는 이를 이용할 수 없다"는 규정에 위반한 자. 따라서 이른바 사진관에서 촉탁자의 동의 없이 홍보용으로 비치하고 있는 사진이 있다면 이는 500만 원 이하의 벌금형에 처해질 수 있다는 사실에 주의해야 하며, 굳이 저작권법이 아니더라도 형법상의 초상권 침해가 될 수도 있으므로 더욱 각별한 주의가 요망된다.

둘째, 출처를 제대로 명시하지 않은 자. 저작권법 제34조에서는 저작재산권의 제한에 해당하는 경우라도 저작물의 이용상황에 따라 합리적이라고 인정되는 방법으로 출처를 명시하도록 규정하고 있다. 즉, 재판절차 등에서 저작물을 복제하는 경우, 학교교육목적 등에 공표된 저작물을 이용하는 경우, 시사보도를 위해 저작물을 이용하는 경우, 공표된 저작물을 인용하는 경우, 공표된 저작물을 점자로 복제하는 경우, 미술저작물 등을 전시 또는 복제하는 경우 등이 이에 해당하며, 저작인접권의 목적이 된 실연·음반 또는 방송의 이용에 관해서도 이 규정이 준용된다. 따라서 위에서 열거한 경우에 있어서 그 이용자는 이용한 저작물의 출처를 이용상황에 따라 합리적이라고 인정되는 방법으로 출처를 명시해야 함에도 이를 위반하게 되면 500만 원 이하의 벌금형에 처해질 수 있다. 특히 남의 저작물을 인용하고도 마치 자기 창작인 양 넘어가려는 저작자들에게는 각별히 유념해야 할 규정이 아닐 수 없다.

셋째, 복제권자의 표지(標識)를 하지 않은 자. 저작권법에서는 출판권을 설정받은 출판권자는 특약이 없는 경우 출판물에 복제권자의 표지를 하게 되어 있다. 여기서 정기간행물의 등록 등에 관한 법률에 의해 등록된 정기간행물은 표지의 대상이 아니지만 그 밖의 복제물에는 복제의 대상이 외국인의 저작물일 경우에는 복제권자의 성명 및 맨 처음 발행년도의 표지, 복제의 대상이 우리나라 국민의 저작물일 경우에는 복제권자의 성명 및 맨 처음 발행년도와 복제권자의 검인, 출판권자가 복제권의 양도를 받은 경우에는 그 취지의 표지 등을 해야 한다. 다만, "특약이 없는 경우에는"이라고 했으므로 그러한 표지를 생략한다는 내용의 특약을 포함해서 계약이 이루어진다면 문제가 되지 않는다.

넷째, "출판권자는 출판권의 목적인 저작물을 다시 출판하고자 하는 경우에 특약이 없는 때에는 그때마다 미리 저작자에게 그 사실을 알려야 한다"는 규정을 위반한 자. 따라서 출판사에서 이미 출간된 도서를 다시 출간하는 경우, 즉 중쇄(重刷) 혹은 중판(重版)하는 경우에는 별도의 약정이 없는 한 그때마다 미리 저작자에게 알려야 하며, 그렇지 않을 경우에는 최고 500만 원의 벌금형에 처해질 수 있다는 사실 또한 유념해야 한다.

다섯째, 신고를 하지 않고 저작권대리중개업을 하거나 영업의 폐쇄명령을 받고 이를 무시한 채 계속 그 영업을 한 자. 저작권법 제78조 제1항 단서에 의하면, 저작권대리중개업을 하고자 하는 자는 대통령령이 정하는 바에 따라 문화관광부장관에게 신고하도록 규정되어 있다. 그리고 제80조 제2항에 의하면, 문화관광부장관은 저작권위탁관리업자가 허위 기타 부정한 방법으로 허가를 받거나 신고를 한 경우와 저작권법 제80조 제1항의 규정에 위반하여 업무의 정지명령을 받고 그 업무를 계속한 경우에는 허가를 취소하거나 영업의 폐쇄명령을 내릴 수 있다고 규정하고 있다. 그런데 신고를 하지 않고 저작권대리중개업을 하거나 영업의 폐쇄명령을 받고도 계속해서 그 영업을 하는 업자가 있다면 적발되었을 경우에 500만 원 이하의 벌금형에 처할 수 있도록 규정한 것이며, 이는 친고죄가 아니므로 고발 또는 적발만으로도 처벌이 가능하다.

4. 몰수

저작권법 제101조에서는 "저작권 그 밖의 이 법에 의하여 보호되는 권리를 침해하여 만들어진 복제물로서 그 침해자·인쇄자·배포자 또는 공연자의 소유에 속하는 것은 이를 몰수한다"고 규정하고 있다. 즉, 저작권법이 보호하는 각종 권리를 침해해서 만들어진 복제물은 침해자는 물론 그것의 인쇄자와 배포자 또는 공연자의 소유에 속하는 것이라도 모두 몰수할 수 있다는 것이다.

법률상 몰수(沒收)란, "국가가 법에 의하여 개인이나 단체의 소유물을 강제로 빼앗는 일"을 의미하며, 형법 제48조에서는 "범죄행위로 발생한 물건과 범죄에 제공하였거나 제공하려는 물건 및 범죄행위로 취득한 물건으로서 범인의 소유이거나 범인 이외의 자가 그 정을 알면서도 취득한 경우에는 이를 몰수할 수 있다"고 규정하고 있다. 하지만 저작권법에서는 몰수의 대상을 침해행위로 만들어진 복제물에만 한정하고 있고 불법복제에 제공된 인쇄기 등의 기계 또는 불법복제로 취득한 다른 물건에까지 확대하지 않고 있다는 점에 주의해야 한다. 또한 불법복제물이 침해자의 범죄행위에 의해 만들어졌다는 사실 즉, 그 정을 알지 못하는 인쇄자 또는 배포자 등의 소유라 할지라도 몰수의 대상이 되도록 규정하고 있다는 점 역시 주의해야 할 부분이다. 아울러 형법에서는 "몰수할 수 있다"고 하여 법관의 판단에 재량권이 있음을 나타내고 있으나 저작권법에서는 "몰수한다"고 명시함으로써 불법복제물의 시중유통으로 인한 저작권 등의 권리침해를 철저히 방지하겠다는 의지를 강하게 풍기고 있다.

한편, 불법복제물의 침해자 외에 인쇄자·배포자·공연자만을 나열함으로써 방송사업자나 전시자 등의 불법행위에 의한 복제물은 몰수의 대상에서 제외된 듯한 표현에 대해서는 "열거된 것은 단순한 예시로 보고 방송사업자와 전시자는 물론 기타 저작물의 이용을 업으로 하는 자가 소유하는 불법복제물도 몰수의 대상에 포함시키는 것이 계속적인 권리침해의 결과를 방지하겠다는 제101조의 입법취지에 합당하다"는 견해가 우세하다.

5. 고소

한편, 저작권법 제102조에서는 "이 장의 죄에 대한 공소는 고소가 있어야 논한다"고 하여 저작권 침해범죄의 성격이 대부분 친고죄임을 밝히고 있다. 친고죄(親告罪)란, "범죄의 피해자나 그 밖의 법률에 정한 사람의 고소가 있어야 공소(公訴)를 제기할 수 있는 범죄"를 말하며, 강간죄·명예훼손죄·모욕죄 등이 대표적이다. 다시 말하면, 형사상의 범죄는 형사소송법 제246조의 규정에 따라 검사만이 공소의 제기 즉, 형사소추(刑事訴追)[106]를 할 수 있는데, 이처럼 피해자 등의 고소가 없으면 공소를 제기할 수 없는 범죄를 친고죄라고 한다.

이러한 친고죄는 극히 개인적인 사권(私權)에 있어서 그 침해에 대한 형사책임 추궁의 여부는 피해자인 권리자의 판단에 맡기는 것이 적당하다는 취지에서 만들어진 것이라고 할 수 있다. 따라서 저작권관련 침해에 있어서도 개인적권리와 밀접한 것들은 친고죄로 규정하고 있으며, 친고죄의 공소시효는 형사소송법 제230조의 규정에 따라 "범인을 알게 된 날로부터 6개월"이며 "고소를 일단 취소한 경우에는 다시 고소를 할 수 없다"(형사소송법 제232조 제2항)는 점에 주의해야 한다.

먼저 구체적으로 친고죄에 해당하는 저작권 관련 침해의 유형을 살펴보면 다음과 같다.

---

106) 검사가 특정범죄에 대한 피고인을 기소하여 그 형사책임을 추궁하는 일.

첫째, 저작재산권 등의 침해죄.

둘째, 저작인격권의 침해죄.

셋째, 저작권법 제92조에서 규정한 "침해로 보는 행위"를 한 죄.

넷째, 출처명시위반의 죄.

따라서 저작재산권자, 저작인격권자, 출판권자, 저작인접권자, 복제권자 및 저작자 등이 저작권법에 의해 보호를 받는 권리자로서 침해에 따른 고소권자가 될 수 있다. 그리고 공동저작물이나 공동실연인 경우에는 그 권리의 침해에 대해 각자가 단독으로 고소할 수 있으며, 고소의 시효나 취소 또한 각자에게 별도로 적용된다.[107] 아울러 피해자가 사망한 경우에는 형사소송법 제225조 제2항에 따라 그의 배우자·직계혈족·형제자매가 고소할 수 있다.

한편, 단서로 규정에 따라 저작권 관련 침해죄 중에서 친고죄의 대상이 아닌 것을 살펴보면 다음과 같다.

첫째, 저작권에 관한 각종 등록·저작재산권 및 출판권 등을 목적으로 하는 질권설정 등의 등록·기타 처분제한의 등록 등을 허위로 한 죄.

둘째, 저작자 아닌 자를 저작자로 하여 실명·이명을 표시해서 공표한 죄.

셋째, 저작자가 사망한 후에 명예훼손의 방법으로 저작인격권을 침해한 죄.

넷째, 저작권신탁관리업을 허가 없이 한 죄.

다섯째, 저작권대리중개업을 신고 없이 하거나 영업의 폐쇄명령을 받고 계속 그 영업을 한 죄.

---

107) 따라서 공동저작물 등에서처럼 고소권자가 여럿인 경우에는 그 중 한 사람에 대한 고소기간이 지났다고 하더라도 다른 사람에게 영향을 미치지 않으므로 각 권리자는 자기가 범인을 안 날로부터 6개월 내에 고소를 할 수 있다. 아울러 고소의 취소에 있어서도 개별적인 고소권이 인정됨에 따라 한 권리자의 고소취소가 다른 사람의 고소까지 취소하는 효력을 갖는 것은 아니다.

이와 같은 범죄는 개인적이라기보다는 사회성을 띠는 공익적인 성격이 강하므로 친고죄의 대상에서 제외한 것이다.

6. 양벌규정

저작권법의 맨 마지막 조항인 제103조에서는 "법인의 대표자나 법인 또는 개인의 대리인·사용인 기타의 종업원이 그 법인 또는 개인의 업무에 관하여 이 장의 죄를 범한 때에는 행위자를 처벌하는 외에 그 법인 또는 개인에 대하여도 각 해당 조의 벌금형을 과한다"고 하여 양벌(兩罰)규정으로서 저작권 등을 침해한 당사자뿐만 아니라 그의 고용주 또한 처벌의 대상임을 밝히고 있다. 즉, 만일 법인의 대표자나 법인 또는 개인의 대리인이나 사용인(使用人), 그 밖의 종업원이 그 법인 또는 개인의 업무에 관해 저작권 관련 범죄행위를 저질렀을 때에는 행위자를 처벌함과 동시에 그 법인 또는 개인도 아울러 해당 조의 벌금형으로 처벌할 수 있도록 규정한 것이다. 곧 종업원 등의 범죄행위에 따라 5천만 원 이하 또는 3천만 원 이하, 1천만 원 이하의 벌금형에 처해질 수 있다.

여기서 주의할 점을 살펴보면 다음과 같다.

첫째, 행위자의 범죄행위가 법인 또는 개인을 위한 업무상 행위여야 한다. 원래 민사적으로는 법인 또는 대표자인 개인의 책임을 묻지만 형사적으로는 행위자 개인의 책임을 묻는 것이므로 만일 범죄행위가 소속된 곳과 관련이 없는 상태에서 이루어졌다면 행위자 개인의 처벌만으로 끝나는 것이다. 따라서 업무에 관한 행위인지의 여부는 그 행위의 효과가 최종적으로 귀속하는 주체가 어디인가에 따라 객관적으로 판단될 문제라고 하겠다.

둘째, 양벌규정에 따라 벌금형을 받게 되는 법인 또는 개인에게는 고의에 따른 요건이 필요하지 않다는 점이다. 즉, 업무상의 행위가 범죄를 구성할 때에는 그 행위자의 소속 법인 또는 개인의 고의나 과실 여부에 관계없이 벌금형이 과해지는 것이며, 특히 "과할 수 있다"가 아니라 "과한다"라고 명시함으로써 행위자가 처벌되면 사용자인 법인 등도 당연히 벌금형으로 처벌되는 것이다.

결국, 법인 등 사용자를 동시에 처벌하는 것은 종업원 등에 대한 주의의무를 태만히 수행한 데에 따른 당연한 결과이며, 만일 사용자가 고의로 종업원 등에게 범죄행위를 하도록 종용한 경우에는 교사범(敎唆犯) 또는 공동정범(共同正犯)으로서 벌금형이 아닌 해당 조의 직접적인 벌칙을 적용받게 되는 것이다.

〈Tip〉저작권을 침해하는 사람들의 세 가지 유형

요사이 지적재산권, 특히 저작권에 대한 인식이 높아지면서 침해자들에 대한 제재도 늘어나는 추세에 있다. 저작권을 침해한 것이 명백하더라도 저작권자의 고소가 있어야 제재가 가능한 저작권법의 친고죄적 성격을 감안한다면 표면화되지만 않았을 뿐 과거에도 많은 침해사례가 있었을 것임을 짐작하기란 어렵지 않다. 그럼에도 '설마' 하는 심정으로 슬그머니 저작권을 침해하는 사람들이 여전히 많다는 것은 어찌 보면 시대의 흐름을 모르는 서글픈 일이 아닐 수 없다. 저작권은 문화산업 전반에 걸쳐 적용되는 광범위한 권리이지만, 여기서는 출판분야에만 한정해서 저작권 문제를 살펴보기로 하겠다.

원래 출판은 저작자와 출판자, 그리고 편집자를 커뮤니케이터로 삼아 독자들에게 유익한 정보와 메시지를 전달하는 문화사업이라고 할 수 있다. 그런데 현실에 있어서는 저작과 출판 및 편집에 종사하는 사람들이 각자의 업무에 종사하면서 지속적으로 저작권을 의식하는 일은 드물다. 완성된 원고를 출판함에 있어서 구체적인 계약을 맺는 단계에 이르러서야 비로소 저작자에게 권리의식이 생겨나는 것이 보통인데, 이 경우에도 일반적인 관행의 수준에서 의논하는 것으로 계약은 성사되게 마련이다. 원고를 취급하는 출판실무자들 역시 일상적인 순서에 따라 편집 및 제작단계를 거쳐 책을 발행하는 데에 이르면 새삼스럽게 저작권 따위를 염려하지 않아도 상관없다는 것이 지배적인 분위기인 듯하다.

그러나 어느 한쪽에서 계약사항의 이행에 따른 불만이나 원고내용의 수정 또는 인세나 원고료 등에 관한 이견이 생겼을 때, 혹은 애써 출판한 책의 중복출판이나 무단복제의 문제 등이 생겼을 때에는 저작자나 출판실무자 모두에게 저작권에 관한 문제가 심각하게 대두되기 시작한다. 그제서야 우선 급한 마음에 주변에서 저작권법 조문을 구해 읽어보는데, 그 문구만 보아서는 아무리 보아도 어떻게 적용하고 대처해야 하는지 그 해답은 나오지 않는다. 그래서 그 다음으로 저작권법에 관해서 해설해 놓은 전문서적을 구하게 되는데, 아무리 이론적으로 뛰어난 연구서라 하더라도 당사자들이 직면한 현실적 문제들을 해결해 주기에는 부족한 점이 많음을 절감하며 끝내 낙담하기 일쑤다. 연구서들의 내용이 잘못되어서가 아니라 법규와 실무 사이의 적용 문제가 쉽지만은 않기 때문이다. 특히 곤란한 경우가 저작권 또는 출판권 침해사건이 생겼을 때 그 부당성을 판별하는 기준을 어디에 두어야 하는가를 판단해야 하는 때이다. 그러한 판단이 곤란할 때 흔히 생각하는 방법이 저작권심의조정위원회의 '조정제도'를 이용하거나 법적으로 해결하기 위해 법원을 통해 '판결'을 받아내는 것인데, 그럴 경우에도 가해자 및 피해자 쌍방이 저작권에 관한 지식을 바탕으로 하는 정확한 판단력을 갖추고 있어야 하는 것은 상식이 아닐 수 없다.

우리 전통사회의 습성에 비추어 보건대 "책 도둑은 도둑도 아니다"라는 속설이 용인되는 사회 분위기 속에서 글 도둑 또한 도둑의 범주에 속하지 않는 것으로 생각하는 사람이 많았고, 설혹 자기 글이 도둑맞은 것을 알았다 하더라도 체면상 드러내놓고 싸우는 것을 피하여 법정에까지 가서 흑백을 가리려는 적극적인 노력은 거의 찾아볼 수 없었다. 아울러 재판을 하게 되면 시간 과 비용이 많이 드는데다 명예와 직결되는 지적 소산인 저작물을 금전적으로 파악하고 싶지 않다는 의식도 작용되었기 때문일 것이다. 그리하여 대부분의 저작권 관련분쟁이 적극적, 법률적 해결이 아닌 소극적 항의나 합의에 의해 해결되는 경향이 두드러졌던 것으로 보인다. 그렇다면 저작권을 침해하는 사람들은 어떤 생각을 갖고 있기에 엄연한 범법행위를 저지르는 것일까? 저작권 침해자들의 심리상태에 따른 유형에 대하여 일본의 저명한 출판인 미마사카 다로우(美作太郎)는 다음과 같이 설명하고 있다.

첫째, 저작권 또는 저작권법의 존재조차 알지 못하는 상태에서 침해의식 따위는 염두에 두지 않은 채 태연히 침해행위를 저지르는 경우이다. 따라서 지식인 혹은 문화인을 자처하는 사람들에게서는 보기 힘든 양상이라고 할 수 있다.

둘째, 저작권에 대해서 조금은 알고 있지만 다른 사람의 저작물을 자기가 이용하는 것은 침해가 되지 않을 것이라고 가볍게 생각하는 경우이다. 예컨대, 다른 사람의 저작물을 자기 저작물에 이용할 때 처음부터 당연한 '인용'이라고 정해놓고 무단으로 써먹고는 태연히 지나가는 경우가 바로 그것이라고 할 수 있다. 이런 종류의 사람들은 저작권법에서 규정하고 있는 '인용'의 조건을 모르고 있으며, 그러한 조건을 지키지 않으면 저작권 침해를 초래한다는 사실을 이해하지 못하고 있음이 분명하다. 학창시절에 리포트를 작성하며 출처표기 없이 베끼기 바빴던 기억이 있는 사람이라면 바로 이 경우에 해당한다.

셋째, 저작권 또는 저작권법에 관해서 일단 이해의 폭이 넓고, 침해란 어떤 것인지 충분히 알고 있으면서도 버젓이 침해행위를 저지르는 경우이다. 이런 종류의 사람들은 아무도 자기의 침해사실을 알아차리지 못할 것이기 때문에 문제가 되는 일은 없을 것이라는 뻔뻔스러움이 강해서 만일 침해사실이 드러나더라도 당당히 싸운다는 태도를 갖고 있다. 다른 사람의 저작물을 도용하여 어구와 표현에 조금만 손질을 가하는 것으로 침해에 해당하지 않음을 주장하는 사례는 바로 이런 종류의 사람에게서 흔히 볼 수 있는 양상이며, 이른바 지식인 또는 문화인이라고 하는 사람들 사이에서 많이 보이는 경우라고 할 수 있다. '짜깁기'에 능한 글쟁이 혹은 제자의 논문을 자기 것인 양 발표하는 선생들 또한 이 부류에 속한다.

결국 저작자나 출판실무자들에게는 저작권에 관한 이해와 함께 법규에 관한 지식, 그리고 그것을 현실적으로 응용할 수 있는 능력이 요구된다고 할 수 있으며, 경우에 따라서는 추상적이고 애매한 규범들을 급변하는 현실 속에 응용하려는 노력이 절대적으로 필요하다. 따라서 실무자들을 상대로 지속적인 홍보와 실무사례 중심의 교육이 이루어져야 할 것이다. 전 국민의 성원에 힘입은 저작권 보호를 통해 우리 문화가 더욱 향상 발전하기를 기대해 본다.

〈참고문헌 및 자료〉

계승균, "저작권과 소유권", 〈계간 저작권〉 2004년 봄호

김기태, "저작권보호와 국내 출판물 유통에 관한 연구", 경희대학교 신문방송대학원 석사학위 논문,
     1994. 8.

김기태, "우리나라 인세지불방법의 문제점과 개선방향", 대한출판문화협회·한국출판연구소, 제15회
     출판포럼자료집, 『인세지불방법 이대로 좋은가』, 1998. 12. 17.

김기태, 『책—베스트셀러, 향기의 이름 혹은 악취의 이름』(서울: 이채, 1999)

김기태, 『저작권법의 해석과 적용』(서울: 삼진기획, 2000)

김대호, 『멀티미디어 시대를 대비한 미디어 정책』(서울: 박영률출판사, 1996)

김문환, "새로운 매체와 저작권법의 적용", 〈계간 저작권〉 1993년 가을호

김진희, "초고속정보통신망과 저작권", 〈계간 저작권〉 1995년 봄호

박문석, 『멀티미디어와 현대저작권법』(서울: 지식산업사, 1997)

박성호, "카피레프트(Copyleft) 개념의 생성과 그 전개", 〈계간 저작권〉 2000년 여름호

박영길, "저작권에 있어서의 아이디어 보호", 〈계간 저작권〉 2003년 봄호

박익환, "편집저작물의 저작물성, '법조수첩' 사건", 〈계간 저작권〉 2004년 여름호

서달주, "회복저작물 이용의 유의사항", 〈저작권문화〉 2004년 6월호

송영식·이상정, 『저작권법개설』(서울: 화산문화, 1997)

송영식·이상정, 『저작권법개설(제3판)』(서울: 세창출판사, 2003)

안춘근, 『출판개론』(서울: 을유문화사, 1963)

양찬수, "민법의 관점에서 본 저작권법", 〈계간 저작권〉, 1988년 가을호

오경호, 『인쇄커뮤니케이션입문』(서울: 범우사, 1989)

오승종·이해완,『저작권법』(서울: 박영사, 1999)

오승종·이해완,『저작권법(제3판)』(서울: 박영사, 2004)

윤선영, "멀티미디어 저작물의 저작권 보호에 관한 연구", 중앙대학교 대학원 문헌정보학과 박사학위
　　논문, 1997. 6.

윤준수,『인터넷과 커뮤니케이션 패러다임의 대전환』(서울: 커뮤니케이션북스, 1998)

이기수·안효질, "인터넷과 저작권", 〈계간 저작권〉 1999년 여름호

이상정, "디지털시대의 저작권법 개정방향에 관한 소고", 〈계간 저작권〉 1998년 봄호

이상정, "저작물의 보호범위", 〈계간 저작권〉 1999년 봄호

이상정, "데이터베이스제작자의 보호", 〈계간 저작권〉 2003년 가을호

이영록, "서비스 제공자의 저작권 침해 책임", 〈계간 저작권〉 1998년 가을호

이종국, "한국의 근대 인쇄출판문화 연구―신서적과 그 인쇄출판 인식을 중심으로", 사단법인 한국출
　　판학회 편,『인쇄출판문화의 기원과 발달에 관한 연구논문집』(청주: 청주고인쇄박물관, 1996)

이종국,『한국의 교과서 출판 변천 연구』(서울: 일진사, 2001)

이진우, "전자거래와 저작권", 〈계간 저작권〉 1999년 봄호

이호흥, "북한저작물의 저작권 보호", 서울북인스티튜트 엮음, 출판저작권실무과정 교재(2005)

상인숙,『저작권법원론』(서울: 보진재출판사, 1989)

저작권심의조정위원회,『저작권용어해설』(서울: 저작권심의조정위원회, 1988)

저작권심의조정위원회,『저작권표준용어집』(서울: 저작권심의조정위원회, 1993)

저작권심의조정위원회,『한국 저작권 판례집 II』(서울: 저작권심의조정위원회, 1994)

정상조, "정보통신의 발전과 저작권법적 문제점", 〈계간 저작권〉 1995년 봄호

정상조, "멀티미디어 관련법 제도의 문제점과 개선방안", 『한국저작권논문선집 Ⅱ』(서울: 저작권심의조

　　정위원회, 1995)

정진섭, "정보통신망의 발전과 저작권 환경의 변화", 〈계간 저작권〉 1995년 가을호

채명기, 『저작권법상 저작물 이용의 한계: 신기술과 관련하여』(서울: 저작권심의조정위원회, 1995)

최경수, 『멀티미디어와 저작권』(서울: 저작권심의조정위원회, 1995)

최경수, "저작권의 새로운 지평: 2003개정저작권법(상)", 〈계간 저작권〉 2003년 가을호

한병구, 『언론법제이론』(서울: 나남, 1987)

한승헌, 『저작권의 법제와 실무』(서울: 삼민사, 1988)

한승헌, 『정보화시대의 저작권』(서울: 나남, 1992)

허희성, 『신저작권법축조개설』(서울: 범우사, 1988)

허희성, 『신저작권법축조개설(개정판) 상, 하』(서울: 저작권아카데미, 2000)

허희성, "음악저작물의 창작성과 실질적 유사성", 〈계간 저작권〉 2004년 겨울호

황적인·최현호, 『저작물과 출판권』(서울: 사단법인 한국문예학술저작권협회, 1990)

M. Ethan Katsh, 김유정 역, 『디지털시대의 법제이론』(서울: 나남출판, 1997)

Nicholas Negroponte, 백욱인 역, 『디지털이다』(서울: 커뮤니케이션북스, 1996)

Robert Escarpit, 김광현 옮김, 『정보와 커뮤니케이션』(서울: 민음사, 1996)

Stewart Brand, 김창현·전범수 옮김, 『미디어 랩』(서울: 한울, 1996)

Tim Congdon 외, 한동섭 옮김, 『교차미디어 혁명』(서울: 커뮤니케이션북스, 1998)

UNESCO 편, 백승길·박관희 역, 『저작권이란 무엇인가』(서울: 보성사, 1989)

W. Benjamin, 차봉희 역, 『현대사회와 예술』(서울: 문학과지성사, 1980)

Wilson P. Dizard, Jr., *Old Media, New Media: Mass Communications in the Information Age*(New York: Addison Wesley Longman Inc., 1997); 이민규 역, 『올드미디어 뉴미디어―정보화시대의 매스커뮤니케이션』(서울: 나남출판, 1997)

• 웹 사이트

문화관광부(http://www.mct.go.kr)

저작권심의조정위원회(http://www.copyright.or.kr)

부록 _ 찾아보기

저자 김기태(金基泰)

경희대학교 국어국문학과와 같은 학교 대학원 신문방송학과를 졸업, 박사학위를 취득하였다. 삼성출판사·지학사·아이템풀·삼진기획 등 여러 출판사에서 다년간 실무에 종사하였으며, 이후 서울편집디자인스쿨·혜천대·인하대·광주대·서원대·한서대·김포대·경희대·서울여대·출판아카데미 등의 학부와 건국대·경희대·동국대·중앙대 등의 대학원에서 강의하였다. 1996년도에 한국출판평론상을 수상한 이래 출판평론가로도 활동하고 있으며, 한국출판학회 사무국장을 거쳐 현재는 세명대학교 미디어창작학과 교수로 재직중이다.

〈주요 논문〉

 – "저작권 보호와 국내 출판물 유통에 관한 연구"(석사학위 논문, 1994. 8.)

 – "출판권 행사에 따르는 새로운 문제에 관한 고찰", 『'95출판학연구』(1995)

 – "도서의 대여권에 관한 고찰", 『출판연구』 제7호(1995)

 – "베스트셀러, 향기의 이름 혹은 악취의 이름"(한국출판평론상 수상작, 1996)

 – "출판의 자유와 한계에 관한 시론적 고찰", 『출판연구』 제9호(1997)

 – "광고의 저작물성과 저작권 침해요소에 관한 연구", 『'98출판학연구』(1998)

 – "한국에 있어서 세계무역기구(WTO) 가입 전후의 출판상황에 관한 연구", 제3회 한·중출판학술회의(중국 북경, 1999. 1.)

 – "한국에 있어 출판산업의 기술적 진보와 저작권", 제9회 국제출판학술대회(말레이

시아 콸라룸푸르, 1999. 9.)

- "인쇄매체의 전자화 양상에 따른 커뮤니케이션 패러다임 비교 연구", 『'99출판학연구』(1999)

- "뉴 미디어의 기술 진전과 저작권 보호에 관한 연구"(박사학위 논문, 2000. 2.)

- "저작권법상 출판권의 문제점과 개선방향", 『한국비블리아』(2001)

- "WTO 가입이 한국출판산업에 미친 영향", 제5회 한·중출판학술회의(중국 북경, 2002. 10.)

- "출판의 해외진출에 따른 유통 및 저작권", 한·중·일 출판학술 심포지엄(서울, 2003. 12.)

- "저작권 보호가 민족문화 발전에 미치는 영향", 제11회 국제출판학술회의(중국 무한, 2004. 10.)

〈주요 저서〉

- 『출판저작권 현장연구』(타래, 1994)

- 『현대출판론』〈공저〉(세계사, 1997)

- 『책-베스트셀러, 향기의 이름 혹은 악취의 이름』(이채, 1999)

- 『저작권법의 해석과 적용』(삼진기획, 2000)

-『출판@디지털 커뮤니케이션』〈공저〉(이진출판사, 2001)

-『텍스트, 커뮤니티 그리고 출판』(삼진기획, 2001)

-『책 든 손 귀하고 읽는 눈 빛난다』(박이정, 2004)

-『매스 미디어와 저작권』(이채, 2005)

한국저작권법개설(韓國著作權法槪說)

초판 1쇄 인쇄 / 2005년 3월 23일
초판 1쇄 발행 / 2005년 3월 31일

지은이 / 김기태
펴낸이 / 한혜경
펴낸곳 / 도서출판 異彩(이채)
주소 / 135—100 서울특별시 강남구 청담동 68—19 리버뷰 오피스텔 1110호
출판등록 / 1997년 5월 12일 제 16—1465호
전화 / 02)511—1891, 512—1891
팩스 / 02)511—1244
e-mail / yiche7@dreamwiz.com
인쇄, 제본 / 신흥문화사
출력 / 에스포
ⓒ 김기태 2005

ISBN 89-88621-47-6 03010

※값은 뒤표지에 있으며, 잘못된 책은 바꿔드립니다.

독자 여러분의 의견이 좋은 책을 만드는 귀중한 자료가 됩니다. 이채(異彩)는 여러분의 의견 하나하나를 소중한 충고로 받아들이겠

o 구입하신 책의 제목

o 구입하신 지역과 서점 이름

o 이 책을 어떻게 구입하시게 되었습니까?

o 이 책을 보시고 좋았던 점이나 아쉬웠던 점을 적어 주십시오.

o 평소에 출간되었으면 하신 책이 있으시면 적어 주십시오(분야/내용/저자).

o 저희 이채(異彩)에 바라는 점이 있으시면 적어 주십시오.

이름		나이		성별 (남 / 여)
직업		근무처		
전화		휴대폰		ID
구독하시는 신문		애청하시는 라디오 프로그램		

보내는 사람

□□□ - □□□□

도서출판 果彩(이채)

서울시 강남구 청담동 68-19 리버뷰오피스텔 1110호

tel 02.511.1891. 512.1891 | fax 02.511.1244 | e-mail yiche7@dreamwiz.com

1 3 5 - 1 0 0

우편요금
수취인후납부금
20050101 - 20061231
서울강남우체국
승인 제2765호